Petit dictionnaire des injures politiques

Petit dictionnaire des injures politique

Édition 2022

Sous la direction de **Bruno Fuligni**

éditions du
ROCHER

Avant-propos

L'injure politique forme un flot continu qui défie les capacités humaines : rien ne peut le contenir et l'intarissable flux rend impossible toute tentative de recension exhaustive.

À peine la première édition de ce *Petit Dictionnaire des injures politiques* arrivait-elle en libraire, en novembre 2011, qu'une tonitruante sortie de Jean-Luc Mélenchon sur le « capitaine de pédalo » manquait déjà au florilège : la voici intégrée, avec deux cents autres citations, à cette nouvelle édition.

En deux quinquennats, la collection s'est donc considérablement enrichie, sans que le recueil double de volume : nous ne sommes plus au temps des pamphlétaires, quand on insultait à pleines pages par une avalanche d'invectives savantes et de métaphores blessantes ; l'injure moderne est brève, lapidaire, efficace, épousant parfois le style parlé, suffisamment simple et ramassée pour être reprise dans les médias ; aux traditionnels communiqués et déclarations se sont ajoutés les tweets vachards, que répercutent immédiatement les « chaînes d'info » et que sont contraints de commenter les journaux.

N'est pas La Rochefoucauld qui veut, cependant, et ces fulgurances d'une dizaine de mots n'ont pas toujours le style d'une épigramme, ni la teneur d'un trait d'esprit ; mais elles désignent les cibles du moment et, à cet égard, constituent des signes historiques intéressants.

Sans doute, être insulté n'est jamais agréable, mais en politique, il y a cette compensation d'exister, d'être reconnu comme digne d'intérêt dans la mêlée médiatique et électorale : ne sont injuriées que les personnalités qui comptent et certaines attaques, d'ailleurs, mettent davantage en valeur l'insulté que l'insulteur.

C'est pourquoi les injures contemporaines sont, pour la plupart, assez mesurées : piques, vacheries, calembours, elles empruntent davantage au registre des humoristes qu'au ton des imprécateurs. Pas question de donner à son antagoniste l'opportunité de se poser en victime, quand l'injure trop saignante peut se retrouver devant les tribunaux.

Personnalisation, surmédiatisation, judiciarisation : l'injure politique reste en définitive un reflet fidèle des maux qui affectent notre vie publique.

Introduction

par Bruno Fuligni

« Abject animal », écrivit Charles Maurras à propos de Léon Blum, lequel répliqua par : « brute véreuse ». À ce jeu pervers, c'est le patron de l'Action française qui eut le dernier mot, en faisant du leader socialiste le mystérieux « hircocerf de la dialectique heimatlos »... Pierre Gaxotte le traitait plus succinctement de « jument palestinienne », Léon Daudet de « lévrier hébreu », mais ses rivaux communistes n'étaient pas en reste : « hyène » et « reptile répugnant » pour Maurice Thorez, « vipère lubrique » chez Pierre Sémard...

Les techniques de l'injure

L'injure politique, par nature protéiforme, c'est d'abord un étourdissant bestiaire. À la manière des caricaturistes, les insulteurs procèdent volontiers par animalisation, trouvant de faciles ressources dans la zoologie, depuis le « perroquet mélancolique » (Louis-Napoléon Bonaparte par le général Changarnier) jusqu'au « pauvre chaton » (Valéry Giscard d'Estaing par Franz-Olivier Giesbert).

Dans la même veine, notons : « chacal » (le maréchal de Saint-Arnaud par Victor Hugo), « ornithorynque » et

« monotrème » (le socialiste Charles Rappoport par Léon Daudet), « orang-outang vicieux » (le radical Albert Sarraut par Lucien Rebatet), « crotale » (Raymond Poincaré par le communiste Paul Vaillant-Couturier), « reptile trotskyste » (Boris Souvarine par Pierre Sémard), « gueule de raie » (Jacques Duclos par l'ancien communiste Marius Paquereaux), « rat pesteux » (le ministre de l'Intérieur du 6 février 1934 Eugène Frot par le polémiste Henri Béraud), « musaraigne » (Charles Hernu par Félix Gaillard), « hydroméduse » (Pierre Mendès France par le député de Constantine Amar Naroun), « grue couronnée » (Maurice Schumann par André Figuéras), « sanglier mou » (le ministre de la Culture Maurice Druon par Maurice Clavel) ou encore « vieux crabe » (François Mitterrand par Alain Krivine)... Le même Mitterrand était plutôt un « caméléon diabolique » pour René Fallet, le caméléon occupant une place à part dans la zoologie politique et parlementaire : à la fois reptilien et translucide, changeant de couleur au gré des situations, ce totem de l'opportunisme a désigné une foule d'hommes d'État depuis Talleyrand et Thiers.

Toutes les formes de vie animale n'inspirant pas spontanément la même sympathie, il y a une échelle dans l'animalisation, une hiérarchie au bas de laquelle les polémistes ravalent avec plaisir l'adversaire au rang de « vermine », « pou », « cloporte » et autres petites bêtes dont la physionomie molle et le caractère rampant suggèrent d'inavouables tendances à la compromission crapuleuse : « invertébré » (Jacques Soustelle par Charles de Gaulle), « limace politique » (le radical Maurice Faure par le communiste Étienne Fajon), « mille-pattes » (le changeant Edgar Faure par le gaulliste Alexandre Sanguinetti), sans oublier l'immortel « microbe dégénéré » du communiste André Marty au Président du Conseil Paul Reynaud. On atteint à l'insensé avec André Figuéras décrivant Michel Debré comme une « sorte de scolopendre raté, de scorpion geignard, de coléoptère sans carapace »...

Pour varier le bestiaire, et parce qu'une injure peut être surdéterminée, quelques cuistres de l'invective sont allés rechercher dans les ouvrages de paléontologie des noms de créatures disparues, ajoutant ainsi à la bestialité supposée de leur cible l'idée d'un stade dépassé de l'évolution : « diplodocus » (Albert Sarraut par Lucien Rebatet), « plésiosaure » (le député catholique Louis Marin par Rebatet encore), « meusosaure » (Raymond Poincaré, parlementaire de la Meuse, vu par Clemenceau), « iguanodon » (Jacques Doriot, chef du PPF, par Marcel Bucard, chef des Francistes) ou encore l'amusant « mammouth futé » que *Le Canard enchaîné* du 9 septembre 1977 voulait voir en Raymond Barre.

Quand elle n'animalise pas, l'insulte corporalise ou réifie : elle transforme l'individu détesté en une pièce anatomique – un « ventre », un « pied » – ou une chose inanimée, comme la « girouette » ou le « bonnet de coton ».

En réifiant, l'insulteur rend l'adversaire dérisoire et le dépouille de son humanité. S'il préfère corporaliser, il le tronçonne symboliquement, le dépèce, à moins qu'il se donne licence de suggérer des particularités ou anomalies sexuelles, le grand classique consistant à masculiniser les femmes et à féminiser les hommes : « Mademoiselle Jean Jaurès était une fille très mûre quand elle changea de parti », écrit Maurras, trente ans avant que son disciple Léon Daudet se déchaîne contre « la fifille Blum » et « la petite Ghetto ».

L'injure scatologique tient à la fois de la corporalisation et de la réification, puisqu'elle renvoie le sujet à un sous-produit de l'organisme. Par sa rusticité, elle est peu prisée et demeure extrêmement rare, sauf chez Léon Daudet qui cultive la verve rabelaisienne : Alexandre Millerand est un « Alexandre de fosse d'aisance », Aristide Briand un « excrément », le ministre de l'Intérieur Eugène Frot, « Cacatilina »... Quant au radical Alfred Naquet, père de la loi sur le divorce, il fait de lui une « araignée de WC », combinant l'animalisation au thème scatologique. Seul le polémiste d'extrême droite François Brigneau ira aussi loin, en traitant le ministre gaulliste Christian Fouchet de « caca à pattes ».

Autre motif de dégoût, moral celui-là : le thème de la trahison, de la duplicité, du double jeu et des menées sournoises à la solde de l'étranger : quand on n'animalise ni ne corporalise, il faut au moins déprécier les mobiles, les idéaux, les croyances de l'individu visé, leur donner une matérialité en leur prêtant un caractère vénal et stipendié. Clemenceau est pour Léon Daudet un « baronet des guichets de Londres », le communiste Jacques Duclos est pour Doriot un « agent du Guépéou », le député juif Pierre Masse devient inévitablement un « agent d'Israël » chez Lucien Rebatet.

En outre, l'injure soignée est souvent cumulative : Mitterrand vu par Jean Cau est « franc comme un derrière de mule », ce qui constitue à la fois une animalisation, une corporalisation à connotation scatologique et une dépréciation morale...

Dans le registre dépréciatif, la technique de base consiste à rapprocher deux notions opposées. Selon Jacques Perret, le socialiste Guy Mollet se résume en un « Jaurès corrigé par Félix Potin ». On obtient le même effet par un certain usage du complément de nom : « le Don Juan des lavabos » (le ministre Paul-Boncour par Léon Daudet), « l'Apollon des abattoirs » (André Malraux, volontaire en Espagne, par le journaliste d'extrême droite Sicard).

Enfin, l'animalisation ou la réification peut être suggérée par une déformation du patronyme, comme si le nom de famille lui-même déterminait une destinée infamante : « Durafour crématoire », « Kofi Miam-Miam ». À l'inverse, une injure bien ajustée peut s'imposer au point de devenir un surnom, une extension infamante de l'état civil, comme « Poincaré-la-Guerre » ou « Briand-la-Jaunisse »…

La définition de l'injure

Par animalisation, corporalisation, réification ou dépréciation morale, l'injure est toujours un outrage, mais son appréciation demeure hautement subjective. « Les injures que nous infligeons et celles que nous subissons se pèsent rarement à la même balance », disait Ésope. En outre, selon le contexte et l'environnement culturel, un même terme sera perçu de manière très différente : « Il est bronzé », remarque anodine et non hostile à propos d'un individu revenant de vacances, prend un sens tout particulier lorsqu'un député l'applique au leader de l'extrême droite qui réclame des mesures contre l'immigration. Enfin, la perception de l'insulte évolue à travers le temps : blessant à l'époque de la traction hippomobile et des chapeaux haut-de-forme, le mot de « paltoquet » ferait sourire aujourd'hui, tandis qu'aucun prélat contemporain ne dirait comme Mgr Freppel, député du Finistère s'opposant à la loi Naquet sur le divorce, le 20 juillet 1884 : « Eh bien, votez cette loi ! Allez si vous le voulez, du côté d'Israël, allez vers les Juifs… […] Nous, restons, nous, du côté de l'Église et de la France. » Sous la IIIe République, par ailleurs, apparaissent de véritables dandies de l'injure, qui des salles de rédaction à l'hémicycle du Palais-Bourbon portent l'invective au rang d'un art : Rochefort, Lacotte, Gérault-Richard, Laurent Tailhade et quelques autres adoptent alors une absolue liberté de ton, qui est complètement sortie de nos mœurs. Après l'Occupation, et l'exécution sommaire par les collaborateurs de certaines personnalités particulièrement insultées avant guerre, comme Jean Zay ou Georges Mandel, ces longs pamphlets truffés de mots rares et précieux, ces charges invraisemblables que seule tempérait la perspective d'un duel, peuvent sembler incompréhensibles au lecteur contemporain.

L'injure politique évolue aussi avec l'environnement culturel des insulteurs. Ainsi, les jurons de Molière se sont démonétisés, puisqu'il faut remonter à l'avant-guerre pour entendre « maroufle » (Jacques Doriot par André Tardieu) et à la IVe République pour trouver « faquin » (le ministre de l'Intérieur Charles Brune par le député de Constantine Amar Naroun). Ces préciosités ont été remplacées par les injures du capitaine Haddock : « Moule à gaufres », s'entend dire le gaulliste René Capitant par son adversaire Guy Vinatrel pendant les législatives de 1962 ; « Bachi-bouzouk ! » ose le socialiste Alfred Recours à l'encontre de Christine Boutin, le 3 novembre 1998, pendant le débat parlementaire sur le Pacs, cette interruption faisant entrer l'expression au *Journal officiel*.

Ajoutons à cela une certaine capacité de l'injure à se retourner : « sans-culotte », « communard »,

« suffragette » sont des mots infamants à l'origine, que les groupes visés ont saisi et revendiqué pour s'en faire des drapeaux. Et si le qualificatif de « stalinien » a définitivement pris un sens péjoratif de nos jours, il ne faut pas oublier que Maurice Thorez et Jacques Duclos arboraient cette étiquette avec fierté.

La part de subjectivité qui l'entoure, ajoutée à la diversité des moyens d'insulter, rend ainsi l'injure difficile à définir. Le Parlement français, pourtant, a su résoudre le problème en le contournant. Et si Antonin Artaud, à propos des stupéfiants, a pu écrire : « Monsieur le législateur de la loi de 1916, [...] tu es un con », la phrase ne vaut pas du tout pour les subtils rédacteurs de la loi sur la presse du 29 juillet 1881 qui dispose, en son article 29 alinéa 2, que « toute expression outrageante, terme de mépris ou invective qui ne renferme l'imputation d'aucun fait est une injure ».

Cette définition est doublement habile. Par sa généralité (« Toute expression... »), elle englobe les formes multiples et pour tout dire infiniment renouvelables de l'injure, de l'aimable persiflage aux plus brutales invectives, du bon mot de lettré à la grossièreté caractérisée. Par sa tournure négative, surtout, elle trace une frontière qui permet de distinguer l'injure de la diffamation. En ce qu'elle « ne renferme l'imputation d'aucun fait », l'injure n'est ni vrai ni fausse. Il n'y a pas lieu de prouver devant les tribunaux que la victime est ou non idiote, amorphe ou malodorante : elle n'est pas accusée de tel tort précis ou de telle prévarication particulière, on lui reproche simplement d'exister et d'être ce qu'elle est – ou ce qu'on dit qu'elle est... L'injure s'analyse donc comme un pur écart de langage, un excès du verbe qui certes porte préjudice à la personne visée dans sa dignité, mais ne se relie à aucune erreur de jugement ni fausse information.

De ce point de vue, le droit français rejoint l'étymologie, comme le notait Robert Édouard dans son *Dictionnaire des injures*, paru en 1967 : « Imprécise, excessive, souvent triviale, l'injure ne vise ni à accuser, ni à terroriser, ni à porter un préjudice d'aucune sorte, mais seulement à chatouiller l'amour-propre de celui ou de celle auquel on la décoche sans autre motif qu'une irritation illogique et momentanée ou le besoin irraisonné d'attirer l'attention. D'ailleurs, en latin, *injuria* signifie exactement : sans droit, c'est-à-dire sans raison, sans cause, sans mobile ; en somme, pour le plaisir. »

Injuste, parce qu'elle vise le plus souvent une particularité à laquelle l'intéressé ne peut rien, comme son physique, ses origines ou son nom, l'injure est-elle toujours gratuite pour autant ? En voulant préciser son jugement, Robert Édouard ajoute ce commentaire très contestable : « Disons, pour nous faire mieux comprendre, que l'injure est peut-être ce qui se rapproche le plus de ce fameux *acte gratuit* cher à André Gide ; qu'on ne saurait rien en attendre d'autre qu'une riposte piquante, assortie d'un clin d'œil complice témoignant que la personne visée accepte sans déplaisir la joute oratoire qui lui est proposée et qu'elle conserve toute sa bonne humeur, condition *sine qua non* de tout échange d'injures digne de ce nom. »

Cette gratuité ne vaut que pour l'injure privée, entre particuliers, voisins, copropriétaires ou automobilistes, mais elle disparaît dans le domaine mal connu de l'injure politique.

Il est vrai qu'en son monumental *Dictionnaire des injures*, Robert Édouard ne consacre qu'une seule page – sur plus de six cents – à l'injure politique, et encore est-ce pour botter en touche : celles qu'il a relevées dans les comptes rendus de séance parlementaire et dans la presse lui ont semblé « si basses, si ordurières et cependant si "plates" » qu'il a choisi de n'en présenter qu'une vague sélection : « Larbin, Bolchevique, Mercanti, Socialiste impuissant, Capitulard, Bourgeois timoré, Valet de la haute finance… »

L'injure politique serait-elle donc plus pauvre que l'injure ordinaire ? Ou bien est-ce que l'injure puisée dans le registre habituel du genre paraît finalement très fade transposée dans le débat public ? Et dans ce cas, ne faut-il pas s'interroger sur les spécificités de l'injure politique, celle-ci devant être distinguée des autres par sa dimension sociale et une certaine visée utilitaire ?

Les spécificités de l'injure politique

Les dix-neuf auteurs qui ont contribué au présent *Dictionnaire des injures politiques* ont rencontré les mêmes difficultés : qu'est-ce qui caractérise une injure politique, comment opérer la sélection ? Suffit-il de traiter un parlementaire de « salaud » ou un ministre de « crétin » pour qu'il y ait injure politique ? À l'issue d'un long travail de collecte, portant sur les principales personnalités politiques françaises de la Révolution à nos jours, il apparaît que l'injure politique se distingue des autres en ce qu'elle est publique, polémique et réflexive.

Parce qu'elle interpelle la société, pour discréditer un individu ou un groupe prétendant à l'exercice du pouvoir, l'injure politique est par nature publique, c'est-à-dire formulée sur le forum et relayée par les mêmes canaux qui diffusent les délibérations ordinaires des élus.

Les juristes, concernant l'injure en général, distinguent entre injure simple et injure publique. La première, proférée dans des propos ou des écrits privés, n'est passible que d'une contravention de trente-huit euros – ou de sept cent cinquante euros en cas d'injure à caractère raciste ou discriminatoire. L'injure publique est punissable de 12 000 euros d'amende – six mois d'emprisonnement et 22 500 euros si elle a un caractère raciste ou discriminatoire. Cette seule différence des peines encourues montre le fossé qui sépare, du point de vue social, les deux catégories.

Bien sûr, il arrive à des hommes politiques de pratiquer l'injure privée ; et lorsque celle-ci se trouve mise sur la place publique par les moyens modernes de communication, toute la défense de l'insulteur consiste à démontrer que l'injure a été en quelque sorte volée, qu'elle n'était pas destinée à la société.

Injures privées encore, celles qu'un citoyen, un écrivain ou un élu manie dans les lettres qu'il destine à un proche – et à lui seul. On trouve ainsi, dans la correspondance de George Sand, ces lignes peu amènes : « Si vous n'étiez pas fascinée par les paroles de revanche de Gambetta, par ses variations et vibrations sur l'Alsace-Lorraine, vous verriez que c'est une outre gonflée. Il n'y a rien en lui, mais rien, rien, je vous le répète [...] Mais regardez-le donc ; est-ce qu'il a la tournure d'un héros français ? » Cette lettre d'avril 1872 nous renseigne sur les opinions de son auteur, mais ne constitue en rien une contribution au débat public de cette période.

De même, les vilenies notées dans les petits carnets, journaux intimes et autres keepsakes secrets conservent, quel que soit leur mordant, un caractère strictement privé. Victor Hugo, dans ses calepins, nous a laissé de redoutables formules, qu'il n'eut jamais l'outrance de prononcer à la tribune. « Thiers est un grand petit esprit », note-t-il en 1848, ou encore : « M. Thiers, c'est le petit homme à l'état complet. De l'esprit, de la finesse, de l'envie ; de la supériorité par instants, quand il a réussi à se hisser sur quelque chose. » Ses raccourcis sont parfois saisissants : « Cavaignac, un nez dans du poil. » Ou encore, au sujet de Guizot : « C'est une femme honnête qui tient un bordel. » Et du même : « Guizot : la nullité qui dédaigne. »

Ces traits d'esprit et ces méchancetés, n'étant pas destinées à la publication, n'ont pu toucher les électeurs et, de ce fait, n'ont pas leur place dans un dictionnaire des injures politiques. Il s'agit plus strictement d'injures littéraires visant des hommes politiques, ce qui n'est pas la même chose. Le jeune Hugo lui-même, lorsqu'il fait ses débuts politiques à la Chambre des pairs, est ainsi croqué par son vénéneux ami Sainte-Beuve : « Dans la discussion qu'il a essayé de soulever à la Chambre des pairs, sur l'action de l'Océan sur les côtes, Victor Hugo a bien été lui-même : il me faisait l'effet d'une grosse baleine qui s'est engagée dans la Manche et qui ne peut en sortir. » Un tel jugement, formulé dans une assemblée ou publié par voie de presse, aurait gravement blessé l'orateur, qui aurait été tenté de répliquer. Mais Sainte-Beuve se contente d'épancher sa bile dans ses *Carnets intimes*, pour sa satisfaction personnelle et pour la postérité. Avec cette prudence qui le caractérise, il évite cauteleusement la polémique, consubstantielle à l'injure politique.

En politique en effet, les mots sont des armes. L'humour politique, par exemple, va rarement jusqu'à l'autodérision : il est mordant, cruel, impitoyable. « En entrant dans le néant, il a dû se sentir chez lui », déclare ainsi Clemenceau après la mort du Président Félix Faure. L'épitaphe est encore plus atroce que le mot égrillard, plus connu et peut-être apocryphe : « Il voulut être César et il est mort Pompée. » Dans les deux cas, en peu de mots et avec brio, même mépris de l'homme et de son humanité, y compris par delà la mort.

De l'humour à l'injure, c'est insensiblement qu'on glisse vers l'impardonnable outrage et, de là, jusqu'à l'appel au meurtre. L'injure politique, de ce point de vue, s'apparente au cri de guerre, dont elle constitue la forme construite et évoluée. Aussi bien tournée qu'elle soit, elle en conserve la force primitive et la vertu directrice. C'est un signal, un pavillon, une manière symbolique de lancer l'assaut. On comprend, dans ces conditions, le sens de cette observation paradoxale, prêtée à Sigmund Freud : « Le premier humain qui lança une injure au lieu d'une pierre fut le fondateur de la civilisation. » Ainsi appréhendée, l'injure constituerait donc substitut à la violence politique, c'est-à-dire un progrès – même si ses détracteurs observeront qu'elle ne fait parfois que préluder à l'action violente, comme chez les héros d'Homère.

Publique et polémique, l'injure politique engage son auteur et c'est en ce sens qu'elle prend aussi un caractère réflexif. L'automobiliste de base qui, dans un moment d'énervement, traite un chauffard de « connard », exprime avant tout une irritation épidermique. Sans doute a-t-il l'impression d'avoir plus de jugeote que son antagoniste, mais son objectif n'est nullement de proclamer sa suprématie intellectuelle à la face du monde. Il en va autrement de l'injure politique, laquelle ne sert pas seulement à humilier l'insulté, mais aussi à valoriser l'insulteur.

En montrant du doigt un « traître », l'orateur se présente de fait comme un patriote dévoué. En fustigeant un « imbécile », le polémiste se hisse au dessus de la médiocrité de pensée qu'il prête à son contradicteur. L'injure politique est ainsi très souvent une injure de supériorité et, toujours, une forme élaborée d'autopromotion.

C'est ainsi que, le 28 novembre 1898 à la Chambre des députés, le bonapartiste Paul de Cassagnac est brutalement interrompu par le député d'extrême gauche Albert Poulain : « Arrivez à la question. Vous amusez le débat en ce moment-ci ! » Le président de séance ayant rappelé que l'orateur « conduit sa discussion comme il l'entend », Cassagnac réplique : « Je vous dirai, monsieur, que je suis absolument le maître de ma discussion et qu'en matière oratoire, si je cherchais un professeur d'éloquence, ce n'est pas vous que je choisirais ! *(Bruit.)* »

L'échange peut sembler en définitive anodin, pour ne pas dire puéril : Poulain traite Cassagnac d'amuseur, ce qui fait de lui le garant du sérieux ; Cassagnac revendique son style, renvoyant l'interrupteur à sa nullité. Au-delà de l'injure elle-même, de son contenu, c'est la relation de l'insulteur à l'insulté qui mérite d'être examinée.

« Plus l'offenseur m'est cher, plus je ressens l'injure », écrit Racine dans *La Thébaïde. A contrario,* l'attaque venue de trop loin ou de trop bas porte peu, c'est pourquoi elle peut paraître fade, plate, insipide à l'observateur neutre. Il en va tout autrement chez celui qui l'émet. Un personnage médiocre trouvera en effet dans l'injure le moyen de se relever, ou du moins de donner l'illusion d'une supériorité.

Cet effet, recherché, n'est pas toujours atteint. Quand l'insulte est particulièrement grossière ou imméritée, son incongruité même la retourne contre son auteur, dont la maladresse fait gronder le forum. Manipuler des armes, c'est risquer de se blesser soi-même et l'injure a ce bord tranchant qui entame la main de l'escrimeur malhabile. Une injure gauche discrédite celui qui la profère, en même temps qu'elle appelle d'autres injures à l'encontre de l'insulteur manqué.

Le même retournement peut être constaté à travers le temps, quand les qualités reconnues d'un grand homme rendent véritablement pitoyables les cris des médiocres et des oubliés. Ainsi, ce n'est pas sans un certain malaise qu'on lit les interruptions d'obscurs conservateurs de la IIe République, accablant Victor Hugo qui annonce l'instruction gratuite ou la construction européenne. « Les injures sont les raisons de ceux qui ont tort », résumait Chamfort.

La dissymétrie de l'injure politique

Publique, polémique et réflexive, l'injure politique se révèle également dissymétrique. Le présent dictionnaire a pour entrées les noms des personnalités insultées, mais il est complété, à la fin, d'une table des insulteurs. Cette structure permet de mesurer à quel point les grands insultés ne sont pas de grands insulteurs. Il existe des polémistes pour ainsi dire de profession, qui sont rarement attaqués, tandis que leurs cibles les plus notoires, songeant à leur réputation d'hommes d'État, rechignent à rendre les coups reçus. À quelques exceptions près, comme Clemenceau, de Gaulle ou Mitterrand. Ceux-là, dotés d'esprit caustique et d'un sens aigu de l'à-propos, suivaient le conseil de Voltaire : « Point d'injure, beaucoup d'ironie et de gaieté : les injures révoltent, l'ironie fait rentrer les gens en eux-mêmes, la vertu désarme. »

Le député Hugo, quant à lui, savait si peu répondre aux interruptions outrageantes qu'il dut, à la fin de sa vie, réécrire l'Histoire : en publiant dans *Actes et Paroles* les textes de ses discours parlementaires, le poète se donna licence d'oublier certaines attaques de ses collègues, ou bien d'inventer des répliques qu'on chercherait en vain dans les comptes rendus officiels. Jaurès, Briand, Blum, sans doute les plus violemment et abondamment insultés de nos hommes politiques, furent pour le moins avares de ripostes et préféraient en appeler à la dignité de leur mandat. Attaqué par un député nationaliste, le 4 novembre 1904, Jaurès a cette réplique qui vaut toutes les invectives : « Ne méprise pas qui veut, monsieur ! » Il est vrai que l'insulte suprême en politique, c'est d'ignorer son adversaire.

Les auteurs

Éric Anceau enseigne l'histoire politique et sociale de la France et de l'Europe contemporaine à Sorbonne Université. Ses recherches portent principalement sur l'histoire de l'État, des pouvoirs et des rapports entre les élites et le peuple. Membre de l'UMR SIRICE, président du comité scientifique de l'HEIP, vice-président du CHPP, directeur de collection chez Tallandier, directeur-adjoint d'*HES* et membre du comité de rédaction de plusieurs autres revues scientifiques, il a publié vingt-cinq ouvrages dont *L'Empire libéral* (SPM, Kronos, 2017, 2 vol.), *Qu'est-ce qu'une nation en Europe ?* (Sorbonne UP, 2017), *Ils ont fait et défait le Second Empire* (Tallandier, 2018), *Les Élites françaises des Lumières au grand confinement* (Passés Composés, 2020).

Christophe Bellon est maître de conférences en histoire contemporaine à l'Université catholique de Lille. Vice-doyen de faculté, il est membre correspondant du Centre d'histoire de Sciences Po Paris et membre de la rédaction de la revue *Parlement(s)*. Il a publié, notamment, *La République apaisée* (Éditions du Cerf, 2015) et *Aristide Briand* (CNRS Éditions, 2016).

Gilles Candar, né en 1954, président de la Société d'études jaurésiennes, auteur avec Vincent Duclert de *Jean Jaurès* (Fayard, 2014), coordonnateur des *Œuvres* de Jean Jaurès en cours de publication chez Fayard (15 vol. parus sur 17 prévus), codirecteur de l'*Histoire des gauches en France* (La Découverte, 2004). Dernier ouvrage paru : *Édouard Vaillant, l'invention de la gauche* (Armand Colin, 2018).

Bruno Fuligni, né en 1968, maître de conférences à Sciences Po, haut fonctionnaire, est l'auteur de trente livres sur l'histoire politique et parlementaire de la France, en particulier *La Chambre ardente. Aventuriers, utopistes, excentriques du Palais-Bourbon* (CNRS Éditions), *Victor Hugo président!* (CNRS Éditions), *Histoire amusée des promesses électorales* (Tallandier, 2017), *Républiquissime. Petites et Grandes Histoires de la vie politique* (Armand Colin, 2018), *La Fille de Napoléon* (Les Arènes, 2021) et *Les Lois folles de la République* (Éditions Jean-Claude Lattès, 2021). Il a dirigé *Dans les secrets de la police. Quatre siècles d'histoire, de crimes et de faits divers* (L'Iconoclaste, 2008) et *Dans les archives inédites des services secrets* (L'Iconoclaste, 2010).

Jean Garrigues, professeur d'histoire contemporaine à l'Université d'Orléans, est président du Comité d'histoire parlementaire et politique. Il a notamment publié *Le Général Boulanger* (Paris, Olivier Orban, 1991, réédition Perrin 1999), *La République des hommes d'affaires 1870-1900* (Aubier, 1997), *Les grands discours parlementaires de la IIIe République* (Armand Colin, 2 vol., 2004), *Histoire du Parlement en France, de 1789 à nos jours* (Armand Colin, 2007), *La France de la Ve République. 1958-2008* (Armand Colin, 2008), *Les scandales de la République. De Panama à Clearstream*

(Nouveau Monde Éditions, 2010), *Les Patrons et la politique. 150 ans de liaisons dangereuses* (Perrin, 2011).

Gilles HEURÉ, grand reporter à *Télérama* et chargé de cours à l'Université Paris IV-Sorbonne. Il a publié sa thèse sur Gustave Hervé aux éditions La Découverte (*Gustave Hervé, Itinéraire d'un provocateur*, 1997). Il est également l'auteur d'un livre d'entretiens avec Alain Corbin (*Historien du sensible*, La Découverte, 2000), d'un essai biographique sur Léon Werth (*L'Insoumis*, éditions Viviane Hamy, 2006) et d'un roman (*L'Homme de cinq heures*, éditions Viviane Hamy, 2009). Il a dirigé l'édition des romans et reportages de Joseph Kessel dans la collection Quarto (Gallimard, 2010).

Sabine JANSEN, diplômée de Sciences Po, agrégée de l'université, docteur en histoire, maître de conférences au Conservatoire national des arts et métiers, vice-présidente du Comité d'histoire parlementaire et politique, chercheur au Centre d'Histoire de Sciences Po, rédactrice en chef de la revue électronique de Sciences Po, *Histoire@Politique. Politique, Culture, Société*, a notamment publié *Pierre Cot. Un antifasciste radical* (Fayard, 2002), *Les grands discours parlementaires de la Quatrième République. De Pierre Mendès France à Charles de Gaulle* (Armand Colin/Assemblée nationale, 2006), *Le Pouvoir et le citoyen* (La Documentation française, 2000).

Jacqueline LALOUETTE, professeur émérite de l'université de Lille 3 et membre senior honoraire de l'Institut universitaire de France. Elle a publié notamment *La Libre Pensée en France, 1848-1940* (Albin Michel, 1995),

La séparation des Églises et de l'État. Genèse et développement d'une idée, 1789-1905 (Seuil, 2005), *Jours de fête. Jours fériés et fêtes légales dans la France contemporaine* (Tallandier, 2010), *La France de la Belle Epoque : dictionnaire de curiosités* (Tallandier, 2013), *Jean Jaurès. L'assassinat, la gloire, le souvenir* (Perrin, 2014), *Un peuple de statues. La célébration sculptée des grands hommes. France, 1801-2018* (Mare & Martin, 2018), *Histoire de l'anticléricalisme en France* (Que sais-je ?, 2020), *Les statues de la discorde* (Passés Composés, 2021), *Jaurès et le procès Villain* (Centre national et musée Jean Jaurès, 2021).

Bernard Le Drezen, normalien et agrégé de lettres modernes, haut fonctionnaire, a enseigné à l'Université Paris IV-Sorbonne. Ses travaux, centrés sur le XIXe siècle, portent plus particulièrement sur les rapports entre littérature et politique. Il est l'auteur d'un ouvrage, *Victor Hugo ou l'éloquence souveraine* (L'Harmattan, 2005), et d'un certain nombre d'articles. Il prépare une thèse de doctorat en littérature sur l'éloquence parlementaire de la IIe République.

Yves Marek, né à Tunis en 1963, lauréat de l'Institut d'Études politiques de Paris, ancien élève de l'ENA, conseiller des Affaires étrangères, ancien directeur de cabinet d'Edgar Faure à la Mission du bicentenaire de la Révolution, il est aussi l'auteur d'*Art, échecs et mat* (Actes Sud/Imprimerie nationale) et de *Edgar Faure, l'optimiste* (La Documentation française, 2010).

Jean-Jacques Marie, né en 1937, études en classes supérieures au lycée Louis-le-Grand, agrégé de lettres classiques, licencié libre d'histoire et de russe, diplômé de russe de l'École des langues orientales. Lecteur à l'Université de Leningrad en 1960-1961, traducteur de Brodski (Le Seuil), Voznessenski (Lettres nouvelles), Chalamov (Lettres nouvelles) et Vissotsky (Seghers), auteur de *Staline* (Fayard), *La Guerre civile russe* (Autrement), *L'Antisémitisme en Russie de Catherine II à Poutine* (Tallandier), *Le Dimanche rouge* (Larousse), *Cronstadt* (Fayard), *Trotsky* (Payot) et *Khrouchtchev* (Payot), *Le fils oublié de Trotsky* (Seuil), *La Guerre des Russes blancs* (Tallandier), *Beria* (Tallandier).

Frédéric Pagès est journaliste au *Canard enchaîné* : il y rédige des billets d'humeur et de fantaisie, des portraits satiriques, ainsi que « Le Journal de Carla B. » Il anime l'association philosophique des Amis de Jean-Baptiste Botul. Il a notamment publié *Descartes et le cannabis*, *La Vie sexuelle d'Emmanuel Kant* et, en janvier 2011, un roman intitulé *Du pur amour et du saut à l'élastique.*

Jean Ruhlmann, maître de conférences en histoire contemporaine à l'Université Lille 3 Charles de Gaulle et à l'Institut d'Études politiques de Paris, est l'auteur de divers articles consacrés au comique parlementaire à la Chambre des députés sous la IIIe République.

Mohamed Sadoun, haut fonctionnaire, est l'auteur de la biographie de Jules Magnaud *Le Bon Juge* (Rivesneuve).

Éric Schell, maître en droit, diplômé de l'Institut d'Études politiques de Paris, MBA du groupe HEC, est le gérant du cabinet éponyme, à Paris et à Bruxelles, spécialisé dans les affaires publiques, les relations institutionnelles et le lobbying. Il est l'auteur de *Talleyrand en verve* (Horay) et a préparé l'édition du *Bréviaire de Talleyrand* (Horay).

Nathalie Segaunes, née en 1966 à Bordeaux, titulaire d'une maîtrise de droit public, diplômée du Centre de Formation des Journalistes (1991), journaliste au *Parisien (1991-2013)* puis à *l'Opinion (*depuis 2013). A écrit avec Dominique de Montvalon l*e Dictionnaire inespéré de la gauche* (Éditions Le Parisien) et, avec Anne Rovan, *Déjeuners avec des ministres sous pression* (Albin Michel).

Rémi Soulié, né en 1968 en Rouergue, est essayiste et critique littéraire au *Figaro Magazine*. Il a publié une dizaine de livres et de nombreux articles consacrés notamment à Dominique de Roux, Aragon ou Charles Péguy. Dernier titre paru : *Avec Benny Lévy* (Éditions du Cerf). Il prépare pour le même éditeur des *Variations sur l'Antéchrist*, réflexions politiques et théologiques sur le nihilisme contemporain.

Marieke Stein, ancienne élève de l'École normale supérieure de Fontenay-Saint-Cloud, docteur ès-lettres, spécialiste de l'œuvre politique de Victor Hugo, a publié *Victor Hugo* dans la collection « Idées reçues » (Le Cavalier bleu) ainsi que *Victor Hugo, l'universel* dans la collection « Tribuns » (La Documentation française, 2010).

Samuël Tomei, né en 1971 à Chamonix, haut fonctionnaire, est docteur en histoire de l'Institut d'études politiques de Paris, auteur d'une thèse sur *Ferdinand Buisson (1841-1932)*, protestantisme libéral, foi laïque et radical socialisme (prix de thèse de l'Assemblée nationale en 2004) et de *Clemenceau, le combattant* (La Documentation française, 2008), *Clemenceau au front* (Pierre de Taillac & Ministère de la Défense, 2015), *Dictionnaire Clemenceau* (avec Sylvie Brodziak, dir., Robert Laffont, « Bouquins », 2017).

Nous remercions par ailleurs Thierry Lentz, directeur de la Fondation Napoléon, pour les pistes qu'il nous a signalées dans le registre de l'injure antibonapartiste.

A

A

ALLEMANE (Jean)

(1843-1935), ouvrier typographe membre de la Commune, déporté en Nouvelle-Calédonie, député de la Seine de 1901 à 1902 et de 1906 à 1910, chef de file du socialisme anti-autoritaire ou « allemaniste ».

« Est-il vrai qu'au bagne vous vous faisiez... pour quarante sous ? »

Charles Bernard,
député indépendant de la Gironde,
offense rapportée par Maurice Barrès dans *Mes Cahiers*

ALLIOT-MARIE (Michèle)

(Née en 1946), maire de Saint-Jean-de-Luz, élue députée des Pyrénées-Atlantiques en 1986, réélue de 1988 à 2007, plusieurs fois ministre, démissionnaire après son voyage privé en Tunisie.

« J'ai toujours aimé les cantinières. »

Jean-Marie Le Pen,
quand elle devint ministre de la Défense

« Elle conserve toute sa légitimité à Saint-Jean-de-Luz. »

François Baroin, après sa démission.
Phrase nominée pour le Prix Press Club,
Humour et Politique 2011

« Elle ne fait rien ; mais elle le fait avec ténacité. »

Charles Pasqua,
phrase nominée au Prix Press Club,
Humour et Politique 2013

AMARA (Fadela)

(Née en 1964), ancienne présidente de l'association Ni Putes ni Soumises, secrétaire d'État à l'Intégration de 2007 à 2010.

« Fadela Amara au Gouvernement, cela montre les limites du casting à la Fogiel. »

Nadine Morano,
phrase nominée au Prix Press Club,
Humour et Politique 2008

« Fadela, qui est une compatriote – comme ce n'est pas forcément évident, je le précise… »

Brice Hortefeux,
le 15 janvier 2009. À l'occasion d'un remaniement ministériel, Fadela Amara quitte la tutelle du ministère du Logement pour passer sous celle du ministère de l'Intérieur, occupé par Brice Hortefeux.

« Elle croit que la politique de la ville, c'est parler arabe dans les cités et manger des cornes de gazelle dans les HLM. »

Xavier Darcos,
propos rapportés dans le *Nouvel Obs* du 19 novembre 2009

« Moi j'ai toujours préféré Rachida Dati, d'abord parce qu'elle est moins moche et parce qu'elle a fait campagne pour le président. »

Lionnel Luca, en réunion publique
à Saint-Laurent-du-Var le 24 avril 2012

ARPAILLANGE (Pierre)

(Né en 1924) Garde des Sceaux, ministre de la Justice, de 1988 à 1990.

« Saint Louis rendait la justice sous un chêne. Pierre Arpaillange la rend comme un gland. »

André Santini,
Prix de l'humour politique 1989

ATTALI (Jacques)

(Né en 1943) Économiste, haut fonctionnaire et écrivain, ancien conseiller de François Mitterrand.

« François Mitterrand parle de plus en plus mal. Il fréquente trop Attali. »

Jean-Edern Hallier et **Jean Dutour**,
Le Mauvais Esprit, (Olivier Orban, 1985)

AUBRY (Martine)

(Né en 1950) Maire de Lille, ancienne députée du Nord, plusieurs fois membre du gouvernement et tout particulièrement ministre de l'Emploi et de la Solidarité de 1997 à 2000, fonctions dans lesquelles elle fit adopter la réforme controversée des trente-cinq heures. Première secrétaire du Parti socialiste depuis 2008.

« Quant à Martine Aubry, sa dureté me fait peur. C'est bien simple, on dirait François Mitterand en femme. »

Nicolas Sarkozy sous le pseudonyme de Mazarin,
Lettre apocryphe de Michel Rocard à Jacques Chirac,
Les Échos du 23 août 1995

« Elle croit qu'on peut tout régler, et notamment les 35 heures, avec des coups de pied au cul ! »

Dominique Strauss-Kahn,
dans *Le Canard enchaîné* du 31 décembre 1997

« Jospin a un gros problème. Il doit arbitrer sans cesse entre Aubry et Strauss-Kahn. Entre "Y a qu'à" et "Peux pas". Il y en a une qui se prend pour la madone des prolétaires et l'autre pour le messie de la City. »

Claude Allègre,
propos rapportés dans
Le Canard enchaîné du 21 janvier 1998

« Aubry se pose en s'opposant. Elle a de folles ambitions mais, franchement, ce n'est pas en écrasant tout le monde qu'elle y arrivera, ça ne marche pas comme ça. Dans son ministère, il paraît que c'est impossible de travailler avec elle, ses directeurs n'en peuvent plus. Elle se comporte vraiment comme un mec. »

Dominique Strauss-Kahn,
dans *Le Canard enchaîné* du 16 septembre 1998

« Au départ, il l'ont fait exprès au PS : ils voulaient faire élire [*premier secrétaire du Parti socialiste*] quelqu'un de totalement transparent, de furtif… Ils avaient remarqué qu'à l'aéroport, quand Martine sonnait au portique de sécurité, les douaniers s'en foutaient. Quand elle va à la FNAC de Lille, c'est le grand jeu, ses conseillers lui mettent des DVD dans sac qu'ils récupèrent après. Toute petite déjà c'était pareil. Combien de fois Jacques Delors [*le père de Martine Aubry*] l'a oubliée sur une aire d'autoroute ! Trois cents kilomètres plus tard, demi-tour avec la DS, il fallait aller chercher Martine ! »

Stéphane Guillon,
France Inter, le 4 février 2009

« Martine Aubry est un faux cul. Intelligente, mais une colonne vertébrale en bâton de guimauve. Elle est comme son père qui ne voulait y aller que s'il était sûr d'être élu. »

Georges Frêche,
dans *Le Figaro Magazine* du samedi 20 mars 2010

« Le Martine Circus – groupe de rock des années 70 – était fatigué et creux. »

Laurent Wauquiez,
AFP, le 28 juin 2011

« Une femme du passé qui propose un programme décongelé... »

Marc-Philippe Daubresse,
AFP, le 28 juin 2011

AURIOL (Vincent)

(1884-1966) Député socialiste de la Haute-Garonne de 1914 à 1940 et de 1945 à 1947, quatre fois ministre et tout particulièrement ministre des Finances du Front populaire en 1936, Président de la République de 1947 à 1954.

« Vincent Auriol, le “technicien” de la faillite… »

Candide du 2 octobre 1940

« Il est un peu comparable aux limaces, ce bon Auriol. Au propre comme au figuré, partout où ils se posent ses doigts laissent des traces. Question de sueur. Il le constate lui-même : “Je sue gras.” Et de montrer ses vêtements poissés aux poches et aux revers. Et son calepin d'adresses plus huileux qu'un calepin de clochard. Et même ses dossiers remplis de macules semblables à des taches de beurre ou de saindoux.

« Il est borgne, on le sait. Ce qui ne le rend pas moins louche. Et quand on dit que, peut-être, il ne vit jamais plus loin que le bout de son nez, il faut vite ajouter : et d'un seul côté seulement. »

Vendémiaire du 9 novembre 1940

« … prestidigitateur au faciès de fœtus hémiplégique… »

André Figueras,
Zoologie du Palais-Bourbon, 1956

« Si j'avais voulu parler aux Français, ce n'est pas Auriol qui m'en aurait empêché. Je ne lui avais pas demandé la permission de m'adresser aux Français le 18 juin 40. »

Charles de Gaulle,
au sujet de sa démission en 1946,
propos du 6 septembre 1966 rapporté
par Alain Peyrefitte, *C'était de Gaulle*, T. I, 1994

AYRAULT (Jean-Marc)

(Né en 1950) Député de Loire-Atlantique de 1988 à 2012 et de 2014 à 2017, maire de Nantes de 1989 à 2012, Premier ministre de 2012 à 2014.

« Il est professeur d'allemand de l'Est. »

Raillerie anonyme
citée dans *Le Monde*, 15 mai 2012

« Tu fais chier la terre entière avec ton aéroport de Notre-Dame-des-Landes, tu gères la France comme le conseil municipal de Nantes. »

Arnaud Montebourg,
propos de décembre 2012
révélé par Valérie Astruc et Elsa Freyssenet
dans *Florange, la tragédie de la gauche* (Plon)

B

B

BACHELOT (Roselyne)

(Née en 1946) Députée RPR puis UMP du Maine-et-Loire de 1988 à 2002, favorable au Pacs en 1997, plusieurs fois ministre depuis 2002.

« Députée des pédés, des salopes, des dérangés mentaux, des nuls, des lâches, des vendus », « Cher gazon maudit », « Salut Notre-Dame des Tantes », « Il faut une salope comme toi pour soutenir les pédophiles », « Dire qu'avec nos impôts, j'entretiens quelqu'un comme vous ! Vous êtes l'expression moderne de la grande prostituée de l'Apocalypse ! »

Extraits de lettres d'insulte reçue
après son vote favorable au Pacs,
citées par elle dans *Le Pacs, entre haine et amour*, 1999

BADINTER (Robert)

(Né en 1928) Avocat, garde des Sceaux, ministre de la Justice de 1981 à 1986, membre du Conseil constitutionnel puis sénateur. Il est l'artisan de l'abolition de la peine de mort en France.

« Il vous manque des manches, monsieur le garde des Sceaux ! »

Robert Wagner,
à l'Assemblée nationale, le 17 septembre 1981

BALLADUR (Édouard)

(Né en 1929) Dit « Ballamou », dit « l'Étrangleur ottoman » parce que ce natif de Smyrne s'est présenté contre Jacques Chirac, conseiller de Georges Pompidou, élu député RPR de Paris en 1986, réélu de 1988 à 2002, plusieurs fois membre du gouvernement, Premier ministre de 1993 à 1995 et candidat malheureux à l'élection présidentielle de 1995.

« J'ai le sentiment qu'il nourrit un mépris infini pour Chirac... Cet homme est un formidable dissimulateur. Plaise au Ciel qu'il n'ait jamais le pouvoir ! »

François Mitterrand,
propos cité par Jacques Attali, *Verbatim*, 1995

« Quand je parle avec Balladur, j'ai l'impression de parler avec le fantôme de Pompidou : la même onction ; la même culture vaguement moderniste pour masquer un conservatisme impitoyable... »

François Mitterrand,
propos cité par Jacques Attali, *Verbatim*, 1995

« C'est que, voyez vous, la politique est un métier. Un métier difficile, et, en même temps, profondément exaltant. Ce métier n'a jamais été et ne sera jamais pour vous. Vous êtes de santé trop fragile, de caractère trop inconsistant, de tempérament trop instable pour mener une action politique sur sa longueur. N'ayez aucun regret, ce métier de Président n'était pas fait pour vous. Pas plus d'ailleurs que celui de Premier ministre. C'est miracle que vous le soyez devenu. Prenez donc tranquillement votre retraite de conseiller d'État, amusez-vous quelque temps avec ce mandat de député qui vous fait tellement envie et ne vous occupez plus jamais de politique. »

Nicolas Sarkozy sous le pseudonyme de Mazarin,
Lettre apocryphe de Jacques Chirac à Édouard Balladur,
Les Échos du 10 août 1995

« C'est un homme intelligent et capable. Un grand commis de l'État. Une sorte de Guizot. Mais avec qui ai-je eu aussi peu à échanger en un demi-siècle de vie publique ? »

François Mitterrand,
propos cité par Jean Lacouture,
Mitterrand, une histoire de Français, 1998

« Un bourreau chinois au lacet de soie… »

François Mitterrand,
propos cité par Jean Lacouture,
Mitterrand, une histoire de Français, 1998

BARBU (Marcel)

(1907-1984) Député chrétien d'extrême gauche de la Drôme en 1946, militant du logement social, candidat inattendu à l'élection présidentielle de 1965.

« En réalité, il n'y en a qu'un qui soit sympathique, c'est Barbu. C'est un brave couillon, il y en a beaucoup qui doivent se reconnaître en lui. Il ne m'en veut que parce qu'il est écrasé par la vie, il se demande comment faire. »

Charles de Gaulle,
propos du 24 novembre 1965, cité par Alain Peyrefitte
dans *C'était de Gaulle*, T. II, 1997

BARNIER (Michel)

(Né en 1951) Député RPR de la Savoie de 1978 à 1993, ministre de l'Environnement de 1993 à 1995, ministre délégué aux Affaires européennes de 1995 à 1997, sénateur de la Savoie de 1997 à 1999, commissaire européen de 1999 à 2004 et de 2010 à 2014, ministre des Affaires étrangères de 2004 à 2005, ministre de l'Agriculture de 2007 à 2009.

« Barnier sera-t-il nationalisé ? »

Serge Beltrame,
député socialiste des Vosges,
à l'Assemblée nationale le 9 juillet 1981

« Ce Barnier, putaing, il est triste comme une porte de prison. »

Jean-Claude Gaudin,
maire de Marseille,dans *Le Canard enchaîné*
du 10 novembre 2004

« … une limande apeurée… »

Nicolas Sarkozy,
dans *Le Canard enchaîné* du 14 novembre 2007

BAROCHE (Pierre-Jules)

(1802-1870), député modéré, ministre de la Justice de Napoléon III.

« Baroche, dont le nom n'est plus qu'un vomitif… »

Victor Hugo,
Les Châtiments, 1853

« Cet être horrible, insulte à la figure humaine !
« Il s'étale effroyable, ayant tout un troupeau
« De Suins et de Fortouls qui vivent sur sa peau,
« Montrant ses nudités, cynique, infâme, indigne, « Sans mettre à son Baroche une feuille de vigne ! »

Victor Hugo,
Les Châtiments, 1853

BARRE (Raymond)
(1924-2007) Dit « Raymond-la-Science », dit « Sancho Pansu », dit « Babarre », professeur d'économie, Premier ministre de 1976 à 1981, député du Rhône, maire de Lyon, candidat à l'élection présidentielle de 1988.

« Un physique de maître-queux qui s'essuie les mains sur les fesses pour vous faire signer le livre d'or et vous offrir un petit alcool maison… »

Hasard d'Estin,
Tout fout le camp, 1976

« Ce n'est pas qu'il n'aime pas la France, c'est qu'il se croit supérieur. Il se croit supérieur à tout. La France ne lui paraît pas à la dimension de l'intelligence qu'il suppose avoir. »

Georges Pompidou,
cité par Philippe de Saint-Robert
dans *Les Septennats interrompus*, 1977

« Maréchal Pétrin… »

Le Canard enchaîné, 9 septembre 1977

« Tartarin de Tarascon comme la lune… »
Le Canard enchaîné, 9 novembre 1977

« Peut-être êtes-vous – on l'a dit et rien ne permet d'en douter – le meilleur économiste libéral dirigiste. »
François Mitterrand,
à l'Assemblée nationale, le 5 octobre 1976

« C'est une politique sans idées générales, sauf une : épouser les circonstances. »
François Mitterrand,
dans *Le Monde* du 31 juillet 1980

« Le gaullisme – la Résistance + un zeste de pétainisme = Raymond Barre. »
Globe, novembre 1986

« Quand on a de tels amis, on a pas besoin d'ennemis. »
Charles Pasqua, 4 septembre 1988

« Le Picrochole du microcosme… »
Lionel Jospin, propos
« Barre, c'est mon compagnon de chambre : il dort à côté de moi à l'Assemblée. »
André Santini, propos

« Quand je le vois roupiller à l'Assemblée Nationale et qu'il ne roupille pas, il se tourne les pouces et je me dis : tiens ! il fait son jogging. »
André Santini, propos

« Raymond Barre est le seul homme d'État qui n'entendait rien à la politique. Dans le fond, le pouvoir l'ennuyait, car il l'aurait conduit aux compromis qu'il prétendait détester. Il s'était drapé pour l'éternité dans une dignité non feinte, qui lui offrait le délicat et confortable loisir de s'affranchir de toute responsabilité. »

Bruno Roger-Petit,
François Mitterrand 2008 il revient, 2008

BARRÈS (Maurice)

(1862-1923) Député nationaliste de Meurthe-et-Moselle de 1889 à 1893 et, après plusieurs échecs électoraux, député de la Seine de 1906 à 1923.

« En effet, lorsque Barrès vint de Nancy pour exercer l'état de psychologue et faire emplette de chaussettes à la mode, il ne connaissait Hegel que par les notes de Fouillée. Les élégances parisiennes lui furent enseignées par Marie Pasco, une horizontale de petite marque, renommée au quartier Latin pour l'amour insensé que lui inspirait le fils d'une matrone préposée au chalet du boulevard Saint-Germain.
« L'odeur de latrines et de poudre de Java qu'éparpillait la donzelle dévirgina Barrès, intellect métaphysique, lui fit sentir distinctement la beauté des riches mariages et des opinions déshonorantes. »

Laurent Tailhade,
Imbéciles et Gredins, 1900

« Barrès, voici Barrès promoteur des *Dimanches politiques et littéraires*, Barrès avec son dos circonflexe, sa voix dure et sèche d'eunuque, sa jaunisse d'envieux ; Barrès avec ses dents à pivots, son air emprunté de cuistre qui met pour la première fois les pieds dans un salon ! Il se qualifie, non sans

ingénuités, l'un des maîtres de la littérature contemporaine, avant d'insinuer sa préparation au cher et benoît lecteur.
« Comme d'autres ont un eczéma ou l'haleine fétide, Barrès traîne partout avec soi la concupiscence de la députation. C'est une dartre vive, une gale mordicante, un prurit désespéré que ses mains crochues d'avare grattent avec des ongles d'or. »

Laurent Tailhade,
Imbéciles et Gredins, 1900

« Je suis, en effet, de la race à laquelle appartenait la grande victime de l'erreur judiciaire dont parlait tout à l'heure M. Lasies [Dreyfus]. Et la différence entre vous et moi, monsieur Barrès, c'est qu'au mépris d'une impopularité passagère je défends les intérêts de la race française et que vous, vous en faites bon marché, préférant vous incliner devant les menaces des débitants d'absinthe et d'alcool ou des bouilleurs de cru. *(Applaudissement à gauche et à l'extrême gauche.)* »

Joseph Reinach,
député radical des Basses-Alpes,
à la Chambre des députés, le 3 juillet 1908

« Cet éternel jeune homme sent la prostituée trop mûre.
[...]
« Ce juif, mâtiné d'Auvergnat, s'est révélé Lorrain et patriote sur le tard, lorsqu'il s'est aperçu que la carrière patriotique était la seule profitable. »

Flax, nom de plume de **Victor Méric**,
dans *Les Hommes du jour* n° 19, 1909

« M. Maurice Barrès. – Eh! mon cher collègue, je défends ici des citoyens français. *(Très bien! très bien à droite et au centre.)*
« M. Jacques-Louis Dumesnil. – Romains. »

Propos échangés à la Chambre des députés,
le 16 janvier 1911, au sujet de l'entretien des églises

« Barrès n'avait rien dans la tête... mais rien! ce qui s'appelle rien! que quelques clichés : Venise, Tolède... et ce qu'il y a de plus admirable, c'est qu'il l'avoue, tout naïvement. Il ne lisait aucun livre. Il ne fourrait le nez que dans la Grande Encyclopédie et dans le Littré. [...] Le malheureux ne comprend rien à rien et promène sur les hommes de grands beaux yeux sans lueur et sans vie... Et ce qu'il devait s'embêter! Il est de ces gens qui, pendant les deux premiers tiers de leur vie cherchent une idée et qui, une fois l'idée trouvée, s'y cramponnent, s'y incrustent. Un beau jour il a découvert la Lorraine... en passant par là probablement, avec ses sabots... et alors la pauvre Lorraine est devenue la propriété des Barrès; il en a fait des bouquins, des articles... Ce grand nigaud de Déroulède lui avait passé ça comme une suite d'affaires. Il n'y comprenait rien, naturellement... il n'a jamais compris ce qu'était la Lorraine et ce qu'étaient les Lorrains, quels problèmes se posaient, quelle était la richesse, la complexité de tout ça... Il décrivait des coteaux, des vignes, des églises; ça n'allait pas plus loin. Toute ma vie j'ai été attaqué par des gens comme ça, qui ne se donnaient la peine ni de regarder, ni de réfléchir : Millevoye, Déroulède, Barrès... ça n'est pas que ce soit dangereux... Mais on perd un temps! »

Georges Clemenceau,
propos du 26 février 1928, cité par Jean Martet dans
Le silence de M. Clemenceau, 1929

BARROT (Odilon)

(1791-1873), député libéral, rallié à Napoléon III dont il devint ministre de la Justice.

« Vous avez au front une tache de sang. »

Alexandre Ledru-Rollin,
à l'Assemblée nationale législative, le 11 juin 1849

BARTHOU (Louis)

(1862-1934) Dit « Barthoutou », député des Basses-Pyrénées de 1889 à 1922, sénateur de 1922 à 1934, Président du Conseil de mars à décembre 1913, plusieurs fois ministre. Il était ministre des Affaires étrangères lorsqu'il mourut à Marseille, le 9 octobre 1934, lors de l'attentat perpétré contre le roi Alexandre Ier de Yougoslavie.

« Ce n'est pas pour rien que notre sémillant ministre a été surnommé le Passe-Barthou. Il se tient prêt, en effet, à tous les avatars. Hier méliniste, modéré, conservateur; aujourd'hui radical avec Clemenceau; demain révolutionnaire avec le premier gredin parvenu sur les épaules des prolétaires abusés, notre Barthou est capable de tous les reniements, de toutes les saletés, de toutes les faiblesses, pour conserver le pouvoir, pour demeurer à la meilleure place… »

Flax, nom de plume de **Victor Méric,**
dans *Les Hommes du jour*, 10 avril 1909

« Un homme qui est petit en tout, petit par la taille, petit par le caractère, petit par les variations qu'il sacrifiait successivement quand il s'agissait d'arriver au pouvoir… »

Me Monicat,
de la Fédération nationale catholique,
conférence faite à Vichy le 18 juillet 1926

« […] cet illustre chasseur de manuscrits rares et d'inédits somptueux s'est surtout distingué par la piraterie, il y a également beaucoup du bien d'autrui dans l'espèce de situation littéraire que s'est faite M. Barthou. A-t-il écrit un seul de ses livres ? […] Nous n'avons pas l'intention de divulguer [le nom de ses nègres], nous aurons des égards pour des confrères malheureux. Nous disons simplement que personne d'informé ne doute du mensonge littéraire ambulant que représente M. Louis Barthou : son art a souvent consisté à signer l'ouvrage des autres. Cela achève de composer sa figure et de la situer dans le paysage officiel. […]

« Il a suffi de présenter au grand public étonné, aux parlementaires ahuris ou émerveillés, la véritable personnalité du garde des Sceaux : auteur de divers livres qu'il n'a jamais écrits, kleptomane fameux, client non moins fameux de la police des mœurs. Ces trois qualités connues de tout Paris, moins connues à la Chambre où cela faisait le sujet d'innombrables conversations, lui composent une auréole couleur de fange fraîche dont on aura peine à le décoller.

« Ni son habit vert, ni son chapeau, ni son épée, acquis par dol et par vol, ne lui appartiennent. Enfin, il a la clé des champs alors qu'une police spéciale aurait dû cinquante fois l'arrêter et l'incarcérer. Même sa liberté apparaît comme un bien qui n'est pas à lui.

« Un lecteur curieux nous demande où diable se tiendra le petit congrès des nègres de M. Barthou. On a commencé par nous dire qu'il devait avoir lieu rue Fürstenberg, n° 2, au 3e étage mais que, depuis peu de semaines, M. le garde des Sceaux a suspendu ses visites à l'hospitalier domicile de dame Jacqueline. […] Le dernier nègre, entré au troisième étage de la rue

Fürstenberg, n'a pas pu s'empêcher de dire en voyant un certain instrument accroché au mur : "Tiens, le martinet de Barthou ! " Les voisins, qui se montraient surpris de trouver tant de nègres dans l'escalier, aperçurent l'objet entre deux portes et firent aussitôt des réflexions aiguës sur les bruits de sabbat qui partaient de ce logement. [...] M. Barthou a été brutalement dégagé (par lui-même) de tous les revêtements, masques, peaux, couvertures dont son individu s'enveloppait jusqu'ici. Il s'est livré, il s'est montré. On le voit sans autre appareil que le martinet légendaire, les manuscrits chipés, le fauteuil subtilisé par ses artifices. [...] Sans doute les fonctionnaires de la Sûreté habilement dissimulés çà et là [...] essaient-ils de faire répondre que la triste réputation attribuée à M. Barthou dans certains milieux spéciaux est due à ce qu'il est victime d'une ressemblance avec un "sosie" sadique. Ils n'ont persuadé personne. Ils n'ont même pas persuadé notre confrère d'Artagnan. S'il assure que ce sosie de M. Barthou, en certains cas, dans certaines liturgies intimes, répond au nom de Médor, il n'est pas très sûr de l'alibi ministériel, car il croit devoir ajouter : "Convenons qu'on ne voit guère un homme très digne revêtir – ou dévêtir – la simarre de Lamoignon pour la pratique de jeux cyniques. Décidément, les *amis* ont raison de dire qu'il s'agit d'un sosie – d'un sosie qui lui ressemble trop." M. Barthou a compris qu'il fallait céder ; les plaques douloureuses abondent par toute la surface de son individu [...]. »

Charles Maurras,
Le Bibliophile Barthou, 1929

« Il y avait le clan Millerand, le clan Briand, le clan Poincaré. Entre ces deux derniers oscillait le hideux et sournois Barthou, l'hyène qui suit la caravane. »

Léon Daudet,
Député de Paris, 1933

BARZACH (Michèle)

(Née en 1943) Élue députée RPR de Paris en 1986, ministre déléguée chargée de la Santé et de la Famille de 1986 à 1988.

« À chaque fois que j'ai voulu lancer une femme, ça m'est retombé sur la gueule. »

Jacques Chirac,
aux états généraux de l'opposition, Rennes, 1990

« Mme Barzach a peu de chances de remporter le prix Pulitzer de la pensée politique contemporaine. »

Charles Pasqua,
propos rapporté par Alexandra Da Rocha dans
« Salope ! » Insultes et autres perfidies sur les femmes politiques, 2007

« Savez-vous pourquoi Michèle Barzach ressemble à une station-service ? Parce que ses jambes, c'est du super, ses seins de l'ordinaire et son cerveau, c'est du sans plomb ! »

Blague de militants RPR,
rapportée par Alexandra Da Rocha dans *« Salope ! » Insultes et autres perfidies sur les femmes politiques*, 2007

BASSANO (Hugues-Bernard Maret, duc de)

(1763-1839), diplomate, ministre des Affaires étrangères, pair de France.

« Je ne connais au monde qu'un homme plus bête que M. Maret, c'est Son Excellence le duc de Bassano… »

Talleyrand, propos

« On a exagéré nos pertes. On annonçait que tout le matériel était perdu. Et voici qu'on apprend le retour du duc de Bassano… »

Talleyrand, propos, au moment de la retraite de Russie

BAYROU (François)

(Né en 1951) Député UDF puis Modem des Pyrénées-Atlantiques de 1986 à 1993 et depuis 1997, ministre de l'Éducation nationale de 1993 à 1997, candidat malheureux aux élections présidentielles de 2002 et 2007, commissaire au Plan.

« La France attendait une rencontre du troisième type, le troisième type, c'est François Bayrou. »

Azouz Begag,
sur *FR3 Rhône-Alpes* le 12 avril 2007

« En six mois, il a tout perdu. L'élection présidentielle, les élections législatives, son parti, ses élus, ses amis, ses fidélités… Il ne lui reste rien, hormis son parti croupion avec ce nom ridicule, le MoDem, Marielle de Sarnez, sa fidèle collaboratrice (autant dire un boulet qu'il s'est attaché au pied et qu'il va traîner longtemps), et sa persévérance. »

Bruno Roger-Petit,
François Mitterrand 2008 il revient, 2008

« Bernard Palissy brûlait ses meubles. Bayrou brûle ses élus. C'est la stratégie de l'anéantissement. »

Jean Arthuis,
sénateur centriste de la Mayenne. Phrase nominée au Prix Press Club, Humour et Politique 2008

« Il m'a fait l'impression de l'amant qui craint la panne… »

Ségolène Royal,
le président du Modem ayant refusé qu'elle vienne chez lui. Phrase nominée au Prix Press Club, Humour et Politique 2008

« Le Parti socialiste est un parti sans leader. François Bayrou est un leader sans parti. Ils sont faits pour fusionner. »

Xavier Bertrand,
Prix spécial du jury du Prix Press Club, Humour et Politique 2008

« François Bayrou a été de droite, il est aujourd'hui au centre, mais il n'est pas encore devenu de gauche. »

François Hollande,
dans *Le Point.fr*, 18 mai 2009

« François Bayrou est un berger qui a trop longtemps vécu avec des moutons. »

Jean-Louis Bourlanges,
dans *Le Monde* du 7 décembre 2009

« Cela me fait un peu rigoler quand je vois que [Corinne] Lepage enfile Bayrou ! Ce n'est ni le premier ni le dernier à se retrouver cocu ! »

Roselyne Bachelot,
à propos des défections au Modem,
dans *Le Canard enchaîné* du 17 mars 2010

« Un expert en immobilisme, un ayatollah de lui-même »

Xavier Darcos,
propos de 2009 cité dans *Le Point* du 18 août 2011

« Le meilleur, mais trop fou. »

Jean-Louis Borloo,
propos rapporté dans *Marianne*
du 26 mars 2011.

« Pour désespérer de François Bayrou, encore faudrait-il que j'aie un jour placé de l'espoir en lui. »

Nicolas Sarkozy,
Le Journal du Dimanche, 11 avril 2015
Prix Press Club, Humour et Politique 2015

« Les réformes consensuelles sont celles qu'on laisse dans les tiroirs ; Bayrou a été très généreux avec les tiroirs. »

Najat Vallaud-Belkacem,
LCI, 17 mai 2015, phrase nominée au Prix Press Club,
Humour et Politique 2015

BEGAG (Azouz)

(Né en 1957) Ministre délégué à la Promotion de l'égalité des chances de 2005 à 2007.

« Tu es un connard, un déloyal et un salaud ! »

Nicolas Sarkozy,
propos rapporté dans le *Dossier du Canard* n° 104
de juillet 2007

« Azouz Begag est un membre du gouvernement dont je n'ai jamais mesuré complètement la valeur ajoutée, pour être franc. »

François Fillon,
le 9 mars 2007, à propos du soutien d'Azouz Begag
à François Bayrou pour l'élection présidentielle

BÉRÉGOVOY (Pierre)

(1925-1993) Conseiller de François Mitterrand, Premier ministre de 1992 à 1993, suicidé.

« … l'Enflure de Bercy… »

Édith Cresson,
dans *Le Canard enchaîné* du 19 juin 1991

BERT (Paul)

(1833-1886), scientifique, militant anticlérical, député radical de l'Yonne, ministre de l'Instruction publique, gouverneur de l'Indochine.

« Le malheureux qui excite de cette inqualifiable façon les républicains triomphants à l'empoisonnement et au massacre des prêtres catholiques, n'est peut-être plus tout à fait responsable de ce qu'il dit. La conscience publique recule devant la possibilité de tant d'ignominie spontanée chez un homme né et élevé en France, et l'on est porté à expliquer un pareil érétisme

de méchanceté stupide par des influences morbides, par une sorte d'inoculation assimilable aux piqûres d'amphithéâtre. [...] À force de se croire loup, les lycanthropes prenaient la nature du loup. Pourquoi n'en serait-il pas de même des darwiniens qui tiennent si fort à n'être que des singes!...
« Comme savant, M. Paul Bert est le pédant le plus présomptueux, le plus encombrant, le plus dépourvu d'entrailles et de sentiments humains que l'on puisse imaginer. Il a perfectionné l'horrible procédé de la vivisection, et, étant connues ses idées sur la nature de l'homme, dont il fait une espèce de gorille, on n'a pas le droit de douter qu'il ne vivisecquât une sœur de charité ou un séminariste – ou même, faute de mieux un républicain – aussi gaillardement qu'un ouistiti ou un king-charles, s'il n'était retenu par les lois qui nous restent!... »

La Gazette de France du 25 août 1879,
après le toast de Paul Bert comparant
les prêtres au phylloxéra

BERTRAND (Xavier)

(Né en 1965) Député de l'Aisne de 2002 à 2007 et depuis 2010, ministre du Travail de 2007 à 2010, président de région.

« Tu as prévu de filer les clés de l'UMP à Xavier Bertrand ; tu devrais en garder un double. »

Jean-François Copé à Nicolas Sarkozy,
Prix des internautes « Humour et politique » 2009

« Regardez-moi ce connard. C'est vraiment un petit mec ! »

Jean-Louis Borloo,
pendant un dîner de parlementaires UMP
au Touquet, propos rapporté dans *Le Canard enchaîné*
du 7 octobre 2009

« … Tullius Détritus… »

François Fillon,
en référence au personnage menteur, traître
et faiseur d'embrouilles dans les aventures d'Astérix,
propos rapporté dans *Le Canard enchaîné*
du 14 octobre 2009

« Ce pingouin qui fait un score minable et qui gagne avec l'aide de la gauche va nous expliquer comment faire de la politique ! Laissons-le repeindre les lycées de la région et s'occuper du ramassage scolaire… Dans trois mois, il revient en rampant ! »

Nicolas Sarkozy,
propos rapporté dans *Le Point*, 28 janvier 2016

BESANCENOT (Olivier)

(Né en 1974) Porte-parole de la LCR devenue NPA, candidat aux élections présidentielles de 2002 et de 2007.

« Il ne faut pas confondre les chars de l'armée rouge avec la bicyclette d'Olivier Besancenot. »

Jean-Luc Mélenchon,
phrase nominée au Prix Press Club,
Humour et Politique 2003

BESSON (Éric)

(Né en 1958) Député socialiste de la Drôme de 1997 à 2007, membre du conseil national du PS en charge de l'économie, démissionnaire pendant la campagne présidentielle de 2007 et rallié à Nicolas Sarkozy. Secrétaire d'État chargé de la Prospective de 2007 à 2009, ministre de l'Immigration, de l'Intégration, de l'Identité nationale et du Développement solidaire de 2009 à 2010, ministre chargé de l'Industrie, de l'Énergie et de l'Économie numérique.

« Qui connaît M. Besson ? »

Ségolène Royal,
pendant la campagne présidentielle de 2007.
L'intéressé répondra en publiant un livre intitulé
Qui connaît Mme Royal ?

« Vous voulez rire, vous voulez rire ! Moi, un Besson, mais vous m'insultez, parce que alors là, Besson, vraiment, c'est un minable, c'est tout ce que c'est. »

Georges Frêche,
1er février 2010, à propos du passage d'Éric Besson
du PS à l'UMP.

BIANCO (Jean-Louis)

(Né en 1943) Secrétaire général de l'Élysée sous la présidence de François Mitterrand, deux fois ministre, ancien maire de Digne-les-Bains, ancien conseiller régional, député et président du Conseil général des Alpes-de-Haute-Provence.

« Jean-Louis Bianco ressemble à un ordinateur à binocles. [...] C'est le prototype de l'homme politique façon curé austère, technocrate, le super réglo très rigide. Le grand style coincé balai... [...] Dans la légende, papa Bianco [le père de Jean-Louis Bianco] est un prolo, un militant communiste qui a fuit le fascisme italien et Jean-Louis un fils d'immigrés. [...] Ainsi, Jean-Louis serait le seul fils de prolo à être né dans une clinique à Neuilly, élevé avenue Montaigne, éduqué prolo à Jeanson-de-Sailly où il s'est fait des potes prolos comme Jacques Attali, avant de se retrouver à l'ENA, célèbre école-ghetto de tous les petits prolos français. La légende de Jean-Louis est un des seuls grands trucs rigolos qu'on trouve en Jean-Louis. »

Sylvie Caster,
Le Canard enchaîné, 10 juillet 1991

BIDAULT (Georges)

(1899-1983) Président du Conseil national de la Résistance, co-fondateur du MRP en 1944, député de la Loire de 1945 à 1962, trois fois ministre, Président du Gouvernement provisoire en 1946, Président du Conseil de 1949 à 1950, partisan de l'Algérie française et membre de l'OAS.

« Redressez-vous, Bidault ! »

Charles de Gaulle,
à Alger en février 1945, quand son ministre des Affaires étrangères lui conseilla de recevoir Roosevelt. Georges Bidault était petit et voûté

« Quelle misère ! Et c'est un professeur d'histoire qui tient ces propos ! Il ne comprend rien à Marx. »

Jacques Duclos,
à l'Assemblée nationale, le 26 juillet 1949, Bidault ayant cité Marx sur la Russie au XIXe siècle.

« On dit que M. Bidault, ce petit poivrot ridicule, subit très fortement l'influence de sa femme. C'est probablement elle qui lui transmet, entre deux "cuites", les ordres du Vatican. »

La Calotte de février 1955

« C'est un pion – dans tous les sens du terme. »

Pierre Brossolette,
propos cité par André Figueras
dans *Zoologie du Palais-Bourbon*, 1956

« Bidault tient en effet du cuistre et du joujou. Il y a en lui un Triboulet qui se sublime, qui se transcende et qui s'admire. Il est condescendant comme un régent de collège, et burlesque comme un toton. Supposez qu'une toupie tournante et ronflante prenne tout à coup forme humaine, pense et s'exprime – vous aurez Georges Bidault. »

André Figueras,
Zoologie du Palais-Bourbon, 1956

« Et Bidault ? Amnistié, pardonné, mais exilé à jamais du pouvoir, rien ne lui sera plus, plus ne lui sera rien. Il ira, la nuit, coller sa pauvre petite figure de défroqué MRP aux grilles du quai d'Orsay. Depuis le trottoir il verra flamber les grands lustres, il imaginera l'huissier, les secrétaires tremblantes, le bureau de Vergennes, et cette ivresse permanente du pouvoir dont aucun alcool ne nous console, quand nous l'avons perdu. Alors Bidault pleurera, accroché des deux mains à la grille, jusqu'à ce qu'un agent paternel le prenne par l'épaule et lui dise doucement de circuler. »

François Mauriac,
Bloc-notes, 13 juin 1962

BIÉTRY (Pierre)

(1872-1918), ancien socialiste fondateur des syndicats « jaunes », député nationaliste du Finistère de 1906 à 1910.

« M. Biétry ? Ah ! Je l'avais oublié ! »

Jean Jaurès,
à la Chambre des députés, le 11 mars 1907

« La politique de l'arc-en-ciel. Un jaune qui tourne au blanc et qui tire sur le rouge. »

Flax, nom de plume de **Victor Méric**,
dans *Les Hommes du jour*, 12 juin 1909

BILLOTTE (Pierre)

(1906-1992), général, député gaulliste de la Côte-d'Or de 1951 à 1955, ministre de la Défense de 1955 à 1956.

« Billôte-toi-d'là que j'm'y mette. »

Le chanoine Kir,
pendant la campagne des législatives de 1951, propos rapporté par Jean-François Bazin et Alain Mignotte dans *Le Chanoine Kir a-t-il existé ?*, 1969

BLANC (Louis)

(1811-1882) Historien, député de la Seine, membre du Gouvernement provisoire de 1848, premier homme politique à réaliser la synthèse des idées républicaines et du socialisme utopique.

« En somme ce nain bilieux était un malfaisant. Il a sa large part dans tout le mal produit en France par les idées révolutionnaires, dont il a été l'un des plus maussades, mais aussi l'un des plus tenaces propagateurs. »

L'Univers du 8 décembre 1882,
deux jours après son décès

BLUM (Léon)

(1872-1950), député socialiste de la Seine de 1919 à 1928, député de l'Aude de 1929 à 1940, Président du Conseil de 1936 à 1937 puis en 1938, Président du Gouvernement provisoire de décembre 1946 à janvier 1947.

« … un sémite jouant les jolis garçons avec un chapeau mou à l'artiste et un tout petit nez droit dans une physionomie trop régulière – cette sous-variété [de Juif] est horrible – appelé Léon Blum… »

Léon Daudet,
L'Entre-deux-guerres, 1915

« … un effarant Adonis hébreu, ancien normalien, anarcho-socialiste, en chapeau et en smoking, du nom de Léon Blum… ».

Léon Daudet,
Au temps de Judas, 1920,
à propos du Blum de la *Revue blanche*

« M. Léon Blum. S'il en est ainsi, si la Chambre, en accord manifeste avec le Gouvernement, entend laisser se dérouler dans le silence une série d'événements redoutables…
« M. Léon Daudet. Indispensables !
« M. Magne. Redoutables pour la finance internationale !
« M. Léon Daudet. Pour la finance juive ! […]
« M. Léon Blum. … nous ne pouvons, nous, ni attendre, ni nous taire. […]
« Au centre. Qui "nous" ?
« M. Magne. Il n'y place que pour des Français, ici !
« M. Léon Daudet. À Jérusalem !

« M. Léon Blum. Je suis à la tribune pour y apporter, au nom de mes amis, contre la politique qui vient d'être exposée, un refus total. [...]
« M. Marcel Habert. Vous êtes du côté de l'Allemagne !
« M. Léon Blum. Je déclare que nous protestons de toute notre force...
« M. Ybarnégaray. Le Juif protestant ! *(Rires à droite.)*
« M. Léon Blum. ... contre l'occupation militaire de la Ruhr. *(Interruptions à droite.)*
« M. le Lieutenant-colonel Josse. Au nom de l'Allemagne !
« M. Léon Blum. Nous entendons protester surtout au nom de l'intérêt national. *(Vives exclamations à droite et au centre.)*
« Léon Daudet. Au nom de l'Internationale juive !
« M. Léon Blum. J'entends sur ces bancs parler de juifs... *(Exclamations à l'extrême gauche.)* Est-ce, dans votre pensée, une intimidation ou une insulte? *(Vifs applaudissements à l'extrême gauche et sur divers bancs de gauche. – Bruits.)*
Le président. Ces interruptions perpétuelles sont intolérables, messieurs, mais je n'ai entendu aucune parole injurieuse à l'adresse de l'orateur. »

Propos échangés à la Chambre des députés, le 11 janvier 1923, au sujet de l'occupation de la Ruhr

« Je suis partagé en ce moment entre le désir de rester pour regarder encore cette mer et le désir de m'en aller pour ne plus voir Léon Blum. [...] C'est un bien curieux phénomène. Il fait penser à ces religions d'Isis ou de Mithra qui pénétraient et désagrégeaient peu à peu la société romaine... »

Georges Clemenceau, propos du 26 février 1928, cité par Jean Martet dans *Le silence de M. Clemenceau*, 1929

« Léon Blum, le socialiste pour salonnards, a un physique [...] qui tient de la chèvre et du lévrier, une cervelle allemande, et des petites manières chatouillées. Il est instruit, disert et redondant et il est évident qu'avec sa culture allemande il aspire à jouer les Ferdinand Lassalle, beaucoup plus qu'à faire le bonheur du quatrième État. C'est un de ces intellectuels retors, assez subtils et pas mal absurdes, épris du paradoxe élégant, comme il s'en balade quelques-uns sur le Sinaï. [...]. »

Léon Daudet,
Paris vécu. Deuxième série : rive gauche, 1930

« Plongeant son nez dans son mouchoir de dentelle et roulant des yeux blancs de belette foireuse, mamzelle Blum déclare, en tapant du pied, que "c'en est trop à la fin", qu'elle n'en saurait supporter davantage. Elle supportera tout, la petite "ghetto", pour ramasser dans les crachats un mandat frelaté, avec ses dents d'or. »

Léon Daudet,
Termites parlementaires, 1930

« Léon Blum, de l'Internationale n° 2, c'est la partie fibreuse dudit bloc, c'est le type du juif de traits réguliers et de petites manières, perfide, féroce et lâche à souhait. C'est un orateur, à mon avis, ennuyeux, par son ronron insistant et geignard, mais doué de quelques-unes des qualités de l'orateur, et qui se fait écouter. C'est un écrivain médiocre et grisâtre. [...] Intellectuellement et moralement, c'est un précieux, du genre hermaphrodite, et, dans le ghetto, quand de tels précieux s'en mêlent, chacun sait qu'ils font bien les choses. Ambitieux à froid, il porte, sur son visage d'ancien Adonis hébreu, la marque notée par Zangwile, son compatriote, la marque du *Tchad*

Gadya, du *tædium vitæ*, de l'ennui de vivre. "Cohen" de naissance et de style, il méprise profondément les "Lévy" et la démocratie en général ; mais il voit en elle le moyen de parvenir à jouer un rôle important, à ramasser ainsi le sceptre tordu de Jaurès. Étant ainsi bâti, Léon Blum se parachève d'une hyperesthésie vaniteuse qui le pousse à pleurer de vraies larmes quand on le ridiculise, ou quand on se moque de son argument. Je l'ai même vu – spectacle inénarrablement comique – taper du pied en descendant de la tribune et regagnant son banc, comme un cheval stationnant devant une boutique. Mademoiselle avait ses nerfs. Une autre fois, il eut une crise de colère désespérée, parce qu'un collègue l'avait traité d'Allemand [...] ; mademoiselle tempêtait, menaçait, arrondissait, croisait, décroisait ses bras de faucheux (je veux parler ici de l'araignée rustique, non du cultivateur). [...] Je vois encore cela comme si j'y étais et j'entends la voix railleuse de Joly, député de Nîmes : "Pauvre chéri, remets-toi, tu n'es pas Boche ; tu n'es que demi-Boche, qu'un juif panaché de Boche." Quelle tempête de rires ! La fifille Blum excelle à prodiguer ses petites mines et ses sourires confus, ses supplications – je vous en supplie, monsieur le ministre ! – et ses étonnements chatouillés [...]. Quand il a fini d'évoquer, d'adjurer, d'implorer des explications sur ces arides tarifs de chemin de fer, qu'il suce ainsi que des bonbons, le citoyen Fifille libère tout à coup le serpent haineux qui siffle sous ce coussin de satin rose. L'œil devient d'acier. Le ton grince. Il est fait allusion à l'heure prochaine où Blum administrera la société française, sera notre maître à vous et à moi [...]. C'est comique, parce qu'une demoiselle, même garnie de barèmes et de logarithmes, même stylée par Jaurès et Sembat, même ambitieusement corsetée, ne fera jamais peur aux plus timides bourgeois. C'est comique, mais significatif. Ce Léon Blum est un oriental, sans frein ni loi, barbouillé en juriste français. Il n'est sincère en lui, sous le feint bon ton et le beau veston, que la rage contre notre nation, nos tours d'esprit, nos mœurs, que l'avidité de les détruire. Comme elle voudrait mordre, cette fifille savante !... »

Léon Daudet,
Termites parlementaires, 1930

« ... ce visage de girafe irritée » ; « ... la girafe en veston [...] parangon des salonnards socialisants... »

Léon Daudet,
Termites parlementaires, 1930

« C'est un grand nerveux, un impressionnable, en ce qui le concerne, un insensible complet, en ce qui concerne les autres. Avant tout, c'est un hybride, qui a des colères et des tressaillements de femme, une férocité d'Oriental et une conception des choses demi-trouble, demi-brutale, de Boche accompli. Je me demande ce que les braves vignerons du Narbonnais peuvent penser de ce coco-là, qui a à peu près autant d'affinités avec eux qu'un hareng de la Baltique avec des coqs de chez-nous. [...] Après la guerre, ce fut lui qui fut chargé de renouer les relations avec les sozial demokrates allemands, qui avaient joué un si joli tour à leurs collègues français, au 31 juillet 1914 [...]. À Hambourg, Blum, rendu à son ethnicité foncière, s'exprima en allemand, et remporta, paraît-il, un véritable succès. Je le crois sans peine. Il devait se sentir rapatrié. [...] Je ne pense pas du tout que Blum – qui a la plus belle argenterie de France – opère seul, ni d'une manière spontanée. Il a certainement avec lui un consortium de banquiers, qui jouent la carte du socialisme et du prélèvement sur le capital. »

Léon Daudet,
Termites parlementaires, 1930

« Blum, député “allemand” au Parlement français. »

Léon Daudet,
Termites parlementaires, 1930

« … Blum, sorte de lévrier hébreu, minaudant et hautain, à la parole facile et pédante, ex-conseiller d'État et distribuant à ses voisins des tas de conseils. Type classique du dupeur du peuple, chéri des salonnardes et des salonnards qu'il épate avec des manchettes étincelantes et des prédictions de Grand Soir… »

Léon Daudet,
Député de Paris, 1933

« Ce juif allemand naturalisé ou fils de naturalisé qui disait aux Français, en pleine Chambre, *qu'il les haïssait*, n'est pas à traiter comme une personne naturelle. C'est un monstre de la République démocratique. Et c'est un hircocerf de la dialectique heimatlos. Détritus humain, à traiter comme tel. […] C'est un homme à fusiller, mais dans le dos. »

Charles Maurras,
dans *L'Action française* du 9 avril 1935

« Ce falot personnage finira président de quelque conférence Saint-Vincent-de-Paul pour démocrates chrétiens. Déjà, les Pédés fondent d'enthousiasme à la vue de ce parlementaire toujours battu. Blum est où il est, dans son trente-sixième dessous, et il y reste fort justement parce que rien ne peut changer dans sa position. »

Charles Maurras,
dans *L'Action française* du 7 janvier 1936.
Les « Pédés » sont, chez Maurras,
les démocrates-chrétiens du Parti démocrate (PD).

« [Son] regard tout ensemble inflexible et trouble [...] regard d'enchanteur funèbre, luisant et clignotant sous les verres, ainsi que la veilleuse des tombeaux... »

Henri Béraud,
dans *Gringoire* du 10 janvier 1936

« Blum ! C'est le bruit que font douze balles françaises entrant dans la peau d'un traître ! »

Xavier Vallat,
pendant la campagne législative de 1936

« [Blum] ne sera pas maître d'envoyer le peuple français à l'abattoir. S'il le fait, il sera le premier abattu. [...] Cela compris, il est trop clair qu'il s'en suivra de terribles conséquences pour notre pays, qui attirera la horde hitlérienne, une fois qu'il sera désarmé et ouvert. Mais il n'y a pas de désarmement qui tienne ! Le jour de l'agression et de l'invasion, il restera toujours en France quelques bons couteaux de cuisine et M. Léon Blum en sera le ressortissant numéro un. »

Charles Maurras,
dans *L'Action française* du 14 mai 1936

« C'est en tant que Juif qu'il faut voir, concevoir, entendre, combattre et *abattre* le Blum. Ce dernier verbe paraîtra un peu fort de café : je me hâte d'ajouter qu'il ne faudra *abattre* physiquement M. Blum que le jour où sa politique nous aura amené la guerre impie qu'il rêve contre nos compagnons d'armes italiens. Ce jour-là, il est vrai, il ne faudra pas le manquer. »

Charles Maurras,
dans *L'Action française* du 15 mai 1936

« Alors les attaques contre ce vieux chameau sémitique de Blum ne sont pas tolérables par ces messieurs ? […] Ce qu'il faudrait il nie l'avoir voulu : il s'inflige à lui-même cet éblouissant désaveu. Alors ? Alors, disons que le type a été dressé, parfaitement dressé, par nos soins : au fouet – en attendant le couteau de cuisine. »

Charles Maurras,
dans *L'Action française* du 16 mai 1936

« Voici maintenant que se lève le cabinet Blum, le cabinet du Talmud. […] Il se lève au-dessus de la nouvelle législature comme une lune blafarde dans un halo rouge, éclairant des ruines. »

Léon Daudet,
dans *L'Action française* du 2 juin 1936

« Pour la première fois, ce vieux pays gallo-romain sera gouverné […] par un juif. *(Vives réclamations à l'extrême gauche et à gauche.)* […]
« Je dis, parce que le pense, – et j'ai cette originalité ici, qui quelquefois me fait assumer une tâche ingrate, de dire tout haut ce que tout le monde pense tout bas *(Applaudissements à droite. – Exclamations à gauche et à l'extrême gauche.)* – que, pour gouverner cette nation paysanne qu'est la France, il vaut mieux avoir quelqu'un dont les origines, si modestes soient-elles, se perdent

dans les entrailles de notre sol, qu'un talmudiste subtil. *(Protestations à l'extrême gauche et à gauche.)* »

Xavier Vallat,
à la Chambre des députés, le 6 juin 1936

« … au cours d'une carrière déjà longue et bien remplie, vous avez eu le tort de vous assurer une réputation bien établie de prophète qui se trompe.
« Il y a longtemps que vous vaticinez et que vous annoncez le contraire de ce qui arrive ! Ce don instinctif de la divination à rebours, vous l'avez surtout exercé en politique étrangère. […] Eh bien ! Avouez que, si gouverner c'est prévoir, il n'y a pas beaucoup d'hommes qui aient moins de titres que M. Léon Blum aux fonctions de chef de gouvernement. […] Par ailleurs, votre passé, votre long passé dans l'opposition nous a prouvé surabondamment que vous étiez un esprit supérieur, qui se refusait à voir les humbles réalités de la vie. Nous ferons donc, pour notre compte, tout ce que nous pourrons pour que ne reste pas au gouvernail du navire "France" un pilote qui, les yeux perdus dans les nuées, nous conduira infailliblement vers tous les naufrages. *(Vifs applaudissements à droite et sur divers bancs au centre.)* »

Xavier Vallat,
à la Chambre des députés, le 6 juin 1936

« Le peuple français n'est prêt ni pour le Talmud ni pour le knout. […] Le fait que le chef du gouvernement n'appartient pas à notre peuple est, cette fois, vivement ressenti […]. Des personnes, fort éloignées hier encore de l'antisémitisme, déclarent maintenant que cette "royauté" d'Israël n'est pas tolérable. »

Léon Daudet,
dans *L'Action française* du 7 juin 1936

« Pour la première fois, en ce jour de fête “nationale”, le gouvernement ne rendra pas visite au Soldat inconnu. On s’en scandalisera. Mais peut-être, dans cette abstention, faut-il plutôt reconnaître un certain sens des convenances. Le Héros de l’Arc de Triomphe ne se sentirait nullement honoré d’être salué par le poing tendu de Jean Zay qui a traité de torche-c… le drapeau pour lequel il est mort. Et il est d’autres ministres de l’équipe qu’il ne tient pas à voir davantage, car, pour eux, il est deux fois l’Inconnu. Ils n’ont jamais eu l’occasion de le rencontrer de son vivant au seul front qui fût à la fois “national” et “populaire” et ils n’ont rien gardé ensemble, surtout les tranchées. […] Tel est le cas de Léon Blum [qui] devait être […] de la classe 92, peut-être 93 : elles ont fait la guerre en première ligne. Léon Blum préféra s’embusquer comme secrétaire de Marcel Sembat […]. Mais Léon Blum avait quatre frères, tous en âge de porter les armes. On ne leur demandait pas de s’engager, mais de suivre le sort de leurs classes. […] Sans doute la bonne place occupée par Léon dans les ministères ne fut pas étrangère à l’heureux sort de ses frères. Ainsi fut réalisé ce véritable miracle : une famille de cinq garçons dans la force de l’âge parvenant à “tirer” les quatre ans de la guerre, non seulement sans morts ni blessés, mais sans avoir vu le front. Quelle famille française pourrait en dire autant ? »

L’Action française du 14 juillet 1936

« La basse moralité d’un Blum eût autrefois opposé quelques difficultés à son ascension. Dans ce régime de pourris, il a avancé en tant que pourri. C’est le cas de Salengro – Eh quoi ! disent les bonnes gens, ministre de l’intérieur quoique déserteur ! Mais non, mais non : parce que déserteur ! De même Blum : parce que pédéraste ! Parce que fraudeur à l'examen ! »

L'Action française du 9 octobre 1936

« Il incarne tout ce qui nous révulse le sang et nous donne la chair de poule. Il est le mal, il est la mort. »

Pierre Gaxotte,
dans *Candide* du 7 avril 1938

« Vous n'avez pas assez de terre française à la semelle de vos souliers ! »

Joseph Caillaux,
au Sénat, le 8 avril 1938

« Le coquin juif à gueule d'hypocampe *(sic)*, posté par sa race aux leviers de commande, ainsi qu'il est annoncé, de long en large, dans les *Protocoles des sages de Sion*... »

Comte de Puységur,
La Trahison des chefs nationaux, 1938

« Il n'y a pas pour une canaille politique du genre de Blum de mesure unique permettant de juger ce qu'il a dit et fait hier et ce qu'il fait aujourd'hui. Blum a renoncé à se tordre comme le répugnant reptile qu'il est et à siffler comme un reptile ; il laisse maintenant libre cours à ses sauvages instincts d'exploiteur bourgeois qui a tremblé pour ses privilèges.

« En Blum sont réunis le dégoût de Millerand envers le socialisme, la cruauté de Pilsudski, la lâcheté combinée avec la soif de sang de Noske, et la haine féroce de Trotski envers l'Union soviétique.

« La classe ouvrière ne peut pas ne pas clouer au pilori ce monstre, monstre au point de vue moral et politique.

Elle ne peut pas ne pas condamner, ne pas repousser avec horreur et dégoût Blum-le-bourgeois, Blum l'organisateur de la non-intervention et de la "pause", Blum l'assassin des ouvriers de Clichy, Blum-le-policier, Blum-la-guerre. Sans cela serait impossible la lutte victorieuse pour la paix, pour le socialisme. »

Maurice Thorez,
dans *L'Internationale communiste* de février 1940

BONNEVAY (Laurent)

(1870-1957), dit « l'Éole de Tarare », député républicain progressiste du Rhône de 1902 à 1924 et de 1928 à 1940, sénateur de 1924 à 1927, membre de l'Assemblée consultative provisoire de 1944 à 1945.

« Le Centre – lui, toujours lui – ou, comme on disait, l'"Aragouinat" avait placé son espoir parlementaire en un député de Tarare, à favoris, juriste consommé, assurait-on, du nom de Laurent Bonnevay. Celui-ci était affligé d'un défaut que nous n'avions pas tardé à déceler et qui affligeait ses voisins immédiats. Il pétait, tantôt sournoisement, tantôt avec bruit, toujours de la façon la plus odoriférante. La haute température maintenue par M. Eugène Pierre [le secrétaire général de la Chambre] dans la salle des séances alourdissait ces gaz nauséeux, qui flottaient pendant de longues minutes, comme des écharpes de bayadères, et sur lesquels nous soufflions, afin de les diriger vers la gauche. »

Léon Daudet,
Député de Paris, 1933

BORLOO (Jean-Louis)

(Né en 1951) Maire de Valenciennes, député du Nord de 1993 à 2002 et depuis 2010, plusieurs fois ministre, président du Parti radical.

« Borloo est un avocat qui traite seul ses dossiers et ne dialogue qu'avec lui-même. Ce n'est pas un ministre, c'est un "créatif". Heureusement qu'avec les autres on peut travailler. »

Jean-Pierre Raffarin,
propos rapportés dans *Le Canard enchaîné*
du 15 décembre 2004.

« ... zozo... »

François Fillon,
dans *Le Canard enchaîné* du 24 novembre 2010

« Borloo, ça s'écrit B-O-R-L et double zéro. »

François Bayrou,
Le Canard enchaîné du 27 juillet 2011

« Avant de choisir qui il va soutenir, Borloo aime bien savoir qui sera le vainqueur. »

Claude Guéant,
Le Point du 7 septembre 2017

« [Il] peut être un bourreau de travail, et puis, brusquement, disparaître sans plus donner la moindre nouvelle. »

Nicolas Sarkozy, *Passions*, 2019

BOSCARY-MONSSERVIN (Roland)

(1904-1988) Député indépendant de l'Aveyron de 1951 à 1958, ministre de l'Agriculture de 1957 à 1958.

« Vous êtes un chien et pas un homme. »

Jacques Duclos,
à l'Assemblée nationale, le 26 mars 1957

BOULANGER (Georges)

(1837-1891) Général, ministre de la Guerre en 1886, chef de file du mouvement nationaliste, élu député dans plusieurs départements en 1888 et 1889.

« Le général s'essaie au rôle de Bonaparte. C'est grotesque, tout simplement. Bonaparte, avant de devenir maître de la France, avait à son actif l'Italie et l'Égypte. Boulanger a l'expulsion des Princes et ses mensonges, ce n'est pas suffisant : Bonaparte avait son génie, Boulanger a son impudence et sa blague. »

Le Pilori du 22 août 1886

« J'ignore qui a permis à notre collègue de prendre devant cette assemblée un langage si hautain et de lui parler comme le général Bonaparte revenant de ses victoires [...]. À votre âge, monsieur le général Boulanger, Napoléon était mort. Et vous ne serez, vous, que le Sieyès d'une Constitution mort-née. »

Charles Floquet,
à la Chambre des députés, le 4 juin 1888

« ... vous qui avez passé des sacristies dans les antichambres des princes... »

Charles Floquet,
à la Chambre des députés, le 12 juillet 1888

« Quelle chute ! Quelle décadence ! [...] Paris l'a pris, corrompu, gâté, dévoyé, enlisé comme le premier Numa Roumestan de province [...] Qui ça, Boulanger ? Un homme qui porte une belle barbe blonde [...] Et je ne plaindrais pas ce malheureux, cet ancien soldat tellement déchu, chez qui la conscience est si bien morte, qu'il ne se plaint peut-être pas lui-même. »

Joseph Reinach,
article du 28 juin 1888, repris dans
Les Petites catilinaires T. I, La Foire boulangiste, 1889

« Sommes-nous revenus à Décembre ou Brumaire ?
« En quête d'un nouveau César,
« Le peuple se ruant aux pieds d'un rastaquouère
« Va-t-il s'atteler à son char ? [...]
« Va, crie : il nous le faut ; rugis, foule imbécile !
« Acclame ton nouveau sauveur. »

Jean Caraud,
Au César d'occasion, 1888

« [...] il nous est impossible de ne pas affirmer une fois de plus tout le mépris que nous avons pour lui [Boulanger]. Il est parvenu par la basse intrigue et l'adulation. [...] Il est plus qu'intrigant, il est vil, car il frappe et insulte sans scrupule tous ceux qui l'ont servi. Il est menteur [...] Il plaide en divorce avec sa femme, délaissée et outragée. Toute la bande qui grouille autour de lui n'a pu rester dans la vie de famille. [...] Tous, ou presque tous, viveurs effrénés, joueurs endettés, se refaisant dans la caisse noire du boulangisme. »

Jean Jaurès,
dans *La Dépêche* du 3 février 1889

« Dis donc, si on te fusillait un brin pour t'apprendre ce que c'est qu'un gouvernement fort, tu ne l'aurais pas volé, cochon ! »

Émile Pouget,
Le Père Peinard, 24 mars 1889

« Un héros d'alcôves... Le peuple qui peine et qui souffre finira par se désaffectionner d'un chef qu'il ne voit presque jamais et qui passe son temps avec les gourgandines de la haute pègre. »

Le Petit Caporal du 5 avril 1889

« Je croyais qu'en ayant Paris
« D'un roi pouvoir prendre la place
« Mais de Londres, j'ai bien compris,
« Que je ne suis plus qu'une paillasse. »

Le Général Paillasse,
chanson républicaine, octobre 1889

« L'homme est tout entier dans ce peu de mots : un ambitieux, ni plus ni moins... la dupe très embarrassée aujourd'hui d'une faction et de son propre orgueil. »

Théodore Pécheux,
*Les élections générales de 1889 : république, boulangisme, empire, roya*uté, 1889

« Ci-gît Boulanger, qui mourut comme il vécut : en sous-lieutenant. »

Georges Clemenceau,
épitaphe proposée après le suicide de Boulanger sur la tombe de sa maîtresse madame de Bonnemain le 30 septembre 1891

« Fallait-il qu'il soit godiche
« Ce grand héros de carton.
« D'as grandeur s'étonnait-on ?
« Non, vraiment, cette potiche
« Aurait pu faire son chemin
« S'il avait eu bonne main…
« Faisons lui une épitaphe,
« Digne de tous ses exploits :
« Homme de mauvais aloi,
« Aussi bête qu'une girafe,
« Ne plaignez pas trop son sort,
« Il fallait qu'il devînt mort. »

JJ Guignol,
Suicide de l'ex-brav'général Boulanger, jérémiades, 1891

« S'annonça comme César, vécut comme Catilina… succomba comme Roméo ! »

Séverine,
Notes d'une frondeuse. De Boulanger à Panama, 1894

BOURGEOIS (Léon)

(1851-1925) Député radical de la Marne de 1888 à 1905, sénateur de 1905 à 1925, plusieurs fois ministre, Président du Conseil en 1895 à 1896, père du « solidarisme », militant de l'arbitrage international, président de la Société des Nations en 1919, Prix Nobel de la paix en 1920.

« Bourgeois a le cerveau d'un chef et le cœur d'un suivant. »

Georges Clemenceau,
dans *L'Aurore* du 20 novembre 1898

BOURGES (Yvon)

(1921-2009) Diplomate, plusieurs fois membre du gouvernement et en particulier ministre de la Défense de 1975 à 1980, puis sénateur.

« Vous êtes, monsieur le ministre, le ministre de l'Ennui. »

Charles Hernu,
dans *Le Monde* du 4 octobre 1979

BOURMONT (Louis-Auguste-Victor de)

(1773-1846) Général royaliste qui changea de camp à Waterloo.

« Qu'importe la cocarde, Jean-foutre sera toujours Jean-foutre. »

Le **général Blücher** apprenant sa trahison
à la veille de Waterloo, cité par Gustave Gautherot,
Un Gentilhomme de grand chemin.
Le maréchal de Bourmont, 1926

BOUTIN (Christine)

(Née en 1944) Députée UDF puis UMP des Yvelines de 1986 à 2007, opposante au Pacs en 1998, candidate a l'élection présidentielle de 2002, ministre du Logement de 2007 à 2009, présidente du Forum des républicains sociaux.

« Mme Christine Boutin. – Honte à vous ! Monsieur le président, il faut lever la séance. *(M. Jean Glavany brandit un papier portant « Boutin hystérique ».)*
« M. Claude Bartolone. – Boutin, dehors !
« Mme Christine Boutin. – Salopards ! [...]
« Mme Nicole Bricq. – Laissez-nous vivre, madame Boutin ! »

À l'Assemblée nationale, le 14 janvier 1998,
le Premier ministre Lionel Jospin ayant comparé
la droite aux anciens esclavagistes

« Il n'y a plus de caviar à Rambouillet ? »

Jean-Pierre Brard,
député apparenté communiste de la Seine-Saint-Denis,
à l'Assemblée nationale, le 14 octobre 1998

Après une citation de Jaurès :
« M. Julien Dray. – Ils l'ont changée !
« M. Guy-Michel Chauveau. – Miracle ! »
À l'Assemblée nationale, le 3 novembre 1998

« Bachi-bouzouk ! »

Alfred Recours,
député socialiste de l'Eure,
à l'Assemblée nationale, le 3 novembre 1998

« Amen ! *(Rires sur les bancs du groupe Communiste, du groups Socialiste et du groupe Radical, Citoyen et Vert. – Exclamations et huées sur les bancs du groupe du Rassemblement pour la République, du groupe de l'Union pour la démocratie française-Alliance et du groupe Démocratie libérale et Indépendants.)* »

Muguette Jacquaint,
députée communiste de la Seine-Saint-Denis,
à l'Assemblée nationale, le 3 novembre 1998

« Ce n'est pas un discours, c'est un chemin de croix ! »

Odile Saugues,
député socialiste du Puy-de-Dôme,
à l'Assemblée nationale, le 3 novembre 1998

« C'est nazi ! »

Yvette Roudy,
député socialiste du Calvados,
à l'Assemblée nationale, le 3 novembre 1998

« Mme Boutin ne pense qu'au sexe. Ça l'obsède ! »

Christian Bataille,
député socialiste du Nord,
à l'Assemblée nationale, le 3 novembre 1998

« Nous sommes en France, pas au Vatican ! »

Yann Galut,
député socialiste du Cher,
à l'Assemblée nationale, le 3 novembre 1998

« Sur le PACS, le retard pris par le débat s'explique pour l'essentiel par une obstination dans l'obstruction et par le choix de l'opposition de confier l'exposé de sa vision de ce problème de société à une députée marginale sur ces questions et outrancières dans ses propos. *(Vives protestations sur les bancs du groupe du Rassemblement pour la République, du groupe de l'Union pour la démocratie française-Alliance et du groupe Démocratie libérale et Indépendants. – Applaudissements sur les bancs du groups socialiste, du groupe communiste et du groupe Radical, Citoyen et Vert.)* [...]
(Mme Christine Boutin quitte son banc et s'approche de celui de M. le Premier ministre. – Les huissiers s'interposent.)
Mme Christine Boutin. – M. le Premier ministre, vos propos sont scandaleux !
(De nombreux députés du groupe de l'Union pour la démocratie française-Alliance, du groupe du Rassemblement pour la République et du groupe Démocratie

libérale et Indépendants quittent l'hémicycle en protestant avec véhémence.)

Lionel Jospin, Premier ministre,
à l'Assemblée nationale, le 2 décembre 1998,
pendant les questions au gouvernement

« Boutin est un boudin d'urgence, tels ceux de l'Erika… »

Philippe de Villiers,
à propos d'une candidature selon lui soutenue par l'Élysée pour lui nuire. Utilisé en mer, ce « boudin » gonflable sert à contenir les nappes de pétrole.
Propos rapporté dans le *Dossier du Canard*
n° 83, avril 2002

« … une peau de hareng… »

Martin Hirsch,
dans *Le Canard enchaîné* du 29 juillet 2009

BRAUN (Madeleine)

(1907-1980) Députée communiste de la Seine de 1946 à 1951.

« Je vous en ai déjà parlé, madame, pas assez sans doute à votre goût, vous avez peut-être des goûts dépravés. »

Édouard Daladier,
à l'Assemblée nationale, le 24 févier 1949, Madeleine Braun lui ayant lancé : « Parlez-nous de Munich ! »

BRIAND (Aristide)

(1862-1932) Député de la Loire de 1902 à 1919, député de la Loire-Inférieure (actuelle Loire-Atlantique) de 1919 à 1932, vingt-cinq fois ministre, onze fois Président du Conseil, Prix

Nobel de la paix 1926 pour ses initiatives en faveur de la paix et du rapprochement franco-allemand.

« Dans l'hospitalière maison où s'écoula l'enfance d'Aristide, un certain nombre de ces filles qu'on s'obstine à qualifier de joie, sans doute pour mieux faire ressortir leur passivité morne, se livraient pour des sommes relativement peu élevées, en présence des commis voyageurs, des calicots, des militaires et des fonctionnaires de l'endroit, à quelques exploits vocaux redoutables pour les oreilles, suivis d'autres exercices non moins redoutables par les suites, mais qui se passaient, pour sauvegarder les mœurs, aux étages supérieurs de cette demeure où brillait, la nuit, le gros numéro, lumineux comme un phare.
« Aussi, le vilain garçon, en qui se développaient les plus charmants défauts de son âge : la gourmandise, le mensonge, la ruse, la fourberie, la luxure et le reste des péchés capitaux, manifesta de bonne heure les plus heureuses dispositions pour devenir un idéal malotru, et Titine Sallé, Marie Cavallin et autres Boules-de-Suif s'acquittèrent consciencieusement à satisfaire son instinct précoce du sexe.
« On n'en finirait pas de raconter la série des méfaits de ce dauphin de la prostitution, qui roulait du fond des alcôves aux loges des chanteuses et qui ne se plaisait infiniment que parmi les impures visions, dans l'atmosphère lourde des parfums violents, en reniflant voluptueusement les eaux sales de toilette. »

Eugène Lacotte,
Nos Seigneurs républicains, 1906

« Il y a quelque chose de plus injurieux que de montrer aux foules pour leur enseignement les ilotes ivres, c'est comme le veut *Le Temps* de leur montrer des ilotes dégrisés. »

Jean Jaurès,
à la Chambre des députés, le 14 mai 1907

« … crapuleux personnage, loque humaine… »

Gustave Hervé,
dans *La Guerre Sociale* des 17-23 février 1909

« Élevé dans un lupanar, entremetteur dès l'adolescence, outrage public à la pudeur vers l'âge adulte, renégat tout le reste du temps. Aristide Briand a une tendance naturelle, innée en quelque sorte, à ne connaître que le droit commun. »

Léon Daudet,
dans *L'Action française* du 14 mars 1909

« Que voulez-vous que je foute entre Caillaux qui se prend pour Napoléon et Briand qui se prend pour Jésus-Christ ? »

Georges Clemenceau,
ministre de l'Intérieur, le 12 mai 1909

« Salut à son Excellence Aristide Briand, grand chef des tapinophages de France. Salut au Triomphateur, à l'Arriviste ingénieux et souple, au professeur d'énergie selon le cœur de Maurice Barrès. Salut au Maître qui, parti des marais fangeux de la gêne et de la médiocrité, resplendit au soleil éclatant du Pouvoir. »

Flax, nom de plume de **Victor Méric,**
dans *Les Hommes du jour* n° 26, 1910

« On fabrique un Briand consul ou dictateur. De cet homme déshonoré, de ce rhéteur vide et fluent, de ce politique médiocre qui n'a jamais réussi que la fable ou la simagrée [...] de cette insignifiance habillée en ministre on essaie de tirer une silhouette d'homme d'État ! »

Charles Maurras,
dans *L'Action française* du 6 mai 1910

« Les hommes médiocres sont flattés quelquefois de la crainte qu'ils inspirent ; les héros, qui la méprisent, en ont pitié. Mais la Peur irrite les chiens. Il suffit de leur donner le sentiment de son inquiétude pour se faire mordre à coup sûr. Dans sa chiennerie naturelle, Briand n'a pu s'empêcher de comploter des attaques à l'adresse de ceux dont il voyait trembler l'échine sous sa caresse. »

Charles Maurras,
dans *L'Action française* du 18 octobre 1910

« Nous avons vu déjà des gouvernements réprimer violemment des manifestations ouvrières. Mais au lendemain de ces répressions, il ne restait pas dans le cœur du prolétariat la rancune qui persiste actuellement à l'égard du chef du gouvernement. Il y a aujourd'hui, dans tout le monde des travailleurs, des milliers d'hommes qui sont rentrés au travail, sous la pression de l'autorité, avec la rage dans le cœur contre celui qu'ils considéraient comme un excitateur hier et qu'aujourd'hui, ils voient comme un traître [...]. Dans notre refus d'accorder notre confiance, nous obéissons à un mobile de moralité politique que je soumets à la conscience de tous mes collègues. »

Victor Augagneur,
député républicain socialiste du Rhône,
à la Chambre des députés, le 30 octobre 1910

« [...] considérant que cette politique scandaleuse et corruptrice ne peut qu'ébranler le régime républicain et supprimer toute chance d'évolution légale ; que la violation flagrante du droit de grève et l'abus de la force militaire détournée de sa destination légale et employée à écraser une liberté connue par la loi, constituent des crimes qui doivent être, non seulement flétris, mais réprimés, la Chambre décide qu'il y a lieu de mettre en accusation, conformément à l'article 12, alinéa 2 de la loi constitutionnelle, Monsieur Briand, président du Conseil. »

Jules Guesde,
député socialiste du Nord,
à la Chambre des députés, le 30 octobre 1910

« César Arlequin de l'anarchie et de la grève générale [...] polichinelle sinistre. »

Jean Jaurès,
dans *L'Humanité* du 30 octobre 1910

« Ainsi le traître, par la combinaison de la félonie et de la ruse, a accumulé devant lui les difficultés insolubles. Quoi qu'il advienne, il est perdu. Il finira dans l'impuissance et le mépris. C'est en vain que l'hôte de l'Élysée s'emploie à badigeonner le sépulcre ; le sépulcre blanchi exhalera toujours une odeur de conscience morte. »

Jean Jaurès,
dans *L'Humanité* du 5 novembre 1910

« On lit dans les *Mémoires de la fille d'un roi de Prusse* que "ce méchant roi, à table, avait l'habitude de cracher dans le plat de ses enfants". On nous offre aujourd'hui une situation analogue, avec cette différence toutefois que M. Briand n'est pas notre père et que nous ne sommes pas obligés de l'aimer. »

Jean Plichon,
député républicain indépendant du Nord,
à la Chambre des députés, le 9 novembre 1910

« Ne déplaçons pas la question. Je sais à quel monstre de souplesse j'ai affaire. *(On rit.)* »

Maurice Barrès,
à la Chambre des députés, le 16 janvier 1911

« Son plaisir étant de pérorer simultanément ce qu'il fait et ce qu'il ne fait pas, quitte à s'embouteiller lui-même – ce dont il n'a cure – dans les détours de propos contradictoires où il ne cherche que l'avantage du moment. »

Georges Clemenceau,
au Sénat, le 6 juillet 1916 rapporté dans
L'Homme enchaîné du 11 janvier 1917

« On n'attelle pas un pur-sang avec une grenouille ! »

Georges Clemenceau,
quand on lui propose de prendre Briand dans son gouvernement en 1918. Réponse prêtée à Briand : « La grenouille est un animal à sang froid. Il n'est pas mauvais d'avoir du sang-froid. Et quand un cheval de fiacre envoie des ruades, il ne faut pas en conclure que c'est un pur-sang ! »

« À ce voyou poussé sur le fumier des guerres sociales, il sied vraiment de dédaigner polémiques ou polémistes ! Je ne répondrai qu'une chose : si médiocre que fût mon estime pour Briand, je n'imaginais point qu'il irait, à cette vitesse-là, si bas ! »

Charles Maurras,
article du 22 janvier 1921 repris dans *Le Mauvais traité. De la Victoire à Locarno. Chronique d'une décadence,* T. I, 1928

« De toute évidence, l'imagination de M. Briand situe Aix-la-Chapelle dans les environs de Berlin. C'est un nom de ville lointaine comme Pampelune et Pampe-rigouste. Telle est la géographie du président du Conseil des ministres français, chargé de la gestion de nos affaires en Allemagne. Nos intérêts sont entre de bonnes mains. »

Charles Maurras,
article du 1er juin 1921 repris dans *Le Mauvais traité. De la Victoire à Locarno. Chronique d'une décadence,* T. I, 1928

« Mon cadavre lui ferait plaisir. Je ne pleurerais le sien que très modérément. »

Léon Daudet,
La Chambre nationale du 16-Novembre, 1923

« *Je veux la paix entre la France et l'Allemagne.* Qui parle ainsi ? Jéhovah ? Le pape ? Non, c'est M. Briand. À lire, à relire, à méditer son oukase genevois, il est difficile de ne point se demander si la névrose oratoire n'est pas en train d'opérer au fond de ses méninges les ravages définitifs [...]. »

Charles Maurras,
dans *L'Action française* du 9 septembre 1925

« On ne comprendra jamais Briand si l'on ne part du principe que cet homme si rusé est d'abord un imbécile. »

Charles Maurras,
article du 3 décembre 1925 repris dans
Le Mauvais traité. De la Victoire à Locarno. Chronique d'une décadence, T. II, 1928

« Laisser cet homme au ministère équivalait à placer au Quai d'Orsay un écriteau conviant les nations de l'Univers à considérer que la France s'établissait receveuse générale de tous les coups de pied quelque part qu'on voudrait lui administrer. Sous Briand, par Briand, le nom de citoyen français cesse fatalement de protéger les gens qui le portent. Jusques à quand cet homme sera-t-il supporté ? »

Charles Maurras,
article du 3 novembre 1926 repris dans *Le Politique (1926-1927)*, 1927

« Oui, la politique de Briand, oui, la police de M. Briand, oui, cette politique allemande, philoboche et proboche, cette politique d'embrassade maçonnique et judaïque universelle, a pour effet d'abord, d'inquiéter, puis d'armer et d'alerter l'Italie contre nous. Il n'y a pas plus d'illusions à se faire sur la vérité qu'il n'y a de scrupule à concevoir sur le fait de la révéler. »

Charles Maurras,
article du 9 novembre 1926 repris dans
Le Politique (1926-1927), 1927

« Le malfaisant n'est pas celui qui prêche ouvertement la désertion de la patrie ou le pillage de la propriété. C'est le rhéteur insidieux, le plat et mielleux philanthrope qui parle de vertu, d'évangile, d'amour pour insinuer doucement le principe de la crosse en l'air, du "Tue tes chefs" et de la guerre des classes. [...] L'ennemi de la France qui dit : *Je suis la France*, l'ennemi de la paix qui dit : *Je suis la paix*, voilà, sans doute, le vrai pire. S'il fallait un nom propre pour illustrer et personnifier cette catégorie, il est tout trouvé, c'est Briand. »

Charles Maurras
dans *L'Action française* du 20 avril 1928

« Il y a bien des dangers qui menacent la France [...]. Elle est menacée par les Briand, les Malvy, les Léon Blum, tous ces gens qui sont installés là-dedans comme des rats dans une charpente. »

Georges Clemenceau,
propos du 27 janvier 1929 cité par Jean Martet,
Le Tigre, 1930

« Il est un homme du peuple français, d'une vieille race, avisée et gouailleuse. Il a traîné cette gouaille sur des ports et dans des faubourgs, souple comme un chat, noctambule et paresseux comme lui, guettant les oiseaux, et de temps en temps, se piquant une plume au-dessus du derrière pour faire croire que c'était une aile. À force de traîner, le pied est devenu traînard, la voix traînante et l'âme traîneuse. Il porte maintenant des chaussures, parce qu'il est ministre, mais l'âme reste en savates, parce que c'est son destin. »

René Benjamin,
Les Augures de Genève, 1929

« … le voyou de passage… »

Georges Clemenceau,
expression employée en 1910 et reprise
par Léon Daudet dans l'ouvrage au titre éponyme,
Le Voyou de passage. Aristide Briand, 1930

« M. Briand, une fois de plus, vient donc à l'Allemagne les mains tendues, les bras ouverts. Il lui dit : "Voyez ce que j'ai déjà fait : j'ai fait évacuer la Ruhr, Düsseldorf, Duisbourg, Ruhrort. Je suis prêt à faire plus encore ! *Nous causerons de l'évacuation des territoires occupés…*"
« C'est ce que M. Briand appelle "jouer cartes sur table". Il montre son jeu à l'adversaire, retourne ses atouts, et dit : "Maintenant, que la partie s'engage !" »

Georges Clemenceau,
Grandeurs et misères d'une victoire, 1930

« Même avec un pied dans la tombe, il m'en restera un pour botter les fesses de ce voyou. »

Georges Clemenceau, propos

« Où est le creux du vieux souteneur Aristide, ornement pelliculaire et chassieux de la Société des Nations ? »

Léon Daudet,
Termites parlementaires, 1930

« La politique du chien crevé au fil de l'eau… »

André Tardieu,
député de Seine-et-Oise, au sujet de la politique
étrangère d'Aristide Briand,
à la Chambre des députés, le 25 octobre 1931

« Nous demandons qu'on le réveille au petit matin et, assisté, s'il le veut, du nonce du pape, qu'il aille recevoir le coup de rafale d'acier qu'il mérite depuis trente ans. »

Charles Maurras,
dans *L'Action française*, 1931

« Non, cette bête n'est pas morte. »

Charles Maurras,
Casier judiciaire d'Aristide Briand, 1931

« Cet ennemi de son pays, [...] victime d'une injuste mort naturelle. »

Charles Maurras
dans *L'Action française* du 10 mars 1932,
au lendemain du décès d'Aristide Briand

« Ignare à fond, mauvais bougre, fielleux, vanitorgueilleux, capable des pires intrigues et perfidies, tel se présentait alors celui qui devait se révéler bientôt comme le plus redoutable ennemi de son pays. On eût pu lui appliquer le mot de La Rochefoucauld : “La faiblesse est plus l'opposé de la vertu que le vice.” Tout en lui était veule, l'allure, le regard d'eau sale, avec un crapaud endormi au fond, la démarche hésitante, l'écendrement de la sibiche ou cigarette, le cheveu long et pelliculaire, l'insinuation grave et même “ah Messieurs combien grâve”, avec un accent circonflexe ; tout suait la vadrouille et le désordre de la chambre meublée, où le maquereau et croupier passe son habit taché et sa chemise souillée devant sa glace dépolie ; tout, dis-je, sauf la voix puissante, profonde, reprochante, insinuante à volonté, la contrebasse du cabot idéal. Je l'appelais, cette voix, son violoncelle, et il en tirait des effets tziganes à faire pâmer la dame du comptoir. »

Léon Daudet,
Député de Paris, 1933

« Briand était un personnage de Balzac et qui traînait un passé de fumier – auquel il devait sa servitude et son ascension – comme un fœtus traîne un placenta difforme et contaminé. Tangent à toutes les infamies, sans y avoir positivement trempé, il en avait le reflet sur le visage, plus exactement sur la gueule. »

Léon Daudet,
Député de Paris, 1933

« … cette épluchure de mauvais lieu… »

Léon Daudet,
Député de Paris, 1933

« Il est le cataplasme verbal qui transforme l'abcès en gangrène. »

Gaston Le Provost de Launay,
député conservateur de la Charente-Inférieure,
cité par Léon Daudet dans *Député de Paris*, 1933

« Tandis que nous causions, apparut, dans une des portes, une figure extraordinaire. C'était un personnage qui paraissait avoir la quarantaine, mais qui la traînait avec lassitude, comme s'il avait trop cheminé, tout le corps affaissé et démis, les jambes molles, une épaule haute, le buste un peu de travers, donc l'aspect entier disait le désordre et la fatigue, depuis le visage jusqu'aux vêtements et aux chaussures. La tête eût été assez belle, le haut surtout, le front large et bien construit (on en découvrait que de plus près les yeux bleu-vert, voilés de gris, tantôt clairs, tantôt sombres, changeants, profonds, rieurs, secrets et faux, d'une eau de mer) ; mais il y avait ces cheveux mal coupés qui faisaient tignasse, revenaient en avant sur les joues et couvraient les oreilles de deux grosses touffes qu'on ne pourrait nommer qu'en argot ; il y avait la moustache épaisse, épatée aux bouts, en crosse de pistolet, telle qu'on la voit au petit bonhomme en manches de chemise, à la ceinture traversée de poignards, de ces couples de pupazzi napolitains qu'exposent périodiquement dans leurs vitrines les marchands de curiosités. Il y avait la bouche affreuse, la lèvre inférieure avançante, provocante, au coin tordu, de laquelle pendait, collé par une parcelle de papier roussi, un vieux bout de cigarette… »

Charles Benoist,
Souvenirs, T. III, 1934

« Aristide Briand est le premier homme politique dont j'eusse réclamé l'assassinat comme une mesure de salut public. Il figurait pour nous la démocratie dans son débraillé le plus sordide, dans ses chimères les plus niaises, dans sa plus vulgaire ignorance de l'Histoire et des réalités humaines. Retors, doué d'une méprisable lâcheté pour se maintenir au pouvoir, il était cornard dès qu'il s'attablait avec l'étranger pour défendre les intérêts de la France. Il mettait à l'encan les fruits les plus légitimes de nos terribles sacrifices et de notre victoire, pour nous offrir en échange de risibles parchemins. »

Lucien Rebatet,
Les Décombres, 1942

« Une paresse dont il ne se débarrassera probablement jamais. Elle fait corps avec lui. Il ne travaille guère, il lit à peine. »

Joseph Caillaux,
Mémoires, T. II, 1943

« Je ne connais rien dont M. Briand ait plus horreur que la pensée, si ce n'est l'action. »

Philippe Berthelot,
propos cité par Jean-Luc Barré
dans *Philippe Berthelot, l'éminence grise (1966-1934)*,
1998

BRISSON (Henri)

(1835-1912) Dit « le Corbillard national » pour son apparence austère, député radical de la Seine de 1871 à 1885, député du Cher de 1885 à 1889, de nouveau député de la Seine de 1889 à 1902, député des Bouches-du-Rhône de 1902 à 1912, plusieurs fois Président de la Chambre des députés, Président du Conseil de 1885 à 1886 et en 1898.

« Grâce à la lâcheté de M. Brisson, nous avons un retour offensif des faussaires. Est-ce lâcheté qu'il faut dire, ou imbécillité ? Les deux qualités ne sont pas contradictoires. [...]

« Brisson qui nous mène, en se lamentant sur sa destinée, aux catastrophes dernières, qu'en dire de celui-là ? Plus bête que lâche, ou plus lâche que bête ? Les deux. »

Georges Clemenceau,
dans *L'Aurore* du 22 septembre 1898

« Brisson dont l'âme est pure, jouit de cette infirmité singulière de ne pouvoir comprendre que toute la France ne soit pas dans un contentement sans pareil dès qu'il est au pouvoir. »

Georges Clemenceau,
dans *L'Aurore* du 4 octobre 1898

« Les honnêtes gens, comme Brisson, ont peur de tout, surtout de l'action, qui serait le salut de la France. Les autres ne reculent devant rien, familiers avec tous les forfaits. »

Georges Clemenceau,
dans *L'Aurore* du 22 octobre 1898

BRUNSCHVICG (Cécile)

(1877-1946) Militante féministe, l'une des trois femmes nommées par Léon Blum dans le gouvernement du Front populaire, comme sous-secrétaire d'État à l'Éducation nationale.

« … Mme Brunswick *(sic),* dont il ne faudra pas sous-estimer le messianisme exalté… »

Charles Maurras,
dans *L'Action française* du 5 juin 1936

« [Les] affectations flottantes de Mme Léon Brunschwig *(sic).* On commence par embarquer la dame; puis on verra ce qu'on lui donnera à faire, un grand mois de méditations n'ayant pas éclairé Léon Blum sur ce brave sujet. »

Charles Maurras,
dans *L'Action française* du 6 juin 1936

BUCARD (Marcel)

(1895-1946) Fondateur en 1933 du premier parti français ouvertement fasciste, le Mouvement franciste, l'un des chefs collaborateurs les plus actifs sous l'Occupation, l'un des fondateurs de la Légion des volontaires français contre le bolchévisme (LVF), condamné à mort et fusillé en 1946.

« … le simili Führer français traînait après ses chausses une chienlit de jeunes éphèbes chemisés de bleu, portant baudrier et ceinturon, qui se répartissaient en "mains bleues" et "collets noirs" (ces derniers constituant la garde personnelle du "Chef"). Avec ses dix citations et sa gueule ébréchée de capitaine Conan, Bucard avait longtemps impressionné certains gogos : sa piteuse aventure restera significative de la crétinisation de certains grands bourgeois incapables d'un sacrifice quelconque dans le domaine social, mais qui par ne barguinèrent pas à verser des millions à un "faisan" de cette espèce. »

Article non signé « Et la collaboration »,
dans *Le Crapouillot* « Histoire de la guerre T. IV »,
janvier 1949

« Au fond, chez la plupart de ces intellectuels fascistes, je pense à Brasillach, à Abel bonnard, à Laubreaux, à Bucard, il y avait le désir inconscient de se faire enculer par les SS. Ce n'était pas du tout des modèles de beauté aryenne, vous savez, ces intellectuels fascistes ! Il suffisait de voir la bedaine de Laubreaux, la voix de fausset et la taille minuscule d'Abel Bonnard, les épaules étriquées de Rebatet… J'ai toujours trouvé que ces intellectuels fascistes n'avaient pas le physique de leurs idées. »

Emmanuel Berl et **Patrick Modiano,**
Interrogatoire, 1976

C

C

CACHIN (Marcel)

(1869-1958) Député socialiste puis communiste de la Seine de 1914 à 1932, sénateur de 1936 à 1940, député de la Seine de 1946 à 1958.

« Le pauvre Cachin qui s'abîme dans la servitude et jouit de son abaissement intellectuel n'est plus qu'un lamentable personnage de Dostoïevsky un "ex-homme" de Gorki envers lequel il ne convient pas de montrer une trop grande sévérité. »

Émile Buré,
L'Éclair, 19 janvier 1923

« Il est enfermé dans son parti, comme un petit buffle dans une malle, dont il cogne lourdement, et vainement, les parois de son front obtus. S'il pouvait nous faire tous coller au mur, – pour honorer saint Lénine ou la mère Trotsky des gorges coupées – il nous ferait tous coller au mur avec délices. Mais il n'a aucun des moyens qui font le dictateur, même le dictateur du prolétariat. C'est un subalterne, qui s'est cru un chef, et qui commence à en douter ferme. »

Léon Daudet,
La Chambre nationale du 16-Novembre, 1923

« Le vieux Cachin qui pendant des dizaines d'années fut un militant révolutionnaire conséquent et un hardi défenseur du prolétariat vient de trahir pour sauver sa peau. Arrêté, il n'a pas hésité, pour recouvrer sa liberté et retourner vivre tranquillement dans son castel breton, à faire des dépositions qui ont permis l'arrestation d'un certain nombre de ses camarades. »

La Vie Ouvrière clandestine, 1940

« Il a la moustache et le mufle d'un barbet qui s'est roulé dans la crotte. Quand il jappe, on n'est pas du tout surpris.

« On ne l'est pas non plus qu'il se couche aisément. Devant Staline. Devant Hitler. Devant de Gaulle. Indifféremment, et sans y attacher d'importance. Si peu, qu'il l'oublie vite, et qu'aujourd'hui, avec la meilleure bonne foi, il nierait avoir applaudi au pacte germano-russe, avoir pendant l'Occupation invité les ouvriers français à fraterniser avec "leurs camarades allemands sous l'uniforme" ; et enfin, en 1946, réclamé, à cor et à cris, une augmentation des crédits militaires. Le chien-chien à son pé-père (des peuples) a l'obéissance si naturelle qu'elle ne le marque pas. »

André Figueras,
Zoologie du Palais-Bourbon, 1956

CAILLAUX (Joseph)

(1863-1944) Député républicain de la Sarthe de 1898 à 1919, sénateur de 1925 à 1944, six fois ministre, Président du Conseil de 1911 à 1912.

« Il y a des ploutocrates démagogues qui courent vers le progrès d'une course si frénétique que nous nous essoufflons à les suivre ; [...] dans le moment même où ils s'enrichissent avec une facilité scandaleuse, dans le moment même, ils ont le poing tourné vers la richesse dans un geste si menaçant, si coercitif, que nous avons le droit de nous demander si c'est bien pour l'atteindre, si ce n'est pas plutôt pour la protéger. »

Aristide Briand,
dans un discours prononcé à Saint-Étienne,
le 21 décembre 1913, dans la campagne
des législatives de 1914

« Par le contraste de ses origines avec son point d'arrivée, par ses trahisons de 1911, par le scandale de son retour aux affaires, par les traits de son insupportable insolence, par le grain de folie qui s'y mêla toujours, M. Caillaux nous paraissait d'abord justiciable du mépris puis voué à quelque châtiment exemplaire, donné en un une fois et définitif. »

Charles Maurras,
dans *L'Action française* du 7 juillet 1914

« Quel homme ! Il y a chez lui de l'enfant gâté. Enfant heureux, privilégié, il devait arriver dans son collège, à Stanislas peut-être, léger, heureux, aimable, un petit riche avec sa voiture à la porte et de belles cravates variées. Et les deux autres ! les Briand, les Barthou, de quel air, amical sans doute, mais de haut, il les eût regardés, ces deux petits camarades plébéiens ! Aujourd'hui, l'enfant élégant, l'enfant vieilli, sans rien perdre de sa gentille manière qui enchante ses familiers, est devenu un pur, un chef de la démocratie avancée et doit bien rire, quand il

nous traite de vieux réactionnaires encroûtés, nous autres petits bourgeois ! La grande affaire, voyez-vous, pour un aristocrate, c'est de ne jamais être un bourgeois. Les grands cercles ou le marchand de vins ! Mais l'entre-deux désoblige.
« Ah ! pourquoi parler d'aristocratie à propos d'un homme qui ne sait que détruire les choses, les autres et soi-même ? »

Maurice Barrès,
Dans le cloaque, 1914

« Malvy… voyez-vous, Malvy, c'est le laisser-faire, le laisser-aller… la poignée de main à n'importe qui… Caillaux, lui, est une espèce de héros sombre, néfaste, comme il y en a dans les drames shakespeariens. Il ne faut pas les mépriser, car ils apportent en ce monde, où tout est usé, frotté, poli, – ils apportent du pittoresque… Mais pour plus de sûreté il faut les retirer de la circulation.
« Tenez ! je serais curieux d'avoir là-dessus l'avis du roi d'Afghanistan. Je voudrais savoir comment ces choses-là se passent chez les Afghans. Je pense que, là-bas, les Caillaux sont pendus par les pieds. »

Georges Clemenceau,
propos du 29 janvier 1928 cité par Jean Martet dans
Le silence de M. Clemenceau, 1929

CAMBACÉRÈS (Jean-Jacques-Régis de)

(1753-1824) Dit « Tante Turlurette » et « la Perruque », député à la Convention et au Conseil des Cinq-Cents, Deuxième Consul en 1799, archichancelier, duc de Parme, un des principaux rédacteurs du Code civil.

« Si j'avais été tué, il aurait fallu avoir des couilles et vous n'êtes pas fort sur vos étriers. »

Napoléon à Cambacérès,
après l'attentat de la rue Saint-Nicaise, le 25 décembre 1800, cité dans les *Mémoires de Thibaudeau*, 1913

CAPITANT (René)

(1903-1970) Député gaulliste du Bas-Rhin de 1945 à 1946, député de la Seine de 1946 à 1951 et de 1962 à 1968, garde des Sceaux, ministre de la Justice, de 1968 à 1969.

« Vous allez obtenir le prix Nobel du reniement en matière électorale. »

Henri Teitgen,
à l'Assemblée nationale, le 20 décembre 1947

« La malhonnêteté c'est l'équivoque, et vous êtes l'équivoque même ! »

Jacques Fonlupt-Esperaber,
député démocrate-chrétien du Haut-Rhin,
à l'Assemblée nationale, le 20 décembre 1947

CARNOT (Sadi)

(1837-1894) Député de la Côte-d'Or de 1871 à 1894, Président de la République en 1894, assassiné le 24 juin de la même année par l'anarchiste Caserio.

« Il n'est pas bien fort mais il porte un nom républicain… À défaut de mieux. »

Jugement attribué à Clemenceau, quand les parlementaires républicains recherchaient un candidat à la présidence

« N'y aura-t-il personne pour lui mettre un couteau dans le ventre ? »

Jules-Louis Breton,
futur député socialiste, peu avant l'assassinat,
d'après Maurice Barrès dans *Mes Cahiers*

« À part qu'il en est mort, Carnot n'aurait pas à se plaindre que Caserio lui ait troué le foie. Jusque-là, le type avait passé pour une tourte ; on l'avait bombardé président, à cause de son *imbécillité :* le plus bête semblait le *nec plus ultra* des présidents. Grâce à Caserio, on lui a découvert une foultitude de qualités et de vertus, de quoi rendre des points à toutes les saintes nitouches du paradis. »

Émile Pouget,
Le Père Peinard, septembre 1894

CASIMIR-PÉRIER (Jean)

(1847-1907) Député conservateur de l'Aube de 1876 à 1894, Président du Conseil de 1893 à 1894, Président de la République de 1894 à 1895. Héritier d'une dynastie de financiers et de parlementaires, il recevait plus volontiers dans son château de Vizille qu'à l'Élysée, ce qui choquait les républicains.

« Le prénom de Casimir a cessé d'être un prénom ; depuis deux générations il a été pieusement incorporé au nom de famille pour que l'orléanisme autoritaire, avide, égoïste et sanglant de l'aïeul fût désormais le patrimoine impérissable de la Patrie… Casimir-Perier, futur ministre de Louis-Philippe, commence par agrandir sa fortune. Voici quel est son premier coup de spéculation : il achète, actif et passif, une maison qui traversait des embarras momentanés. Il réalise aisément l'actif et triple sa fortune. C'est ici, messieurs les jurés, la caractéristique de

Casimir-Perier. Il guettait dans notre société tourmentée les sinistres commerciaux et industriels et s'enrichissait de la défaite des vaincus. C'était un banquier de proie, guettant tous les naufrages. Et lorsqu'il n'y avait pas assez de naufrages dont il pût piller les dépouilles, il créait lui-même ces naufrages. C'est la loi souveraine de l'Histoire : il faut que tout régime ait son symbole et son signe visible par où se trahit et éclate son âme. On a voulu faire la république des grands manieurs d'argent et des grands usuriers ; eh bien ! le domaine où réside la Président de la République, où il convoque les ministres et signe les décrets, le domaine d'où il promulgue les lois et où il reçoit au nom de la France les représentants des peuples, c'est une terre d'usure, et lorsque la République française touche ce sol c'est cet esprit d'usure qui monte en elle…

« Je vous l'avoue, j'aimais mieux pour notre pays les maisons de débauche où agonisait la vieille monarchie de l'ancien régime, que la maison louche de banque et d'usure où agonise l'honneur de la République bourgeoise.

« M. le Président [de la Cour d'assises de la Seine] : Monsieur Jaurès, vous allez trop loin. Vous avez fait jusqu'à présent le procès de la famille Perier et vos dernières comparaisons dépassent toutes les bornes : vous comparez la maison du président de la République à une maison de débauche…

« M. Jaurès. Je ne la compare pas, je la mets au-dessous. »

Procès de Gérault-Richard, dit du *Chambard*,
Cour d'assises de la Seine,
5 novembre 1894

CASTELNAU (Édouard de)

(1851-1944) Général, député de l'Aveyron de 1919 à 1924, président-fondateur de la Fédération nationale catholique.

« Allons, le général de Castelnau se fait bien vieux. Il n'avait jamais été bien intelligent mais maintenant il est trop abruti pour comprendre la finesse des directives du pape. Il ferait mieux d'aller dans l'autre monde passer la revue des canons de l'Église. »

La Lutte anti-religieuse et prolétarienne
(Organe de l'Union fédérale des Libres-Penseurs révolutionnaires de France) de juin 1931.
Le général de Castelnau avait refusé de signer un appel des catholiques en faveur de la paix

CASTEX (Jean)

(Né en 1965), conseiller départemental des Pyrénées-Orientales de 2015 à 2020, Premier ministre depuis 2020.

« Il parle à deux à l'heure pour dire des banalités. »

Jean-Luc Mélenchon,
BFM TV, 8 juillet 2020

« Castex, c'est un gagnant de l'EuroMillions : il est conseiller départemental de Prades et devient Premier ministre ! »

Un « intime » d'Édouard Philippe,
Le Monde, 30 mars 2021

CAVAIGNAC (Godefroy)

(1853-1905) Général, député radicalisant de la Sarthe de 1882 à 1905, ministre de la Guerre en 1888, 1895 et 1898, antidreyfusard convaincu.

« Il fallait une pièce où Dreyfus fût nommé en toutes lettres [...]. Les faussaires ont répondu à l'appel. [...]
« Oui, tout cela est ignominieux et misérable, et ces scélérats conjurés, si on ne les écrase pas, couvriront notre France aimée d'une couche de ridicule et de honte si épaisse que seule peut-être une révolution la pourra laver.
« Mais le plus coupable encore, c'est ce ministre Cavaignac qui a couvert de son autorité, de son austérité, toute cette besogne de faussaire, toute cette intrigue de trahison.
« Avec pleine conscience? Non, certes. C'est la combinaison de l'esprit le plus étroit avec l'ambition la plus maladive et la plus forcenée qui est en lui le principe d'erreur. »

Jean Jaurès,
dans *La Petite République* du 28 août 1898,
repris dans *Les Preuves*, Paris, 1898

« Vous voulez lui donner un cheval noir ? *(Bruit.)* »

Interruption d'extrême gauche,
à la Chambre des députés, le 25 octobre 1898.
Le cheval noir était la monture du général Boulanger,
aspirant à la dictature

« C'est vous, monsieur Cavaignac, qui avez fait ouvrir la révision en apportant un faux à la tribune. *(Bruit.)* »

Paschal Grousset,
député socialiste de la Seine,
à la Chambre des députés, le 28 novembre 1898

CHABAN-DELMAS (Jacques)
(1915-2000) Maire de Bordeaux de 1947 à 1995, député de la Gironde de 1945 à 1969 et de 1974 à 1997, plusieurs fois membre du gouvernement, Premier ministre de 1969 à 1972, candidat malheureux à l'élection présidentielle de 1974, six fois président de l'Assemblée nationale.

« Chaban ne pense qu'à la carrière de Delmas, et Delmas qu'à la carrière de Chaban. »

Charles de Gaulle, propos

« Imaginez-le, ayant enfilé l'habit à losanges, la batte à la main, et faisant parade sur les tréteaux. Avec ses jolies petites mains, recroquevillées comme il les tient volontiers (car on est cabotin, mesdames), sa tête câline un peu à la renverse où l'œil est langoureux presque autant que celui de Luis Mariano, son sourire de fille de joie qui va passer maquerelle et qui s'essaye à la respectabilité, son regard *enamorado* dès qu'il lorgne une petite, – n'est-il pas ravissant, le Chaban-Delmas ? À son propos, comme il faisait pour Léon Blum, Jules Renard aurait-il dit : "Gracieux comme Antigone" ? Non, Renard aurait trouvé Chaban trop vert, et bon pour les goujats, – et il l'aurait sans doute appelé : gracieux comme un ouistiti.
« Du ouistiti, en effet, Chaban-Delmas a les gamineries futées et coquettes, la séduction un peu niaise, les privautés oculaires. Et l'on adorerait, sur le Rocher des Singes, au zoo de Vincennes, voir gambader Chaban-Delmas librement, avec une jolie queue longue lui sortant du derrière. »

André Figueras,
Zoologie du Palais-Bourbon, 1956

« Le petit général Chaban a toujours été une des ordonnances politiques du “grand” général de Colombey-les-Deux-Églises. De Londres au RPF, du RPF à l'ARS, le maire de Bordeaux a fait toute sa carrière dans le gaullisme. Celui qui rime avec fascisme, bien entendu. »

Alain Guérin,
dans *L'Humanité* du 16 mai 1958

« Chaban, c'est la IVe ! C'est le symbole de tout ce contre quoi nous nous sommes battus ! C'est la pirouette et la girouette, c'est le compromis permanent ! C'est le contraire de De Gaulle !... »

Colonel Battesti,
député gaulliste de Seine-et-Marne,
ambitionnant la présidence de l'Assemblée nationale,
propos du 8 décembre 1958 rapporté
par Alain Peyrefitte, *C'était de Gaulle*, T. I, 1994

« On ne tire pas sur une ambulance. »

Françoise Giroud,
pendant la campagne présidentielle de 1974

« Voilà qu'il nous engueule, comme s'il avait été battu par notre faute. La campagne était abominablement mauvaise. Il n'est au pouvoir de personne de sauver un noyé. »

Michel Debré,
après le premier tour de la présidentielle de 1974,
propos rapportés par Hector Rolland
dans ses *Souvenirs dérangeants*
d'un godillot indisciplinés, 1990

« Chaban-Delmas ? Mais c'est un gandin, un patron de salon de coiffure, un marchand de chaussures de luxe et je vous assure que c'est du trente-sept qu'il vous faut, Madame ! Un chef de rayon. »

Jean Cau,
Croquis de mémoire, 1985

CHARASSE (Michel)

(1941-2020) Sénateur du Puy-de-Dôme de 1981 à 1988 et de 1992 à 2010, ministre du Budget, membre du Conseil constitutionnel.

« Oui, Charasse vite surnommé Charasse la Bavure, peut déraper. Tout l'y porte, sa boulimie, son orgueil, son sang, son goût pour la provocation, son sens de la frime, sa tendance profonde à l'excès de pouvoir. [...] L'homme subtil et secret se métamorphose alors en une boule de fièvre. Difficilement contrôlée. Ses inadmissibles recours à l'arme fiscale en témoignent. Sa violence déborde. Tout à coup l'homme ne rit plus. Il tire. »

Daniel Rondeau,
Le Nouvel Observateur du 15 août 1991

CHARLES (Pierre)

(1890-1976), député poujadiste de la Loire-Inférieure (actuelle Loire-Atlantique) de 1956 à 1958 et interrupteur imprudent.

« M. François Mitterrand. Quelqu'un vient de dire : dans quelque temps, vous vous rallierez.
« Eh bien ! Oui, mesdames, messieurs ! Si le général de Gaulle est le fondateur d'une nouvelle forme de démocratie

[…] si le général de Gaulle est le libérateur des peuples africains, le mainteneur de la présence de la France partout au-delà des mers, s'il est le restaurateur de l'unité nationale, s'il prête à la France ce qu'il lui faut aussi de continuité et d'autorité, je me rallierai, mais à une condition…
« M. Pierre Charles. Un portefeuille !
« M. André Le Troquer, Président de l'Assemblée nationale. Ces interruptions sont intolérables. Je préviens ceux qui s'en rendraient coupables que je prononcerai des rappels à l'ordre avec inscription au procès-verbal.
« M. François Mitterrand. Je prie monsieur le Président de l'Assemblée nationale de ne pas s'émouvoir.
« M. le Président. Je ne suis pas ému ! *(Rires)*
« M. François Mitterrand. Il est vrai, que j'ai eu plus souvent l'occasion de refuser un poste dans un gouvernement que ce monsieur ! *(Rires)* »

François Mitterrand,
à l'Assemblée nationale, répondant au discours d'investiture du général de Gaulle, le 1er juin 1958

CHARLES (Serge)

(1927-1994) Député RPR du Nord de 1978 à 1986.

« Je ne peux m'empêcher de songer que nous nous trouvons dans l'inconfortable situation du tailleur à qui l'on a commandé trois costumes – n'y aura-t-il pas désormais trois collectivités territoriales fondamentales ? – sans qu'il connaisse la morphologie de ceux à qui ils sont destinés.
« M. Laurent Cathala. – Vos amis ont déjà eu la veste ! »

Propos échangés à l'Assemblée nationale,
le 27 juillet 1981

CHARLES X

(1757-1836) Roi de France de 1824 à 1830.

[À propos du roi et de ses ministres]
« Pourquoi ces gens-là ne sauveraient-ils pas la France ? Les oies ont bien sauvé le Capitole. »

Talleyrand, propos

CHATEAUBRIAND (François-René de)

(1768-1848) Écrivain, pair de France, ministre des Affaires étrangères en 1823.

« Quand on cesse de parler de lui, M. de Chateaubriand croit qu'il devient sourd. »

Talleyrand, propos

CHAUTEMPS (Émile)

(1850-1918) Député radical de la Seine de 1889 à 1897, député de la Haute-Savoie de 1897 à 1905, sénateur de la Haute-Savoie de 1905 à 1918, ministre des Colonies en 1895, ministre de la Marine en 1914, père du ministre et Président du Conseil Camille Chautemps.

« Parmi les types singuliers ou amusants de la zoologie parlementaire, il n'en est guère de plus intéressant que ce représentant de la Savoie qui offre à l'observateur un sujet perpétuel d'étonnement.
« M. Chautemps appartient, en effet, à la classe des mollusques, ordre des gastéropodes, section des conoïdes.
« Lacépède a dit : "La nature conforme les êtres en vue de leur destination." En regardant l'étrange produit du

suffrage universel que nous tenons sous notre loupe, on ne saurait être trompé sur la sienne.
« Son aspect hideux le range dans la catégorie des phénomènes malfaisants bons à montrer, en aquarium, à la foire aux Pains d'Épices ; mais la manifestation de quelques signes d'intelligence, à peine percevable du reste, et la docilité qu'il a su montrer ont pu assurer à cet invertébré une existence paisible sur les bancs du Sénat, au lieu que de végéter dans ceux d'un parc d'ostréiculture. »

Eugène Lacotte,
Nos Seigneurs républicains, 1906

CHEVÈNEMENT (Jean-Pierre)

(Né en 1939) Dit « le Che », député du Territoire-de-Belfort de 1973 à 1981, de 1986 à 1988, de 1991 à 1997 et de 2000 à 2002, ministre d'État, ministre de la Recherche et de la Technologie de 1981 à sa démission en 1983, ministre de l'Éducation nationale de 1984 à 1986, ministre de la défense nationale de 1988 à sa démission en 1991, ministre de l'Intérieur de 1997 à sa démission en 2000, fondateur du MDC, candidat à l'élection présidentielle de 2002, sénateur de 2008 à 2014.

« Il veut faire un faux parti communiste avec de vrais petits-bourgeois. »

François Mitterrand,
propos cité dans *Le Quid des Présidents de la République*, 1981

« Il n'est pas bête ce garçon. C'est dommage qu'il soit à moitié fou. »

François Mitterrand,
propos cité par Franz-Olivier Giesbert
dans *La Fin d'une époque*, 1993

« Finalement, votre grand homme socialiste, ç'aurait été Chevènement et son scientisme technocrate. Chevènement et ses retournements machiavéliques (école libre). Chevènement et son hyper-nationalisme, lui jamais démenti. Votre vieux complice en *combinazione* marxisantes, ex-leader de la "gauche du PS", passé à son extrême droite, manifeste bien ce que Fabius arrive à dissimuler : le tempérament dictatorial du renégat. »

Guy Hocqenghem,
Lettre ouverte à ceux qui sont passés du col Mao au Rotary, 1986

« Si j'étais au festival de Cannes, je remercierais toute mon équipe sans qui rien n'aurait été possible. Mais surtout Jean-Pierre Chevènement, sans le ringardisme duquel nous aurions fait deux points de moins ! »

Daniel Cohn-Bendit,
dans *Le Canard enchaîné* du 16 juin 1999

« Jean-Pierre n'entend rien, retranché qu'il est dans son monde à lui, et persuadé que tous les autres que lui sont des nuls. »

Raymond Forni,
dans *Le Canard enchaîné* du 24 novembre 1999

CHIRAC (Bernadette)

(Née en 1933) Conseillère générale de Corrèze de1977 à 2015.

« Ma femme est devenue un homme politique. »

Jacques Chirac,
dans *VSD* du 20 septembre 1979

CHIRAC (Jacques)

(1932-2019) Élu député de Corrèze en 1967, plusieurs fois membre du gouvernement, Premier ministre de 1974 à 1976, maire de Paris, député de la Corrèze de 1977 à 1986 et de 1988 à 1995, Premier ministre de 1986 à 1988, Président de la République de 1995 à 2007.

« Chirac, c'est un de Gaulle sans 18 juin, mais disponible pour un 13 mai. »

François Mitterrand, propos

« Chirac est un émouchet posé sur le poing de Marie-France [Garaud]. De temps en temps, Juillet tire l'anneau pour que Chirac vole une heure. Et tue… »

Françoise Giroud,
La comédie du pouvoir, 1977.
Marie-France Garaud et Pierre Juillet (voir ci-dessous) sont réputés avoir « fait » la carrière de Chirac.

« Nous lui avons taillé un costume trop grand… Chirac n'a pas su partir pour Londres. »

Pierre Juillet, propos de 1978

« Le mouvement, chez Chirac, a toujours précédé la pensée. Souvent aussi il en tient lieu. »

Dominique Jamet,
Lettre ouverte à la droite la plus mal à droite du monde, 1983

« Je croyais que Chirac était du marbre dont on fait les statues. En réalité, il est de la faïence dont on fait les bidets. »

Marie-France Garaud,
dans *Le Canard enchaîné* du 2 décembre 1985

« Quand j'écoute Chirac, je pense à cette phrase d'un humoriste anglais : "Il ment tellement que l'on ne peut même pas croire le contraire de ce qu'il dit." »

Marie-France Garaud, propos

« Chirac n'a jamais cessé de sentir en lui une faille dont il a toujours eu le besoin de conjurer les signes par un insatiable appétit de tout. »

Marie-France Garaud, propos

« Chirac ? C'est un spécialiste du discours catégoriel lyrique. »

Roger-Gérard Schwartzenberg,
propos du 10 avril 1986

« Mitterrand est roi, Chirac est sa reine
« C'était pas la peine, c'était pas la peine
« C'était pas la peine assurément
« De changer de gouvernement. »

Jean-Marie Le Pen,
conclusion chantée de son discours
à l'Assemblée nationale du 15 octobre 1986,
d'après l'opérette *La Fille de Mme Angot*

« Si l'on pouvait se nourrir avec les promesses de cet homme, il y aurait de quoi mettre un terme à la famine du tiers-monde. »

Hector Rolland,
Souvenirs dérangeants d'un godillot indisciplinés, 1990

« Jacques Chirac, un faux dur, entouré de faux professionnels… Il n'est pas capable d'être président. »

François Mitterrand,
propos cité par Jacques Attali, *Verbatim*, 1995

« Si étonnant que cela puisse paraître, je n'ai jamais cessé d'être chiraquien. Je l'ai été en suivant scrupuleusement votre exemple. Car enfin, il y a quelque injustice à me reprocher de vous avoir trahi. Vous étiez bien membre de la famille gaulliste quand vous avez trahi Jacques Chaban-Delmas pour Valéry Giscard d'Estaing. Et quand il a fallu trahir Giscard, avez-vous hésité à le faire alors même qu'il avait fait de vous son Premier ministre ? Je suis le seul à avoir suivi aussi scrupuleusement votre exemple. Va-t-on m'en vouloir de cela ? »

Nicolas Sarkozy sous le pseudonyme de Mazarin,
Lettre prétendument apocryphe de Nicolas Sarkozy à Jacques Chirac, Les Échos du 14 août 1995

« On était dans un appartement avec une fuite de gaz. Chirac a craqué une allumette pour y voir clair. »

Patrick Devedjian,
à propos de la dissolution de 1997

« Chirac a tué Chaban-Delmas, il ensuite tué Giscard, puis il a tué Barre, et enfin il m'a tué. Méfiez-vous. »

Édouard Balladur à Lionel Jospin
avant la présidentielle de 2002

« De Chirac, on ne se souviendra de rien, sauf de mes réformes ».

François Fillon,
dans *Le Monde* du 4 juin 2005

« Mitterrand a détruit la Ve République par orgueil, Valéry Giscard d'Estaing par vanité et Jacques Chirac par inadvertance. »

Marie-France Garaud,
sur *France 2*, le 16 mai 2006

CLEMENCEAU (Georges)

(1841-1929) Dit « le Tigre » puis « le Père-la-Victoire », maire de Montmartre en 1870, député de la Seine en 1871 et de 1876 à 1885, député du Var de 1885 à 1893, sénateur du Var de 1902 à 1920, ministre de l'Intérieur en 1906, Président du Conseil de 1906 à 1909 et de 1917 à 1920.

« Écoute bien, Aurélien, ton Clemenceau, quand même il vivrait cent ans, ne sera jamais qu'un étourneau malfaisant ! »

Léon Gambetta au journaliste Aurélien Scholl,
propos cité par Joseph Caillaux dans
Mes Mémoires – Tome I : 1863-1909, 1942

« Or, ce complaisant, ce dévoué, cet infatigable intermédiaire, si actif et si dangereux, vous le connaissez tous, son nom est sur toutes vos lèvres ; mais pas un de vous, pourtant, ne le nommerait, car il est trois choses en lui que vous redoutez : son épée, son pistolet, sa langue.
« Eh bien ! moi, je brave les trois et je le nomme : c'est M. Clemenceau !
« [...] Certes, je suis un adversaire du régime parlementaire, mais je ne pense pas qu'un homme en France lui ait porté de plus rudes coups et fait de plus navrantes blessures que ce soi-disant parlementaire. »

Paul Déroulède,
à la Chambre des députés, le 20 décembre 1892

« Quand on apprit l'imminence du duel au pistolet entre Déroulède et Clemenceau [en décembre 1892], tout le monde crut que Déroulède serait tué. Sa notice nécrologique était déjà sur le marbre dans maints journaux. À la stupeur générale, les six balles des affaires sérieuses furent échangées sans résultat et il en devait être de même, quelques années plus tard, des six balles échangées avec Drumont. Ce fut le crépuscule de la réputation de tireur de Clemenceau. Sa légende de duelliste redoutable ayant disparu, ses camarades s'empressèrent de lui faire une réputation d'homme d'esprit. Il ne manque pas d'ailleurs – quand il n'écrit pas – d'une certaine drôlerie acerbe et spontanée, mais il ne va pas à la cheville d'un Barrès, ni d'un Degas, ni d'un Forain. Par exemple, ce Mongol vendéen a du sang-froid. Ses amis le trouvaient, au matin de ces âpres journées, goguenard et les pommettes en bataille, époussetant ses bibelots japonais, affectant de parler d'autre chose. »

Léon Daudet,
Souvenirs des milieux littéraires, politiques, artistiques et médicaux, 1915

« C'est que, pour la particulière satisfaction de son intérêt personnel, M. Clemenceau ne doit son élévation qu'au plus exécrable moyen : ce brutal discoureur à langue de vipère, si léger et d'un égoïsme si naturellement anglais, a endossé avec le complet à carreaux du *cockney,* cette effroyable responsabilité de se faire pour quelques milliers de livres sterling, l'agent complaisant et servile de l'Angleterre. »

Eugène Lacotte,
Nos Seigneurs républicains, 1906

« Ah ! je comprends l'embarras, l'irritation secrète de M. le ministre de l'Intérieur. Il a appliqué jusqu'ici à toutes les institutions une critique négative sans conclure à une société nouvelle, à un système nouveau, et quand les hommes qui ont recueilli pour une part les leçons de sa critique incisive se mettent en mouvement, quand ils se mettent en marche, quand ils signifient, par la masse même de leur action, que l'heure de la pure critique est passée, qu'il faut aboutir réellement, transformer un ordre social d'injustice et d'oppression, alors le critique d'hier, placé devant le néant de ses conceptions d'avenir, est inévitablement gagné par un mouvement de mauvaise humeur qui se traduit par l'abondance de l'emploi de l'élément militaire et policier. *(Applaudissements à l'extrême gauche.)* »

Jean Jaurès,
à la Chambre des députés, le 12 juin 1906

« Et au lendemain de cette bataille où le parti républicain a dit tout entier malgré les inquiétudes, les timidités de plusieurs de ses chefs : confiance, courage, action vigoureuse de réformes, vous lui apportez des phrases enveloppées, des solutions incomplètes, une politique hésitante, vous êtes au-dessous du suffrage universel. *(Applaudissements vifs et répétés à l'extrême gauche.)* »

Jean Jaurès,
à la Chambre des députés, le 14 juin 1906

« Il pourrait bien se trouver des révolutionnaires français pour venger les humiliations, les tortures physiques ou morales des leurs, et pour protester autrement que par des paroles contre l'envoi au bagne des militants révolutionnaires. [...] Clemenceau ne tient pas plus que nous, j'en suis sûr, à ce que la mêlée sociale prenne si tôt en France le caractère de férocité implacable qu'elle a pris en Russie. Que l'empereur des flics, avec sa nouvelle âme policière, n'aille pas s'imaginer que ceci est une menace déguisée. »

Gustave Hervé,
dans *La Guerre sociale* du 22 mai 1907

[À propos des événements de Draveil, Clemenceau étant président du conseil et ministre de l'intérieur]
« Il a donc accepté le défi de la Confédération générale du travail. Seulement il s'est laissé vaincre honteusement. Il a bien envoyé des soldats français à Draveil, en assez grand nombre pour faire la guerre à d'autres Français, mais en trop petit nombre pour imposer la paix, maintenir l'ordre, canaliser étroitement la manifestation. Cuirassiers, dragons et gendarmes se sont battus comme nos braves troupes savent se battre. À quoi bon ? Pourquoi ? Et pour qui ?
« Nous le savons. C'est pour que le vieillard à peine moins sinistre que Thiers, à peine moins révolutionnaire, puisse venir crier à la tribune qu'il est l'ordre, qu'il est la propriété, qu'il est le salut. Nous ne dirons pas à ce vieillard sanglant qu'il se trompe. Nous lui dirons qu'il ment. Car il a voulu ce carnage. Cette tuerie n'est pas le résultat de la méprise ou de l'erreur. On ne peut l'imputer à une faute de calcul. Il l'a voulue. Il l'a visée. S'il avait voulu faire sérieusement son métier de gendarme, il l'aurait fait. [...] Ce fidèle ministre d'Édouard VII ne mérite pas d'être flétri en langue française. L'épithète qui lui revient, je la lui dirai en anglais, où elle prendra quelque force : *Bloody!* »

Charles Maurras,
dans *L'Action française* du 31 juillet 1908

« Un jour il m'a été donné d'assister à une exécution [en 1893], je ne peux pas dire de la voir car en effet c'est un spectacle intolérable.
« Je m'y trouvais non loin de M. le président du Conseil [Clemenceau, qui ne l'était pas encore]. Le lendemain M. Clemenceau a écrit un bel article où il exprimait tout le dégoût qu'il avait éprouvé, toute la répulsion morale et physique que l'on ne peut pas ne pas ressentir.
« Mais qu'est-ce que cela prouve ? Cela prouve d'abord que M. le président du Conseil a bien fait d'abandonner sa carrière médicale qui aurait pu l'amener à des opérations chirurgicales. *(Exclamations.)* »

Maurice Barrès,
député nationaliste de la Seine,
à la Chambre des députés, le 8 juillet 1908

[À propos du duel oratoire entre Clemenceau et Delcassé, en 1909, celui-ci provoquant la chute du ministère Clemenceau]
« C'est la lutte de la vipère et du scorpion : ils se sont mordus l'un l'autre. »

Aristide Briand,
propos cité par Maurice Barrès
dans *Mes cahiers*, Année 1909

« Vous demandiez, je crois, si Clemenceau a une tête de Kalmouck ou s'il a une tête de Caraïbe. Regardez-le bien. Voyez ces pommettes saillantes, ces narines béantes, cette arcade sourcilière qui fait comme une barre au-dessus des yeux où l'on ne voit plus de pensée, des yeux qui sont des trous ; voyez ce front bombé, ce crâne nu ; ce visage grimaçant et terrifiant. Kalmouck, Caraïbe, Mongol ?

allons-donc ! ce sont encore des vivants. Clemenceau, lui, a une tête de mort. »

Flax, nom de plume de **Victor Méric**,
dans *Les Hommes du jour*, janvier 1909

« Naturellement, nous en vous dirons pas le nom de cet homme politique et vous comprendrez aisément notre réserve. Qu'il nous suffise de vous indiquer que l'individu en cause est un gouvernant, qu'il a mérité la haine exaspérée du peuple, qu'il a semé le mal et la douleur, qu'il s'est efforcé par tous les moyens de restaurer le plus abject des régimes de tyrannie. Ce despote sanglant, après avoir, dans sa jeunesse, donné quelque espoir aux hommes de progrès, s'est révélé, par la suite, un abominable gredin. Il a trahi ses amis, il a trahi son passé, oublié ses programmes. Il a fait appel aux soldats pour fusiller le peuple. Il a répandu le sang de ceux qui avaient placé leur confiance en lui. Il a fait jeter en prison tous les esprits libres qui osaient critiquer et dénoncer ses crimes. Abominable fripouille, arriviste sans scrupules, tyranneau sans conscience, cet individu ignoble entre tous a, selon nous, mérité cent fois la mort, trop douce encore pour punir ses forfaits... »

Un grand concours lancé par *La Guerre sociale* en mai 1909, intitulé « Doit-on le tuer ? » Dans le numéro des 12-19 mai 1909, 3 365 lecteurs avaient répondu que le personnage en question était Clemenceau. Les auteurs du canular annoncèrent que celui auquel ils avaient pensé était en réalité Abdul-Hamid, sultan déposé de Turquie. Quant à Clemenceau : « Il se tuera bien tout seul. »

« [...] l'homme fut toujours prodigieusement retors. »

Joseph Caillaux,
Mes Mémoires – Tome I : 1863-1909, 1942

« Son incoercible légèreté le conduit plus loin encore. Il s'oublie au point de mettre les mains à la pâte de la Sûreté générale. Il s'abaisse jusqu'à recevoir dans son cabinet de ministre de l'Intérieur un bas mouchard, un nommé Métivier qu'il veut utiliser pour dissoudre – sans doute (?) – les grèves de Draveil-Vigneux (août 1908). »

Joseph Caillaux,
Mes Mémoires – Tome I : 1863-1909, 1942

« [...] Clemenceau dont je sais qu'il avale, bouche bée, tout ce que lui racontent les gens qu'il a pris en goût. »

Joseph Caillaux,
Mes Mémoires – Tome I : 1863-1909, 1942

« Seul le souci de sa stature peut fléchir son insensibilité. L'intuition dont il n'est pas dépourvu lui suggère, d'aventure, que, pour prendre posture avantageuse devant la postérité, il lui faut feindre quelques sentiments d'humanité. L'orgueil lui dicte alors la compassion. Mais il lui arrive aussi que ce même orgueil lui interdise la pitié. »

Joseph Caillaux,
Mes Mémoires – Tome I : 1863-1909, 1942

« Quand je regarde le Clemenceau d'alors [celui des années 1880-1890] à la lumière du Clemenceau d'aujourd'hui [1914], je m'aperçois que les institutions dont il a vécu l'ont amoindri, lui aussi. Il est devenu un vieux petit bavard, ratatiné dans des formules hargneuses, un rabâcheur de poncifs antiromains. »

Léon Daudet,
Souvenirs des milieux littéraires, politiques, artistiques et médicaux, 1915

M. le président du Conseil. – Eh bien ! vraiment, quand je vous ai fait ces réponses, qui ne sont pas, je le reconnais, sans un certain décousu, je pense que j'ai répondu suffisamment aux principales questions qui m'ont été posées. *(Exclamations sur les bancs du parti socialiste.)*
M. Barthe. – Vous n'êtes pas tigre, vous êtes autruche ! *(Mouvements divers.)*
M. le président du Conseil. – Le seul avantage qu'on a de vieillir, c'est qu'on devient sourd. *(Très bien ! très bien !)*

Édouard Barthe,
député socialiste de l'Hérault,
à la Chambre des députés, le 20 novembre 1917

« Puis il a continué sa diatribe. Je tenais les yeux fixés sur lui, regardant avec stupéfaction ce vieillard irrité, qui se soulageait de ses angoisses en vomissant sur moi des flots d'injures. [...] Sa crise ne s'est pas apaisée avant qu'il eût pris le parti de s'en aller. Il s'est éloigné en répétant qu'avec les socialistes au pouvoir, je perdais la France, et en guise d'adieu, il s'est écrié : "Je suis heureux de partir." Le voyant dans cet état d'exaltation, je me suis borné à lui répondre : "Vous êtes fou, ce qui s'appelle fou." Il m'avait dit, du reste, comme à MM. Ribot et Thomson qu'il ne dormait plus et ne se soutenait que par le bromure. »

Raymond Poincaré,
Au service de la France – Tome V, 1928

« Étourdi, violent, vaniteux, ferrailleur, gouailleur, effroyablement léger, sourd physiquement et intellectuellement, incapable de raisonner, de réfléchir, de suivre une discussion. [...] C'est ce fou dont le pays a fait un dieu. »

Raymond Poincaré,
Au service de la France – Tome XI, 1974

« Clemenceau avait mis toute sa lourdeur dans son style, toute sa légèreté dans sa vie. »

Raymond Poincaré,
propos rapporté par Maurice Martin du Gard,
Écrits de Paris, juin 1950

CLERGÉ

(régulier et séculier). C'est-à-dire la « calotte », les « calotins », les « ratichons », les « curetons », les « corbeaux », les « théophages » et les « farinocoles »...

« Je défie qu'on me montre dans la société rien de plus méprisable que ce qu'on appelle un abbé. »

Camille Desmoulins,
La France libre, 17 juillet 1789

« Le cléricalisme, voilà l'ennemi ! »

Léon Gambetta,
à la Chambre des députés le 4 mai 1877

« Messieurs, je bois à la destruction des phylloxéras.
« Le département de l'Yonne a eu le bonheur, jusqu'ici, d'échapper à ces deux fléaux : le phylloxéra qui se cache sous la vigne, et l'autre... le phylloxéra que l'on cache avec des feuilles de vigne.
« Pour le premier, nous avons le sulfure de carbone ; pour le second, l'article 7 de la loi Ferry.
[...] Quand nous aurons l'article 7, nous l'essaierons, et, s'il nous donne les résultats attendus, nous nous en tiendrons là. Mais, s'il ne répond pas à notre attente, nous n'hésiterons pas à rechercher un autre insecticide plus énergique pour sauver la France.

« Je bois donc, Messieurs, à l'inventeur du sulfure de carbone et aussi à l'initiateur de l'article 7, à M. Jules Ferry ! » *Des applaudissements répétés prouvèrent à l'orateur que l'assemblée tout entière partageait ses espérances.*[1]

Paul Bert,
toast porté lors d'un banquet offert le 20 août 1879 par les conseillers généraux de l'Yonne au ministre de l'Intérieur et des Cultes, Charles Lepère. Version de *La Petite République française* du 24 août 1879.

« Entre le prêtre séculier, domicilié et connu, et le frocart régulier, vagabond errant de couvent en couvent, cachant son état civil et parfois son casier judiciaire, la France n'a jamais fait, ne fera jamais confusion. [...] *Paix au curé, guerre au moine! (Sensations, applaudissements.)* »

Paul Bert,
discours au banquet de Coulanges-sur-Yonne, le 15 août 1880, *Leçons, discours et conférences,* 1881

---

1 Venu des États-Unis, le phylloxéra pénétra dans le Midi de la France au début des années 1860; il atteignit la Côte-d'Or en 1878 et l'Yonne en 1886. « L'autre phylloxéra » désigne les congrégations religieuses, couramment comparées à de la vermine. Dans un projet de loi consacré à la collation des grades, Jules Ferry avait introduit un article 7 prévoyant que « nul ne serait admis à participer à l'enseignement public ou libre, ni à diriger un établissement d'enseignement de quelque ordre qu'il fût, s'il appartenait à une congrégation religieuse non autorisée ». Cet article fut adopté par la Chambre en juillet; le 20 août, le Sénat n'avait pas encore discuté le projet de loi : il ne le fit qu'en mars 1880 et la majorité repoussa l'article 7. Après cet échec, le 29 mars 1880, le gouvernement prit deux décrets, l'un pour dissoudre la Compagnie de Jésus, l'autre pour obliger les congrégations non autorisées à déposer une demande d'autorisation dans un délai de trois mois, sous peine d'être dissoutes d'office.

« On remarque chez les religieux une saillie considérable des arcades sourcilières, caractère simien par excellence. [...] Enfin l'espace interorbitaire est petit, signe d'infériorité qui prouve l'étroitesse du cerveau et qui est à son maximum chez le cochon d'Inde. »

Dr Gaétan Delaunay,
Histoire naturelle du dévot, 1880

« Ils [les congréganistes] se sont enracinés sur notre généreux sol [...] comme la hideuse pieuvre, étendant et posant leurs bras néfastes pour enlacer et étouffer la patrie, aspirant avec leurs suçoirs et sa richesse, et son intelligence, et sa conscience. »

Noël-François-Alfred Madier de Montjau,
député radical de la Drôme,
à la Chambre des députés, le 16 mars 1880

« Si vous ne vous recoquillez pas au fond de vos trous à punaises autrement dits confessionnaux... nous vous écraserons du pied comme on écrase les répugnantes chenilles. »

L'Anti-Clérical du 13 avril 1880

« L'Espagne, disent-ils, a été le berceau de leur bande infâme [la Compagnie de Jésus]. Allons donc! C'est Sodome qui les a vomis. »

Léo Taxil,
discours prononcé à Saint-Étienne le 10 avril 1880,
cité dans *L'Anti-Clérical* du 20 avril 1880

« Voilà comment Littré l'athée est mort muni des sacrements de l'Église. Quelle ignominie! et en même temps quelle scélératesse! Les prêtres ont eu l'aplomb de dire que le cadavre leur appartenait. Ils l'ont emporté dans leur tanière, et là, ils l'ont arrosé de leurs sales eaux bénites. »

L'Anti-Clérical du 11 juin 1881

« Ah ! citoyens et citoyennes, le jour est proche où ces vampires de la secte noire périront ! Il faut que la Chambre des députés nous donne cette satisfaction de voir disparaître du sol de cette noble France cette race de vipères. »

Le citoyen Revel,
lors de l'enterrement civil du citoyen Simon Giniey
au cimetière de la Capelette, à Marseille,
le 4 novembre 1882, cité dans le *Bulletin officiel de la Ligue anti-cléricale* de novembre 1882

« Il est aussi naturel aux frocards, aux soutaniers et aux béguines de transgresser les lois, qu'aux vipères de distiller du venin. »

L'Anti-Clérical du 14 janvier 1882

« Il [le prêtre] est noir, il est laid, mais d'une laideur sombre, d'une de ces laideurs qui semblent faites d'ombre, de satyriasisme et de caducité. »

La Semaine anti-cléricale
du 13 septembre 1884, organe officiel
de l'Union démocratique de Propagande anti-cléricale
dont les deux présidents d'honneurs étaient
Victor Hugo et Louis Blanc

« Quand ils seront insultés par ces cafards nauséabonds qui se sont réfugiés dans une soutane pour échapper au sac et au flingot, qu'ils saisissent l'insulteur par les oreilles, le déculottent en pleine place publique et le fouettent jusqu'à *Deo Gratias*. Après une ou deux exécutions de ce genre, vous verrez les soutanards devenir plus économes de leur bave et de leur venin. »

La France anti-cléricale du 13 mars 1892,
au sujet des poursuites entamées par le parquet d'Auch
contre un ecclésiastique qui aurait tenu des propos
antirépublicains en chaire, dans l'église de Belmont (Gers).

« Le prêtre ne travaille pas, ne paye pas d'impôt et, par son vœu de chasteté, a le cerveau forcément dépravé. Donc, au nom de la morale, de la décence, des bonnes mœurs, plus de confession. »

Léonie Rouzade,
militante socialiste, féministe et libre-penseuse,
Discours à l'occasion du congrès de la Libre Pensée
de la région de l'Est, à Châlon-sur-Saône, le 13 août 1893

« Le prêtre par la honte de son état, par la hideur infamante de son costume, vit en dehors de la loi commune, de la solidarité. Contre lui, tout est permis, car la société a un droit de légitime défense. C'est le chien enragé que tout passant a le devoir d'abattre, de peur qu'il ne morde les hommes et n'infecte les troupeaux. »

Laurent Tailhade,
« Lettre familière à M. Joseph Viollet, ratichon »,
dans *La Raison* du 21 décembre 1902

« Grasse, recuite, adipeuse et juteuse, mains boudinées et menton couenneux, "l'auguste religieuse" que l'on dut pousser dehors par l'épaule, était une horrifiante caricature de la vieille fille oisive et trop bien nourrie, cuvant sa graisse dans le *farniente* et la prière. Elle tenait de la place, était malpropre et collectionnait les microbes dans sa robe de bure, qui défiait la plus sommaire asepsie, au dire même des médecins et des chirurgiens. »

L'Action du 1er novembre 1909,
en faveur de la laïcisation des hôpitaux.
Les anticléricaux reprochaient aux religieuses
d'être incompétentes, de mépriser l'hygiène corporelle
et de se livrer au prosélytisme

« Sectarisme, méchanceté, esprit de lucre, hypocrisie, mensonge, calomnie, ami lecteur, à qui reviennent ces belles qualités ? Aux curés. »

La Chronique de Vitré du 12 janvier 1910

« Dieu a bon dos ! »

François Billoux,
député communiste des Bouches-du-Rhône,
à l'Assemblée nationale le 23 décembre 1959,
pendant l'examen de la loi Debré sur les écoles privées

COCHIN (Denys)

(1851-1922) Battu aux législatives de 1877, député conservateur de la Seine de 1893 à 1919, ministre d'État de 1915 à 1916, sous-secrétaire d'État aux Affaires étrangères de 1916 à 1917.

« Cochin ! Ce nom est tout un programme : réaction et cléricalisme. »

« M. Cochin est bien malade, et, s'il y avait aussi un hospice pour les candidats députés laissés sur le carreau, je l'engagerais à y faire porter d'avance ses bonnets de nuit. »

Gill,
dans le premier numéro du *Bulletin de vote*, 1877

« Elle est belle, votre religion !
À l'extrême gauche. Parlez-nous de l'Inquisition ! »

Gustave Rouanet,
député socialiste de la Seine,
à la Chambre des députés, le 13 juillet 1906

COHN-BENDIT (Daniel)

(Né en 1945) Dit « Dany-le-Rouge », leader de Mai-68, député européen de 1994 à 2014.

« Cohn-Bendit à Dachau ! »

Slogan scandé au cours de la manifestation pro-gouvernementale du 30 mai 1968 et attesté par François Mauriac dans son bloc-notes du 2 juin 1968, dans lequel il se démarque de ce « cri atroce ».

« Dépouillé de son auréole ou de ses attributs de croque-mitaine, Dany le Rouge apparaît aujourd'hui réduit à ses véritables proportions : une Brigitte Bardot de la contestation, un produit publicitaire, comme on en fabrique chez Bleustein-Blanchet ou en première page de *France-Dimanche.* »

La Chienlit, petit guide de la contestation,
juin 1969

« Cohn-Bendit, c'est le Tapie de l'écologie. Ça ne durera pas plus longtemps que l'été. »

Jean-Pierre Chevènement,
dans *Le Canard enchaîné* du 16 juin 1999

« Oh vous savez, Cohn-Bendit n'est pas la personne la plus mal famée qu'on soit obligé de rencontrer. Par exemple, moi, j'ai bien dîné un jour, à l'Élysée, avec le dictateur pakistanais. »

Jean-Pierre Chevènement,
propos du 14 septembre 1999 rapporté dans
Le Canard enchaîné du 22 septembre 1999

COLLARD (Gilbert)

(Né en 1948) Député du Gard depuis 2012.

« Ferme donc ta gueule, espèce de Collard ! »

Jean-Marie Le Pen,
tweet du 2 avril 2015

COMBES (Émile)

(1835-1921) Dit « le Petit Père Combes », ancien séminariste, sénateur de la Charente-Inférieure (actuelle Charente-Maritime) de 1885 à 1921, deux fois ministre, Président du Conseil de 1902 à 1905, célèbre pour sa politique anticléricale.

« Une faux à la main, tel qu'on représente la mort, M. Combes ravage la France. »

Bulletin des congrégations du 26 avril 1903

« De la part de renégats, de la part d'apostats comme M. Combes, nous ne pouvons croire à une distraction. Et nous sommes persuadés que c'est avec une froide préméditation et par un calcul satanique que ce jour du Vendredi-Saint a été choisi pour décréter l'enlèvement du Christ. […] Il y a de la rage, il y a une rancune démoniaque chez ces dépossédés volontaires du paradis des croyances. »

La Croix du 8 avril 1904.
Une semaine plus tôt, le garde des Sceaux, M. Vallé, signait une circulaire ordonnant que tout symbole religieux soit retiré des tribunaux.

« Recevez cette couronne, Monsieur l'Abbé, vous l'avez bien méritée. »

Armand de Baudry d'Asson,
député royaliste de la Vendée, à la Chambre des députés, le 14 janvier 1905. En prononçant ces mots, Baudry d'Asson s'approcha d'Émile Combes en brandissant une cuiller en bois et une casserole, qu'il avait dissimulées sous ses vêtements. Pour des raisons demeurant quelque peu obscures, la casserole symbolisait alors la franc-maçonnerie dans l'esprit de ses adversaires. Les huissiers, l'empêchant d'aller au bout de son geste, se précipitèrent sur le trublion qui se défendit à coups de poing, tandis que s'échangeaient « des injures de charretier ». Baudry d'Asson fut expulsé et les députés votèrent la censure contre lui.

« Tas de cannibales, avez-vous assez fait nos poches ! Coquins. Traîtres. Vendus aux juifs ! Tas de cochons. À bas Marianne et ses souteneurs. Voilà ton œuvre vieux défroqué ! Prends garde à toi ! »

Légende d'un dessin envoyé à Émile Combes, probablement lorsqu'il était président du Conseil : vautrée sur le sol, la truie Marianne écrase un crucifix et une bible, tandis que onze porcelets la tètent goulûment. Fonds Émile Combes, AD de la Charente-Maritime, 13 J 33.

« J'apercevais, de dos, le petit Combes, horrible produit de l'anticléricalisme de sous-préfecture et de la formation idéologique Kant-Rousseau, la redingote et le cou crasseux de Pelletan, la nuque de vautour pelé du général André. »

Léon Daudet,
Au temps de Judas. Souvenirs des milieux littéraires, politiques, artistiques et médicaux de 1880 à 1908,
5e série, 1920

« Nous avons le plaisir de vous annoncer la crevaison définitive et irrémédiable du Ministère Combes surnommé gouvernement de la délation officielle et trahison nationale. »

Faire-part de décès fictif,
reproduit par Jean-Claude Souyri dans
Émile Combes (Roquecourbe 1835-Pons 1921), président du Conseil-ministre de l'Intérieur (juin 1902-janvier 1905), catalogue de l'exposition organisée à Albi en décembre 2005

« Cela dit, ces points posés, ces réserves faites, il ne reste pas moins que l'ancien abbé Combes est un type de fanatique véritablement dégradé. La dégradation morale [a suivi], comme toujours, l'abjection de l'esprit. […] Espionner, ficher, dénoncer […] là, M. Combes fut trouvé lâche, sale, inférieur aux plus bas étiages moraux de la communauté nationale. »

Charles Maurras,
dans *L'Action française* du 27 octobre 1928

COMMUNISTES

Dits les « cocos », les « rougeauds », les « stals », les « cosaques » et les « séparatistes »…

« À force de tourner en rond et de collaborer avec la bourgeoisie dite de gauche, MM. les stalinistes français 100 % en arrivent à la collaboration effective avec les gens de droite. À qui doit profiter toute cette palinodie? […] Assez de fumisterie, Billoux et Matton. […] Seriez-vous devenus des juges dociles et bien pensants servant la bourgeoisie cléricale et autres? […] Thermidor est aussi à son apogée dans le PC […] vous acceptez de grand cœur avec le jésuite Cachin que la vieille garde de Lénine soit jugée par des anciens ennemis de la Révolution d'octobre. »

La Commune de février 1937

« C'est bien un État bourgeois que les communistes se déclarent prêts à servir, comme le dit le nouveau ministre Grenier; c'est le programme prôné par tous les impérialismes, celui de la "victoire" (de l'impérialisme) et de "l'union complète de la France avec ses territoires d'outre-mer", c'est-à-dire la continuation de l'oppression coloniale, que ces deux "communistes" se préparent à appliquer au nom de leur parti. Il faut toute la désinvolture d'une bureaucratie cynique pour oser aujourd'hui tenir un tel langage. […] La bureaucratie de Staline […] donne ainsi les garanties à la bourgeoisie internationale de sa volonté de s'opposer à la Révolution et de maintenir le capitalisme; les nouveaux laquais en livrée de ministres, les Billoux et les Grenier, agents de l'impérialisme français, ne représentent que les intérêts d'une bureaucratie restreinte. »

La Vérité du 29 avril 1944

« Les communistes ne sont pas dangereux. Tout au plus des roseaux peints en fer… Et puis on ne fait pas de révolution sans révolutionnaires ! Et il n'y a qu'un révolutionnaire en France : c'est moi. »

Charles de Gaulle,
propos du 28 octobre 1944,
après la dissolution des milices patriotiques

« La farce continue, farce tragi-comique. […] D'une part, devant la volonté ouvrière, on déclare s'incliner devant la volonté démocratiquement exprimée des ouvriers. […] D'autre part […] on emploie les mœurs hitlériennes en faisant assommer les grévistes par des individus dont la mentalité relève plus du gangster que de l'ouvrier conscient. »

Marcel Baufrère,
dans *La Vérité* du 9 mars 1947

« Le Parti des Compromis Funestes peut parlementer, finasser, jouer le jeu parlementaire, organiser – à l'extrême limite – des défilés anodins, la bourgeoisie le tient à sa merci. Il a les mains liées par sa théorie de l'intérêt national. »

Paul Parisot,
dans *La Vérité* du 28 mars 1947

« Le jour viendra où les fossoyeurs de la Révolution prolétarienne devront rendre compte de leurs calomnies et de leurs crimes. »

La Vérité du 4 avril 1947

« Messieurs les staliniens qui traitent les militants révolutionnaires de fascistes se prennent pour les supermen, qui ont, seuls, le droit de faire connaître (ou plutôt d'imposer) leur point de vue. »

Pour la démocratie ouvrière, 24 mars 1962

« Staliniens vos fils sont avec nous. »

Slogan de Mai-68

« Le Parti communiste? Ce qui m'a fait plaisir cet après-midi, c'est d'être en tête d'un défilé où les crapules staliniennes étaient à la remorque. »

Daniel Cohn-Bendit,
déclaration à Paris-Presse après le défilé de Denfert-Rochereau, le 14 mai 1968

CONSTANS (Ernest)

(1833-1913) Député de la Haute-Garonne de 1876 à 1889, sénateur de 1889 à 1906, trois fois ministre de l'Intérieur.

« Constans [...] avait l'aspect, quadrangulaire quant au visage, de la blatte géante, l'œil dissimulé, la voix sourde et l'allure blafarde du Tartufe laïque, plus sinistre que l'autre, son jumeau. »

Léon Daudet,
Panorama de la Troisième République, 1936

COPÉ (Jean-François)

(Né en 1964) Maire de Meaux, député de Seine-et-Marne de 1995 à 2002 et de 2007 à 2017, plusieurs fois membre du gouvernement, président du groupe UMP.

« Il ne tient pas les députés. C'est un chanteur de variétés. Il ne dirige pas le groupe, il fait son show ! Il ne dirige pas les réunions, il fait des vocalises ! »

Nicolas Sarkozy,
propos rapportés dans
le *Dossier du Canard* n° 106, décembre 2007

« Jamais sous la Ve République un secrétaire général d'un mouvement ne s'est attaqué de façon si violente et brutale à un chef de gouvernement. S'il n'est pas d'accord avec le Premier ministre, c'est-à-dire avec un Premier ministre que le président de la République a choisi, il a toujours la possibilité de donner sa démission de secrétaire général de l'UMP, et à mes yeux, plus tôt il le fera, mieux ça vaudra, afin de ne pas être le fossoyeur de l'UMP. »

Étienne Pinte,
député UMP, sur *Canal +*, le 29 mars 2011

« Il a une réelle propension à susciter l'antipathie. Il ne s'en rend pas toujours compte, ce qui peut contribuer à aggraver le problème. »

Nicolas Sarkozy,
Passions, 2019

COT (Pierre)

(1895-1977) Député de la Savoie de 1928 à 1940 puis de 1945 à 1951, député du Rhône de 1951 à 1958, plusieurs fois ministre et tout particulièrement ministre de l'Air en 1936.

« On prête à Pierre Cot, déjà rouge du sang des Parisiens, l'intention de préparer une aviation rouge. Celui-là n'est qu'un sanglant et prétentieux crétin. »

Léon Daudet,
dans *L'Action française* du 6 juin 1936

« […] je juge inadmissible la présence au gouvernement de M. Pierre Cot, qui jugeait, à l'aube livide du 7 février, que la place de la Concorde n'avait pas été rougie d'assez de sang. *(Applaudissements à droite. Vives interruptions à gauche et à l'extrême gauche.)* »

Xavier Vallat,
à la Chambre des députés, le 6 juin 1936

« Par la grâce d'un gouvernement de pleutres et de bandits, les cyniques, les marchands d'armes, les sadiques, comme ce petit Pierre Cot (il suffit de regarder son portrait pour deviner chez lui on ne sait quel érotisme du sang et de la mort) font la loi à ces pauvres gueules de pions chahutés que montrent Blum et Salengro. »

Robert Brasillach,
dans *Je suis partout* du 8 août 1936

« Pierre Cot viole ouvertement la neutralité : quel jeu joue donc ce petit galopin fou d'orgueil à qui on a donné le ministère de l'Air ? Pierre Cot est-il l'agent des Soviets, chargé de nous jeter dans la guerre malgré nous ? »

Maurice Pujo,
dans *L'Action française* du 27 août 1936

« On se souvient du battage que fit Pierre Cot lorsqu'il devint ministre de l'Aviation : il passa son brevet de pilote à grands coups de photos et de communiqués publicitaires, puis il se fit muter dans l'aviation. [...] Mais dès que les bruits de guerre se précisèrent, Pierre Cot, qui est, hélas ! bien placé pour savoir ce que vaut l'aviation qu'il avait sabotée, se fit muter par décret spécial dans l'artillerie. [...] Ce salaud avait pris ses précautions, mais les pilotes français n'oublieront pas. »

L'Action française du 4 octobre 1938

« Vous avez saboté l'aviation avant 1939 ! Vous sabotez le moral, maintenant ! *(Protestations à l'extrême gauche.)* »

Raymond Mondon,
député gaulliste de la Moselle,
à l'Assemblée nationale, le 31 octobre 1956

« Monsieur Pierre Cot, vous êtes toujours l'accusateur de la France ! »

Jean Dides,
député d'extrême droite de la Seine,
à l'Assemblée nationale, le 31 octobre 1956

COTY (René)

(1882-1962) Député modéré de la Seine-Inférieure (actuelle Seine-Maritime) de 1923 à 1936, sénateur de 1936 à 1940, député de 1945 à 1948, sénateur de 1948 à 1953, secrétaire d'État à l'Intérieur en 1930, ministre de la Reconstruction et de l'Urbanisme de 1947 à 1948, Président de la République de 1953 à 1958.

« Cette énorme libellule se cogne follement à une vitre. Le libre azur est à deux doigts d'elle qui ne voit rien et qui s'épuise. Ainsi la politique française... Mais qu'est-ce donc, la politique française, en dehors d'une tête qui la penserait ? Quelqu'un la pense ces jours-ci, je l'espère : celui qui rituellement, au début de chaque crise, annonce, le pauvre homme, qu'il fera vite.

« J'ai la plus grande considération pour M. le président de la République. On n'occupe pas une si haute charge sans avoir témoigné de capacités singulières. Mais enfin les plus nobles esprits ont leurs points faibles. Autant que nous en puissions juger du dehors et de la place infime que nous occupons, M. René Coty, dans les moments de sa carrière où il lui appartient de choisir un nouveau cheval, incline à revenir aux vieilles montures qu'il connaît. Ne se trouve-t-il donc, dans les haras du régime, que des chevaux de retour ? J'entends bien que M. René Coty est un classique : inventer en politique, risquer n'est pas son fort. Il joue correctement le jeu, quoi qu'il lui en coûte, et même si les règles de ce jeu l'obligent, chaque fois, à cogner contre un mur sa tête vénérable. »

François Mauriac,
Bloc-notes, 10 octobre 1957

« Liée à la fortune et au caractère d'un seul homme la République près de céder à l'illusion de sa pérennité ne tarda pas à s'écrouler. M. Coty, l'élu de la fatigue, la présida d'un souffle court. De même que le dernier Bourbon avait cru perpétuer la grandeur de sa dynastie en ressuscitant le code des manières, de même le dernier président crut-il continuer Fallières et Poincaré. Mais l'étiquette des époques heureuses ne camoufle pas longtemps les progrès de la décadence. »

François Mitterrand,
Le Coup d'État permanent, 1964

COUESNON (Amédée)

(1850-1931) Député radical de l'Aisne de 1907 à 1919.

« Bien que le niveau intellectuel ne soit généralement pas très élevé chez nos honorables, il existe aux Folies-Bourbon un député folâtre dont la nullité et la suffisance font la joie de ses collègues.

« À la buvette et dans les Pas-Perdus, il est toujours très entouré et nos QM [initiales de Quinze mille, montant de l'indemnité parlementaire à l'époque] jouent à qui lui fera dire les plus grosses sottises. Deux jeunes députés, l'un du midi et demi, l'autre des environs de Paris, réussissent admirablement dans ce genre de sport, aussi sont-ils particulièrement choyés de notre Amédée qui leur est très reconnaissant de l'importance qu'ils lui donnent et de l'esprit (!?) qu'ils lui trouvent.

« Les plus énormes bêtises de notre QM banlieusard provoquent d'homériques éclats de rire, on se répète de proche en proche ses calinotades et chaque nouvelle bourde sensationnelle est accueillie par des claques amicales dans le dos et des : "Sacré Amédée !" retentissants.

« Il est célèbre même parmi les larbins qui ont pourtant connu bien d'autres pitres parlementaires et qui caractérisent la nullité de notre homme par cette phrase lapidaire : "On lui ferait prendre un saxophone pour un trombone à coulisse !"

« Quel peut bien être ce remarquable échantillon de la faune parlementaire, pour qui on a inventé dans les couloirs de la Chambre les expressions nouvelles : "Dire une couesnonnade ! Faire des couesnonnades !..." ? »

Victor Méric,

dans *Les Hommes du jour* du 19 mars 1910

COURTADE (Pierre)

(1915-1963) Écrivain et journaliste communiste, correspondant de *L'Humanité* à Moscou.

« Demain en France comme dans le reste du monde, Pierre Courtade apprendra à ses dépens que les prolétaires mettront les phonographes du Guépéou dans le même sac que leurs amis du meilleur rempart des profiteurs. »

Fred Zeller,
dans *La Vérité* du 7 février 1947

CRESSON (Édith)

(Née en 1934) Maire de Thuré puis de Châtellerault, députée au Parlement européen de 1979 à 1981, élue députée socialiste de la Vienne et première femme nommée ministre de l'Agriculture en 1981, ministre du Commerce extérieur et du Tourisme de 1983 à 1984, ministre du Redéploiement industriel et du Commerce extérieur de 1984 à 1986, députée de la Vienne de 1986 à 1988, ministre des Affaires européennes de 1988 à 1990, première femme à porter le titre de « Premier ministre » de 1991 à 1992, commissaire européenne de 1994 à 1999.

« Le Parti socialiste, n'ayant pas de programme, m'a envoyé une femme. J'ai rencontré Mme Cresson – c'est une femme charmante. Je me demande ce qu'elle fait dans la politique. »

Pierre Abelin,
campagne de la législative partielle de Châtellerault en 1975, cité par Édith Cresson dans son livre *Avec le soleil*, 1976

« On nous donne la Pompadour ! »

François d'Aubert,
propos rapporté par Alexandra Da Rocha
dans *« Salope! » Insultes et autres perfidies sur les femmes politiques*, 2007. L'intéressée répliqua à la télévision, le 16 mai 1991 : « M. d'Aubert, deux cents ans après la Révolution, vit toujours dans un boudoir. [...] Je suis peut-être une favorite, mais la favorite de mes électeurs. »

« Ciboulette. »

Des proches de Michel Rocard,
« parce qu'elle fait six boulettes par jour »,
explication donnée par les intéressés
dans *Le Canard enchaîné* du 24 juillet 1991

« Édith est un marteau-piqueur hors norme, avec tout ce que cela suppose d'efficacité et de nuisances auditives. Le problème c'est qu'il faut trouver quelqu'un pour lui dire où creuser. Et, pour l'instant on n'a pas trouvé. »

Un collaborateur de Lionel Jospin,
cité dans *Le Canard enchaîné* du 31 juillet 1991

« Quand j'ai nommé Édith Cresson, je lui ai dit qu'elle avait le devoir d'être impopulaire. Je ne pensais pas qu'elle réussirait aussi bien. »

François Mitterrand,
dans *Libération* du 28 janvier 1992

« À force de descendre dans les sondages, elle va finir par trouver du pétrole. »

André Santini,
propos rapporté par Alexandra Da Rocha
dans *« Salope! » Insultes et autres perfidies sur les femmes politiques*, 2007

D

D

DALADIER (Édouard)

(1884-1970) Dit « le Taureau du Vaucluse », député de ce département de 1919 à 1940 et de 1945 à 1958, plusieurs fois ministre, Président du Conseil en 1933, en 1934 et de 1938 à 1940, c'est-à-dire au moment des accords de Munich qui laissèrent Hitler démembrer la Tchécoslovaquie.

« [Un de ces hommes qui ont] fait la démonstration de leur impuissance gouvernementale par l'absurdité et l'incohérence de leurs décisions préliminaires, par l'insuffisance des mesures de police prises, par leur incapacité à prendre les mesures que dictait l'évolution de la situation. *(Applaudissements à droite. – Exclamations et interruptions à gauche et à l'extrême gauche.)* »

Xavier Vallat,
à la Chambre des députés, le 6 juin 1936,
rappelant l'action de Daladier le 6 février 1934

« [De Blum] comme de l'impulsif et hésitant Daladier, on peut attendre un acte de violence et même de sauvagerie, après lequel ils s'effondreront »

Léon Daudet,
dans *L'Action française* du 6 juin 1936

« L'année 1940 a vu la mort du petit sou. Souhaitons que 1941 voit la condamnation de Daladier : la mort du gros saoul ! »

La France au travail, 25 janvier 1941
L'ancien Président du Conseil était réputé
pour son intempérance

« Il n'est pas un personnage convexe à la Clemenceau, il est concave. Du taureau il a, si l'on veut, la forte encolure mais certainement pas le goût de foncer sur l'obstacle. [Il est] faible et flottant. »

Pertinax, *Les Fossoyeurs*, 1943

« C'est un taureau qui sent l'étable. »

Joseph Caillaux,
cité par Pertinax dans *Les Fossoyeurs*, 1943]

« Il n'a pas de volonté. Il ne parvient à une décision que par le processus le plus laborieux et le plus lent. Il a de l'esprit de finesse et [...] de l'intuition. [...] Justement parce qu'il n'est pas à même de prendre des résolutions brusques et brutales, il laisse agir sur lui ce que Leibnitz appelait les "petites perceptions". Il ne les étouffe pas comme font les impétueux. Il n'est pas intellectuellement agile. Il attend que, par un travail sourd et incessant, elles l'inclinent et le précipitent vers l'acte. »

Pertinax, *Les Fossoyeurs*, 1943

« Assassin ! »

Florimond Bonte,
député communiste de la Seine,
à l'Assemblée nationale, le 1er décembre 1947,
au moment de l'exclusion du député Raoul Calas

« À Munich ! *(Protestations à gauche, au centre et à droite.)* »

Maria Rabaté,
députée communiste de la Seine,
à l'Assemblée nationale, le 24 février 1949

« Flaubert a dit : "L'aigle de Meaux était une oie." On peut écrire de même que "le taureau du Vaucluse" est un veau vieux. Il n'a plus ni corne, ni dents, ni sabots, ni le reste. On le mènerait au pâturage avec une vieille ficelle. On ne peut rien voir de plus mou, de plus tombé, de plus laid que ce bonhomme. »

André Figueras,
Zoologie du Palais-Bourbon, 1956

DAMASIO (Jean)

(1919-1984) Hôtelier et commerçant en primeurs, député poujadiste de la Seine de 1956 à 1958.

« Marchand de légumes !
« M. Jean Damasio. – Ce n'est pas un déshonneur que d'être marchand de légumes. Tas de voyous ! »

Une voix à gauche,
à l'Assemblée nationale, le 25 septembre 1957

DASSAULT (Marcel)

(1892-1986) Industriel de l'aviation, député des Alpes-Maritimes de 1951 à 1956, sénateur de l'Oise de 1957 à 1958, député de l'Oise de 1958 à 1986 et doyen de l'Assemblée nationale.

« Il sera candidat à l'Assemblée nationale jusqu'à sa mort. Après, il se présentera au Sénat. »

Lionel Stoléru,
dans *L'Événement du jeudi* du 21 novembre 1985

DARLAN (François)

(1881-1942) Amiral, chef du gouvernement de Vichy de 1941 à 1942.

« *Stinging skuns* (le putois puant). »

Pendant la guerre, surnom de Darlan
dans la presse américaine et anglaise

« Weygand dit [...] qu'il n'eut jamais dans sa vie l'occasion de rencontrer un être aussi plat, aussi veule, aussi vil. »

Roger Stéphane,
Chaque homme est lié au monde, 1946

« Fourbe autant que vantard, l'amiral était tout à fait capable des faits reprochés [avoir livré des secrets militaires à la marine allemande]. Ils collent admirablement avec sa nature d'agent double professionnel. »

Article non signé « Le double jeu de Vichy »,
dans *Le Crapouillot* « Histoire de la guerre T. IV »,
janvier 1949

DATI (Rachida)

(Née en 1965) Porte-parole de Nicolas Sarkozy pendant l'élection présidentielle de 2007, garde des Sceaux, ministre de la Justice de 2007 à 2009, maire du VIIe arrondissement de Paris depuis 2008 et députée européenne de 2009 à 2019.

« Rachida adore visiter des prisons, elle s'y sent bien. Elle fait la belle comme le paon qui fait la roue. Elle semble dire : “Oui, c'est vrai, il y a beaucoup de beurs et de beurettes derrière les barreaux, mais regardez-moi, l'ascenseur social marche, si l'on veut s'en donner la peine !” On dirait une vedette de cinéma qui, de temps en temps, irait frimer aux Assedic spectacle. »

Stéphane Guillon,
France Inter, 14 octobre 2008

« Rachida Dati va participer à l'émission de Michel Drucker *« Vivement dimanche »*. Vivement lundi. »

Bruno Roger-Petit,
François Mitterrand 2008 il revient, 2008

« Envoyer Rachida Dati à Strasbourg qui ne possède aucun équivalent de l'avenue Montaigne, c'est comme envoyer Jean-Louis Borloo à Évian : c'est une sanction. [...] Quand les jeunes de l'UMP ont questionné Rachida Dati sur le rôle de l'Europe, elle a répondu : “L'Europe s'occupe de ce qu'on lui donne à s'occuper avec les personnes qui peuvent porter ces affaires à s'occuper.” »

Stéphane Guillon,
France Inter, 27 avril 2009

« Vous croyez que Rachida Dati ira au Parlement européen ? Et mon œil, et mon œil !... Se taper les commissions, se taper l'endroit où il y a pas une caméra, se taper l'endroit où ne veut pas la voir... [...] Faut pas rigoler... »

Daniel Cohn-Bendit,
RMC BFM TV, 10 mai 2009

« Je ne suis pas moins légitime que Rachida Dati. Je suis élu depuis plus longtemps qu'elle à Paris, et moi je ne connais pas Dior ! »

Pierre Lellouche,
dans *Le Monde* du 2 juillet 2010

DEBRÉ (Jean-Louis)

(Né en 1944) Député de l'Eure de 1986 à 1995 et de 1997 à 2007, ministre de l'Intérieur de 1995 à 1997, Président de l'Assemblée nationale de 2002 à 2007, Président du Conseil constitutionnel de 2007 à 2016.

« Il te sera difficile de faire oublier Pasqua [à qui Jean-Louis Debré venait de succéder au ministère de l'Intérieur]. D'ailleurs en deux mois, tu n'as peut être rien fait, mais, du coup, on ne peut te reprocher la moindre gaffe. Ce n'est déjà pas si mal ! Je ne suis pas certain que nous aurions pu en dire autant avec ton prédécesseur. Tu n'as aucun complexe à nourrir. Sois toi-même (sans tout de même en rajouter). […] La première règle est que tu fasses le moins de déclarations possible. Tu n'as à communiquer sur rien. […] Tu ne dois avoir d'idée politique sur aucun sujet. J'ai dit aucun. […] Aucune déclaration ne t'est autorisée. […] Crois-moi, c'est stratégiquement beaucoup plus intelligent. Tu vas donc les épater par ton silence. »

Nicolas Sarkozy sous le pseudonyme de Mazarin,
Lettre apocryphe de Jacques Chirac à Jean-Louis Debré,
Les Échos du 24 août 1995

« Il semblerait que l'ambition de Jean-Louis Debré ne soit pas de faire gagner son camp mais de monter en grade dans la machine à faire perdre. »

Christian Estrosi,
le 16 octobre 2008, déclaration de campagne
rapportée par *Nouvelobs.com*

DEBRÉ (Michel)

(1912-1996) Dit « l'amer Michel », « Michou-la-Colère » et « Michou Lapin », compagnon du général de Gaulle, sénateur d'Indre-et-Loire de 1948 à 1958 et rédacteur du Courrier de la colère, l'un des principaux auteurs de la Constitution de 1958, Premier ministre de 1958 à 1962, plusieurs fois ministre, député de la Réunion.

« L'extraordinaire volte-face qui amena ce touche-à-tout de la conspiration à présider le gouvernement qui signa les accords d'Évian, loin de supposer une tragique contradiction, comme l'ont cru ses détracteurs d'extrême droite révèle au contraire l'unité du personnage. »

François Mitterrand,
Le Coup d'État permanent, 1964

« Je ne nie point qu'il s'agisse en l'espèce d'une sorte de scolopendre raté, de scorpion geignard, de coléoptère sans carapace. Je sais qu'il est catalogué déjà, et que les limaces elles-mêmes, et les vers de chiottes, préférant légitimement être dans leur peau que dans la sienne, sont intervenus auprès du Bon Dieu pour qu'Il ne le range point dans leur catégorie. »

André Figuéras,
J'accuse Michel Debré, 1971

« Si l'on rencontrait mendiant le long du chemin, affamé, blême, et au besoin en pleurs, ce Polichinelle sinistre, personne ne sortirait deux sous de sa poche pour sécher une larme sur cette face de harpie molle, de Gorgone fade. »

André Figuéras,
J'accuse Michel Debré, 1971

« Une singulière vocation pour l'erreur. Et il n'accède pas à l'erreur petitement mais par de vastes analyses et d'ardents raisonnements. Il en fait une symphonie fantastique. »

Michel Poniatowski,
cité par Hélène Vida dans *Mes Hommes politiques*, 1977

DEFFERRE (Gaston)

(1910-1986) Résistant, maire de Marseille, député socialiste des Bouches-du-Rhône de 1945 à 1958, de 1962 à 1981 et en 1986, sénateur de 1959 à 1962, plusieurs fois membre du gouvernement et en particulier ministre de l'Intérieur de 1981 à 1986.

« ... Defferre, partout où il traverse le domaine français, laisse derrière soi la pollution de sa bave. On rétorquera que c'est son métier d'escargot qu'il fait, et qu'il n'appartient à personne de transformer sa nature. »

André Figueras,
Zoologie du Palais-Bourbon, 1956

« Il me racontait souvent qu'il était le seul à ne pas devoir préparer ses discours, puisque de toute façon personne ne le comprenait. »

Bernard Tapie,
dans *Libération* du 8 mai 1986

DELANOË (Bertrand)

(Né en 1950) Député socialiste de Paris de 1981 à 1986, sénateur de 1995 à 2001, maire de Paris.

« Il inspire la terreur à force de courtoisie ostensible. [...] Ses visites courtes (Delanoë ne s'attarde jamais nulle part) mais régulières au siège du PS s'apparentent à celles que ferait un nouveau locataire, tout près de signer un bail et qui estime que les anciens titulaires de la place prennent trop de temps à vider les lieux et, pire encore, sont suspects de ne pas les restituer en état d'usage. »

Bruno Roger-Petit,
François Mitterrand 2008 il revient, 2008

« Bertrand Delanoë, c'est Gabegie le magnifique. »

Charles Beigbeder,
candidat dans le VIIIe arrondissement à Paris. Phrase nominée au Prix Press Club, Humour et Politique 2014

DELBOS (Yvon)

(1885-1956) Député radical de la Dordogne de 1924 à 1940 puis de 1945 à 1955, sénateur de 1955 à 1956, six fois ministre et tout particulièrement ministre des Affaires étrangères dans le gouvernement du Front populaire.

« On chuchotait dans les couloirs de la Chambre que Léon Blum, interrogé sur les raisons qui lui faisaient préférer Delbos à Chautemps, aurait répondu : "J'ai besoin au Quai d'Orsay d'un homme qui n'ait pas d'idées et qui soit obéissant." Si Delbos n'est pas flatté après cela du choix qui a été fait de lui, c'est qu'il sera bien difficile ! »

L'Action française du 28 mai 1936

« Yvon Delbos, d'un pas de somnambule promenait autour des quatre colonnes un profil d'agneau pascal qui n'a pas peur du loup. C'est un garçon bien honnête, au visage poupin, frisotté en long, en large et en travers, et qui justifie, par l'impression qu'il donne de sommeiller tout le temps, le proverbe : il ne faut pas se fier à l'eau qui dort. Yvon Delbos tient dans le parti radical l'emploi de penseur pour militants toulousains. C'est d'ordinaire un homme simple, effacé, modeste, un tantinet enfantin. Il paraît sans cesse encombré de ses mains, de ses pieds et porte son énorme tête calamistrée et frisottante comme un poids trop lourd pour lui. Il a l'air dormant et des yeux bleus de séraphin tout étonné de se trouver au milieu des hommes. Du reste il a toujours l'air étonné. Étonné des questions qu'on lui pose, de ses réponses, de porter un col mou, de se trouver là où il se trouve, étonné de tout. »

Gringoire du 29 mai 1936

DELCASSÉ (Théophile)

(1852-1923) Député radical de l'Ariège de 1889 à 1919, plusieurs fois ministre et tout particulièrement ministre des Affaires étrangères de 1898 à 1905 et de 1914 à 1915.

« Delcassé, c'est un Poincaré bête. »

Georges Clemenceau,
propos de 1913 cité par Joseph Caillaux dans
Mes Mémoires – Tome III : 1912-1930, 1947

« Delcassé ? Un Lilliputien halluciné. »

Georges Clemenceau, propos

DELONCLÉ (Eugène)

(1890-1944) Cofondateur de la Cagoule en 1935 et du Mouvement Social Révolutionnaire (MSR) sous l'Occupation.

« Je connus l'envers du décor : impossibilité de connaître la vraie politique de Deloncle : esprit sectaire de droite, activisme incorrigible de l'élément important qui venait de la Cagoule, et surtout mentalité insupportable et mœurs dissolues du petit gang dont Deloncle s'était entouré. »

André Mahé,
cité dans *Le Crapouillot*, janvier 1949.

DELORS (Jacques)

(Né en 1925) Conseiller de Jacques Chaban-Delmas puis ministre de François Mitterrand, président de la Commission européenne.

« Delors ?... Il hésiterait même entre l'aspirine et l'euthanasie. »

François Mitterrand,
propos de 1983, lorsque le ministre de l'Économie
est pressenti pour remplacer Pierre Mauroy
au poste de Premier ministre

« L'establishment préfère vous observer avec une condescendance ironique, soulignant à l'envi votre côté saint Sébastien, vos dispositions à jouer les martyrs ou les grenouilles de bénitier, le tout rehaussé d'un zeste d'hypocrisie ou de masochisme. »

Jean Bothorel,
Lettre ouverte aux douze soupirants de l'Élysée, 1984

« Delors ? Il aimerait bien être président sans être candidat. »

François Mitterrand,
propos cité par Laure Adler
dans *L'Année des adieux*, 1995

« Jacques Delors s'exprime comme un chef de gouvernement, alors qu'il n'est qu'un super-fonctionnaire ! »

Jean-Pierre Chevènement,
sur France Inter, le 24 janvier 1990

« C'est une vieille bigote qui prend l'Europe pour son bénitier et préfère lire *L'Équipe* que les rapports économiques. Quand j'étais à l'Intérieur j'ai bien essayé de le faire plonger dans l'affaire du pasteur Doucet mais il avait un alibi en béton : il dînait chez moi le soir du crime. »

Pierre Joxe,
cité dans *La grosse Bertha*, 21 mars 1991

« Avec Delors, les socialistes passent de Léon Blum à Léon XIII. »

Philippe Séguin,
Prix de l'humour politique 1995

DEROIN (Jeanne)

(1805-1894) Saint-simonienne et militante féministe, première femme à se déclarer candidate aux législatives, en 1849.

« Sur les questions les moins comprises,
« Pouvant parler deux heur's de suite,
« Comme vous, j'dirai des bêtises
« Mais j'en dirai bien plus longtemps ! »

Clairville, chanson

DÉROULÈDE (Paul)

(1846-1914) Auteur des Chants du soldat, président de la Ligue des Patriotes, député nationaliste de la Charente de 1889 à 1893 et de 1898 à 1899, déchu et exilé après une tentative de coup d'État pendant l'affaire Dreyfus.

« Si l'ingénuité se mesure à l'aune, M. Paul Déroulède, représentant des trois couleurs et de la ville d'Angoulême – est digne qu'on l'immatricule parmi les plus grands bêtas du XIXe siècle. Long comme un jour sans pain, efflanqué comme un Aztèque, avec ses yeux ronds, ses yeux de pruneau cuit, sa bouche déhiscente, l'auteur de l'*Hetmann* porte sur son visage l'expression hébétée d'une candeur que cinquante ans n'ont pu réduire. Il bée naturellement, comme la grenouille au jeu du tonneau, il gobe les mouches de toute sa lèvre inférieure que surplombe un nez extravagant. Ce nez lamentable, pharamineux et truculent contraste avec le chef exigu, la tête d'oiseau sans cervelle – dindon ou canari. [...]
« C'est un mirliton d'alarme, ainsi qu'on l'avait plaisamment surnommé, un orgue de Barbarie qui moud naturellement tous les poncifs, toutes les sottises du chauvinisme le plus abject. »

Laurent Tailhade,
sous le pseudonyme de Patte-Pelue,
L'Action, 23 mai 1898

« L'idée de Déroulède, si j'ose accoupler ces deux mots, est extraordinairement simple : l'armée, pour lui, c'est la France. »

Georges Clemenceau,
dans *L'Aurore* du 2 mars 1899

DESCHANEL (Paul)

(1856-1922) Député d'Eure-et-Loir de 1885 à 1920, Président de la République en 1920, invité à démissionner après sa chute du train présidentiel et quelques facéties fameuses, sénateur de 1921 à 1922.

« On voudrait, pour la raison comme pour la pudeur, médire ici de M. Paul Deschanel : mais la chose ne se peut. Il n'est, sur son compte, ni bien ni mal à exprimer. C'est le néant sans phrase, le vide absolu. Il préside la Chambre où nul de ses prédécesseurs n'aura incarné au même degré la médiocrité des Assemblées délibérantes. [...]
« Le pédantisme hilare du Sorbonnard avec je ne sais quoi du perruquier en belle humeur, tel se fait voir le Deschanel quand il pommade. »

Laurent Tailhade,
À travers les groins, 1899

« Depuis quatre ans les circonstances ont tenu M. Deschanel un peu en marge de la rude bataille que les républicains livraient pour la liberté, pour la vérité et pour l'honneur. *(Applaudissements à l'extrême gauche et à gauche.)*
« Dans ce grand drame [l'affaire Dreyfus] dont il a dit lui-même qu'il avait déchiré la conscience nationale, il se peut que dans sa conscience M. Deschanel ait pris parti, mais nul n'en a jamais rien su. *(Applaudissements et rires sur les mêmes bancs.)*
« Peut-être était-il au dessus de la bataille, mais c'est encore un moyen d'être en dehors. *(Nouveaux rires.)* »

Jean Jaurès,
à la Chambre des députés, le 23 janvier 1903

« L'homme poupée. Le Grand cosmétiqué. Mannequin articulé, marchant et parlant, exécutant des pirouettes et des courbettes, levant les mains, saluant, souriant, répétant à la perfection tous les gestes humains. En vente au grand bazar bourbonien au prix de quinze mille francs. Garanti quatre ans. N'a rien fait, rien dit, rien laissé, rien tenté, rien promis, rien voulu, et, pour cela, plusieurs fois président de la chambre, membre de l'Académie, comblé d'honneurs et de fonctions. Le plus vide et le plus reluisant de nos politichinelles. »

Flax, nom de plume de **Victor Méric**,
dans *Les Hommes du jour*, 26 juin 1909

DESMOULINS (Camille)

(1760-1794) Révolutionnaire et journaliste.

« … renégat de la sans-culotterie… ».

Jacques-René Hébert,
Le père Duchesne à Camille Desmoulins et à sa compagnie, 1790

DEVEDJIAN (Patrick)

(1944-2020) Député des Hauts-de-Seine de 1986 à 2002, de 2005 à 2007, de 2007 à 2009 et de 2010 à 2017, cinq fois ministre, président du conseil général des Hauts-de-Seine de 2007 à 2020.

« C'est l'ancien d'Ordre nouveau qui nous donne des leçons ! L'ancien nervi d'extrême droite ! *(Rires sur les bancs du groupe Front national [RN].)* L'avocat des terroristes ! »

Jean-Marie Le Pen,
à l'Assemblée nationale, le 9 octobre 1987

« Ces deux jeunes avaient volé une Simca 1000, volé des moteurs de bateaux, avaient des papiers d'identité faux, des plaques d'immatriculation fausses, avaient avec eux un pistolet 6,35 et avaient fait courir la police. »

Vincent Peillon,
citant une condamnation en correctionnelle
de Patrick Devedjian et d'Alain Madelin en 1965,
nouvelobs.com, 25 février 2010

« Sur le fond, Patrick Devedjian dit des conneries. Nous n'avons jamais eu le moindre problème de remboursement avec qui que ce soit, les propos de Patrick Devedjian ne sont que des âneries. [ ] Il n'est aujourd'hui plus crédible. Tout ce qui sort de sa bouche est du fiel, de la haine. »

Patrick Balkany,
JDD. fr, 5 février 2011, Patrick Devedjian
ayant affirmé que Levallois-Perret, dont Balkany
est le maire, était au bord de la faillite

DONDOUX (Jacques)

(1931-2002) Élu en 1997 député radical de gauche de l'Ardèche, secrétaire d'État au Commerce extérieur de 1997 à 1999.

« On prétend que Dondoux dit beaucoup de conneries : c'est faux, il ne parle pas souvent. »

Dominique Strauss-Kahn,
dans *Le Canard enchaîné* du 3 septembre 1997

« Jacques Dondoux est tellement nul que même Jospin s'en est aperçu ! »

Jacques Chirac,
dans *Le Canard enchaîné* du 4 août 1999

DORIOT (Jacques)

(1898-1945) Maire communiste de Saint-Denis, député de la Seine de 1924 à 1937, exclu du PC et fondateur en 1936 du Parti Populaire Français (PPF) d'inspiration fasciste. Collaborateur célèbre pour son appétit pantagruélique, ses mœurs et ses besoins d'argent, il tenait ses réunions dans les plus luxueuses maisons closes de Paris.

« Machiavel de foire aux puces… »

Jean Quéval,
Première page cinquième colonne, 1945

« Doriot m'a vendu son parti pour cinq millions, plus trois millions. Il avait fait des dettes. Et puis je lui avais dit : "Quand vous serez le chef, je vous monterai un deuxième bureau." Il me renseignait et me prêtait des gens à lui. Bucard travaillait aussi pour moi : coût : deux millions. Mais il opérait dans les milieux gouvernementaux. Ceci dit, Doriot espionnait Bucard et Bucard Doriot, à mon profit. C'était des pauvres types. »

Déclaration faite par **Masuy** lors de son procès, propos rapportés par Madeleine Jacob, *Franc-Tireur* du 3 juillet 1947. D'origine Belge, de son vrai nom Georges Delfanne, Masuy, tour à tour prénommé Christian ou Henri selon les sources, fut un des membres de la Gestapo française de Bonny et Lafont, la tristement célèbre « Carlingue »

DORMOY (Marx)

(1888-1941) Dit « Fantomarx », député socialiste de l'Allier de 1931 à 1938, sénateur de 1938 à 1940, ministre de l'Intérieur du gouvernement de Front populaire, interné en 1940 et assassiné l'année suivante.

« … le fol Marx Dormoy, romancier de l'affaire des Cagoulards… »

Candide du 2 octobre 1940

« Marx Dormoy, un homme lugubre. Sombre, barbu, livide, une sorte de Fouquier-Tinville au petit pied, il aurait envoyé sans sourciller la moitié de la France à l'échafaud, sous prétexte de purifier la République. […] Il eût volontiers ressuscité chez nous les tortures du Moyen Âge pour débarrasser la démocratie de quiconque répugnait à lever le poing en défilant au chant de *L'Internationale.* Entouré des éléments les plus suspects de la Sûreté nationale, il se révéla comme un prestigieux metteur en scène en montant de toutes pièces le fameux complot de la Cagoule qui lui permit d'emprisonner nombre d'anciens combattants. »

Delpeyrou,
dans *Le Courrier du Centre* du 3 octobre 1940

DOUMER (Paul)

(1857-1932) Député radical de l'Aisne de 1888 à 1889, député de l'Yonne de 1891 à 1896, député de l'Aisne de 1902 à 1910, sénateur de la Corse de 1912 à 1931, Président de la République en 1931, assassiné l'année suivante par le déséquilibré Gorguloff, se disant « chef des fascistes russes ».

« Nous colonisons […] pour permettre à nos Doumer besogneux, criblés de dettes et chargés de famille d'amasser une dot à leurs filles et une fortune qui leur donnera plus tard les faveurs intéressées de la presse et une situation politique inattaquable; pour avoir à la disposition des sous-Doumer de notre politique, des ratés et des tarés de notre bourgeoisie, de bons nids à fonctionnaires où ils se referont une virginité et amasseront des rentes. »

Gustave Hervé,
dans *Le Travailleur Socialiste de l'Yonne*
du 20 octobre 1900

« [...] M. Doumer fait trop visiblement sur la pierre du foyer familial la cuisine de ses ambitions. [...] il y aurait eu quelque courage et quelque fierté pour M. Doumer à tracer le manuel du parfait arriviste. Je ne veux pas en effet employer pour lui le mot d'ambitieux : ce serait rabaisser l'ambition. [...] "Agir c'est vivre", écrit M. Doumer comme si toute action était indifférente; mais que n'ajoute-t-il : "Trahir, c'est monter" ? »

Jean Jaurès,
dans la *Revue de l'enseignement primaire et primaire supérieur* du 7 janvier 1906

« M. Paul Doumer moraliste! L'ancien purotin devenu puritain! Non, laissez-moi rire. Il faut avoir parcouru son étourdissant bouquin, d'une telle sérénité d'ineptie, d'une si déconcertante niaiserie que l'imbécillité de ce Rockfeller du lieu commun ne laisse pas de devenir touchante à force de sincérité. »

Eugène Lacotte,
Nos Seigneurs républicains, 1906,
après la publication par Doumer du *Livre de mes fils*

DOUMERGUE (Gaston)

(1863-1937) Dit « Gastounet », député radical du Gard de 1893 à 1910, sénateur de 1910 à 1924, plusieurs fois ministre, Président du Conseil de 1913 à 1914, Président de la République de 1924 à 1931, de nouveau Président du Conseil après les événements du 6 février 1934.

« Avec son monocle et ses souliers vernis, il est charmant ! On croirait qu'il joue aux "Variétés", qu'il vient saluer à la chute du rideau. C'est quelqu'un ! Quand il est entré à l'Élysée, il a trouvé les meubles très agréables, il a cru qu'il se plairait. Puis, le lendemain, un huissier l'a vu bâiller dans un fauteuil. "Est-ce que Monsieur le Président ne digérerait pas ? a dit cet homme inquiet. – Si, si ! a dit Doumergue. Seulement... je n'ai rien à faire..." Rien à faire ! Et il est à la tête de la France ! »

Georges Clemenceau,
propos cité par René Benjamin dans
Clemenceau dans la retraite, 1930

DOUSTE-BLAZY (Philippe)

(Né en 1953) Dit « Douste bla bla », député UDF des Hautes-Pyrénées de 1993 à 2002, député de la Haute-Garonne, ministre des Affaires étrangères.

« Heureusement, Douste-Blazy n'était pas là ! »

André Santini,
le jour où le député Laurent Cathala eut un malaise.
Phrase nominée au Prix Press Club,
Humour et Politique 2003

DRAPEAU (français)

Dit « tricolore »

« Le régiment qui tient garnison à Auxerre et beaucoup d'autres régiments de notre invincible armée viennent de célébrer l'anniversaire de Wagram. Wagram, journée de honte et de deuil ! [...] Je trouve même que des pitreries suivies d'une soûlerie ne sont pas suffisantes pour commémorer le souvenir d'ignominies comme celle de Wagram. Je ne vois qu'une façon vraiment digne et symbolique de célébrer un pareil anniversaire. Tant qu'il y aura des casernes, pour l'édification et la moralisation des soldats de notre démocratie, pour déshonorer à leurs yeux le militarisme et les guerres de conquête, je voudrais qu'on rassemblât dans la principale cour du quartier toutes les ordures et tout le fumier de la caserne et que, solennellement, en présence de toutes les troupes en tenue n° 1, au son de la musique militaire, le colonel, en grand plumet, vint y planter le drapeau du régiment. »

Un Sans Patrie, en fait **Gustave Hervé**,
dans *Le Travailleur socialiste de l'Yonne*
du 20 juillet 1901

« ... ils sont quinze cent mille qui sont morts pour cette saloperie-là [...] pour cette saloperie tricolore. [...] Qu'est-ce que c'est que cette loque pour laquelle ils sont morts ? [...] Pour cette immonde petite guenille.

« Terrible morceau de drap cloué à ta hampe, je te hais férocement ; oui, je te hais dans l'âme, je te hais pour toute la misère que tu représentes, pour le sang frais, le sang humain aux odeurs âpres qui gicla sous tes plis, je te hais au nom des squelettes...

« [...] Je te hais pour tous ceux qui te saluent, je te hais à cause des peigne-culs, des cons et des putains qui traînent dans la boue leur chapeau devant ton ombre; je hais en toi toute la vieille oppression séculaire, le dieu bestial, le défi aux hommes que nous ne savons pas être; je hais tes sales couleurs, le rouge de leur sang, le bleu que tu volas au ciel, le blanc livide de tes remords...
« Laisse-moi, ignoble symbole, pleurer tout seul, pleurer à grands coups, les quinze cent mille jeunes hommes qui sont morts et n'oublie pas, malgré tes généraux, ton fer doré et tes victoires, que tu es pour moi de la race vile des torche-culs. »

Jean Zay,
Le Drapeau, 6 mars 1924

« Le drapeau français est fait pour être déchiré et pour être transformé en drapeau rouge. »

Daniel Cohn-Bendit,
déclaration à *Paris-Presse*, le 23 mai 1968

DREYFUS (Alfred)

(1859-1935) Capitaine d'artillerie, condamné pour espionnage en 1894, réhabilité et réintégré dans l'armée en 1906.

« Je crois qu'on ouvrirait le cerveau de Dreyfus, on n'y trouverait rien d'humain. »

Saint-Genest,
dans *Le Figaro* du 24 décembre 1894

« Le voici devant moi, à l'instantanée du passage, l'œil sec, le regard perdu vers le passé, sans doute, puisque l'avenir est mort avec l'honneur. Il n'a plus d'âge. Il n'a plus de nom. Il n'a plus de teint. Il est couleur traître. Sa face est terreuse, aplatie et basse, sans apparence de remords, étrangère à coup sûr, épave de ghetto… »

Léon Daudet,
dans *Le Figaro* du 6 janvier 1895

« Que Dreyfus a pu trahir, je le déduis de sa race. »

Maurice Barrès, propos

« Il ne doit plus rien y avoir entre la France et cet homme. Dreyfus est un traître ; il n'est plus un Français. *(Très bien ! très bien !)* »

André Castelin,
député nationaliste de l'Aisne,
à la Chambre des députés, le 18 novembre 1896

« M. Charles Bos. – Ce qui me frappe, ce qui a frappé tout le monde, ce qui a indisposé l'opinion publique, ce qui a provoqué dans le pays un mouvement de protestation unanime… *(Interruptions sur divers bancs.)*
M. Firmin Faure. – C'est l'argent des juifs. »

À la Chambre des députés, le 28 novembre 1898 :
le député radical de la Seine Charles Bos, dreyfusard,
est interrompu par Firmin Faure,
député antisémite d'Oran

« M. Amédée Renault-Morlière, rapporteur. – La communication de ce dossier était déjà singulièrement difficile devant une chambre composée d'un président et de quinze conseillers.

M. Julien Goujon. – Et un grand rabbin. *(Rires à droite et sur divers bancs au centre.)* »

À la Chambre des députés, le 10 février 1899 :
le député républicain modéré de la Mayenne
Amédée Renault-Morlière est interrompu par
Julien Goujon, député antisémite de la Seine-Inférieure

« M. Adolphe Messimy, rapporteur. – La lumière a été faite, limpide, éclatante, absolue sur tous les points de cette affaire.
À droite. – À huis clos ! »

À la Chambre des députés, le 13 juillet 1906 :
la Cour de cassation vient de réhabiliter Dreyfus

« M. Henri Brisson, président. – Votre président, messieurs, enregistre avec fierté ce vote. *(Vifs applaudissements à gauche et à l'extrême gauche.)* Il consacre par une loi ce triomphe de la justice *(Nouveaux applaudissements)* qui depuis deux jours vaut à la France les acclamations du monde. *(Applaudissements répétés.)*
M. Paul Pugliesi-Conti. – Et l'indignation douloureuse des patriotes ! *(Bruits.)* »

À la Chambre des députés, le 13 juillet 1906,
après le vote du projet de loi tendant à réintégrer
Dreyfus dans l'armée. Paul Pugliesi-Conti, député
nationaliste de la Seine, est alors giflé par Albert Sarraut,
membre du gouvernement : les deux hommes
se battront en duel le soir même

« Dreyfus a été le traître pendant douze ans, par une vérité judiciaire. *(Réclamations à gauche.)*
M. Lagasse. – Par le crime de vos amis !

M. Maurice Barrès. – Depuis vingt-quatre heures, par une nouvelle vérité judiciaire, il est innocent. C'est une bien grande leçon, messieurs, je ne dis pas de scepticisme, mais de relativisme, qui nous invite à modérer nos passions. *(Exclamations à gauche.)* »

Maurice Barrès,
à la Chambre des députés, le 13 juillet 1906

DROITE

« La plus bête du monde »

Selon **Guy Mollet,**

« Il est plus facile de pacifier la Libye que l'UMP. »

Thierry Mariani,
phrase nominée au Prix Press Club, Humour et Politique 2012. Prix des internautes

« Lorsque je recevrai le 5 novembre prochain le rapport de M. Louis Gallois *(Exclamations et rires sur les bancs du groupe UMP)*… On a l'impression qu'à droite vous souhaitez l'échec de la France. *(Vives protestations sur les bancs du groupe UMP.)* Moi je souhaite son succès et je m'appuie sur les meilleurs talents. *(Applaudissements sur les bancs du groupe SRC. – De nombreux députés du groupe UMP se lèvent et quittent peu à peu l'hémicycle. – Les députés du groupe SRC se lèvent et continuent à applaudir.)* »

Jean-Marc Ayrault,
répondant à une question ou gouvernement.
Assemblée nationale, 23 octobre 2012

« Un gay qui vote à droite c'est comme une dinde qui vote pour Noël. »

Jean-Luc Romero,
phrase nominée au Prix Press Club,
Humour et Politique 2013. Prix des internautes

« On change le bocal, mais on garde les mêmes cornichons. »

Jean-Christophe Lagarde,
évoquant l'UDI, phrase nominée au Prix Press Club,
Humour et Politique 2014

« Droite débile : en cinq ans de Sarko, elle n'a pas fait la moitié de la loi Macron et elle vote contre. Navrant… »

Luc Ferry,
tweet du 17 février 2015

« La droite, c'est Neuilly, Versailles, la race blanche ! »

Claude Bartolone,
aux régionales de décembre 2015

DRUMONT (Édouard)

(1844-1917) Dit « Barbapoux », auteur de *La France juive*, directeur de *La Libre Parole*, député antisémite d'Alger de 1898 à 1902.

« La feuille de Drumont, suppéditée par les jésuites qui ne perdent jamais une occasion d'accroître leurs deniers, a levé, depuis peu, la truffe nourricière, le caca généreux où tous les groins, aussi bien la trogne du Maître, que le proboscide gluant des derniers reporteurs auront une auge profitable, un trottoir égal en poignon aux Folies-Bergère, ou bien au Chabanais.

« Ce trottoir, c'est l'affaire Dreyfus, Esterhazy, avec les complications, mensonges, palinodies, qui caractérisent ces sortes de tournois. »

Laurent Tailhade,
Imbéciles et Gredins, 1900

« Quant à Drumont, petit employé de l'Hôtel de Ville en 1867, il a gardé la crasse insaponifiable des bureaux. Métis de Petdeloup, de rond-de-cuir, et de bedeau et de la Préfecture et d'espion, il exerce l'imposture historique et la provocation à l'homicide, pour un sou par jour, au grand contentement des béates de province et des curés inquisitifs. »

Laurent Tailhade,
Imbéciles et Gredins, 1900

DUBOST (Antonin)

(1842-1921) Député radical de l'Isère de 1880 à 1897, sénateur de 1897 à 1921, garde des Sceaux de 1893 à 1894, Président du Sénat, candidat malheureux à la présidence de la République en 1913.

« [...] un jeune député narre la dernière boutade de Clemenceau. Antonin Dubost aurait abordé le Tigre dans les couloirs du Luxembourg. "Je crois bien que je suis votre candidat à l'Élysée. Mais vous avez une drôle de façon de me soutenir. Vous dites à tout le monde que je ne suis qu'un imbécile. Je ne suis cependant pas plus bête qu'un autre. – Où est l'autre ?" aurait répondu Clemenceau en regardant à sa droite et à sa gauche. »

Échange rapporté par Joseph Caillaux
dans *Mes Mémoires – Tome III : 1912-1930*, 1947

DUCLOS (Jacques)

(1896-1975) Député communiste de la Seine de 1926 à 1932, de 1936 à 1940 et de 1945 à 1958, membre du Comité central du PCF.

« Il vient de Moscou et il en rougit. »

Robert Bruyneel,
député indépendant du Loir-et-Cher,
à l'Assemblée nationale, le 14 mars 1957

« C'est un satellite non libéré. *(Rires à droite et à l'extrême droite.)* »

Jean Dides,
député d'extrême droite de la Seine,
à l'Assemblée nationale, le 18 octobre 1957,
après le lancement du Spoutnik par l'URSS

« Ce crabe des cocotiers a perdu une pince ; ce qui fait qu'il se propulse d'une manière syncopée et roulante (dans tous les sens du terme) ; et que ses grandes mandibules ne font qu'une moitié d'impression. »

André Figueras,
Zoologie du Palais-Bourbon, 1956

DUFLOT (Cécile)

(Née en 1975) Députée de Paris en 2012 et depuis 2014, ministre du Logement de 2012 à 2014.

« Cécile Duflot est toxique pour l'écologie. »

Leila Aïchi,
Le Point, 26 mars 2015

DUMAS (Roland)

(Né en 1922) Député apparenté UDSR de la Haute-Vienne de 1956 à 1958, député FGDS de la Corrèze de 1967 à 1968, élu député socialiste de la Dordogne en 1981, réélu en 1986 et 1988, plusieurs fois ministre, président du Conseil constitutionnel de 1995 à 2000.

« François Mitterrand avait deux avocats : Badinter pour le droit, Dumas pour le tordu. »

Roger Patrice-Pelat, propos

« Comme ministre des Affaires étrangères, je vois surtout son sourire, son brushing, mais je constate que la faillite est complète. On ne mène pas une politique étrangère avec des ronds de jambe. »

Jacques Vergès,
Le Salaud lumineux, Michel Lafont, 1990

DUPIN (André)

(1783-1865) Député conservateur, président de la Chambre des députés de 1832 à 1840, président de l'Assemblée nationale législative de 1849 au coup d'État du 2 décembre 1851 et rallié à Napoléon III.

« M. Dupin est la personnification la plus expressive et la plus vraie du bourgeois, non pas du bourgeois élégant et poli de la Chaussée d'Antin qui singe le gentilhomme, non pas du petit bourgeois qui porte les galons de laine et qui en vend, mais du bourgeois rentier, du bourgeois fonctionnaire, du bourgeois propriétaire, du bourgeois avocat, du bourgeois notaire, du bourgeois négociant, du gros bourgeois qui n'a pas de goût pour les grands seigneurs et qui fait fi du prolétaire. Vivre chacun pour soi et chacun chez soi, voilà ses deux maximes favorites de philanthropie intérieure et de politique étrangère. Advienne ensuite le peuple que pourra ! »

Timon, nom de plume du **vicomte de Cormenin**,
député libéral de l'Yonne, *Études sur les orateurs parlementaires,* 1838

« Si par hasard, la nuit, dans les carrefours mornes,
« Fouillant du croc l'ordure où dort plus d'un secret,
« Un chiffonnier trouvait cette âme au coin des bornes,
« Il la dédaignerait ! »

Victor Hugo,
Les Châtiments, 1853

« M. Dupin est une honte incomparable. »

Victor Hugo,
Histoire d'un crime, 1883

DUPUY (Charles)

(1851-1923) Député modéré de la Haute-Loire de 1885 à 1900, sénateur de 1900 à 1923, ministre de l'Instruction publique de 1892 à 1893, Président de la Chambre des députés, Président du Conseil en 1893 et de 1894 à 1895, antidreyfusard.

« Voilà pourquoi il faut que Dreyfus, forçat par mystification, demeure au bagne, afin que M. Dupuy fasse de son supplice l'épanouissement des classes gouvernantes. [...]
« Dupuy, c'est le machiavélisme bourgeois tombé des hauteurs de l'art dans la bourbe de la *politicaille.* »

Georges Clemenceau,
dans *L'Aurore* du 3 avril 1899

DURAFOUR (Michel)

(1920-2017) Sénateur radical de la Loire de 1965 à 1967, député de 1967 à 1974, et de 1978 à 1981, sénateur de 1983 à 1988, plusieurs fois membre du gouvernement et tout particulièrement, au titre de « l'ouverture », ministre de la Fonction publique de 1988 à 1991.

« M. Durafour et Dumoulin, obscur ministre de l'ouverture dans laquelle il a d'ailleurs immédiatement disparu, a déclaré : “Nous devons nous allier aux élections municipales, y compris avec le Parti communiste, car le Parti communiste, lui, perd des voix tandis que l'extrême droite ne cesse d'en gagner…” Monsieur Durafour-crématoire, merci de cet aveu. »

Jean-Marie Le Pen,
lors de l'université d'été du Front national,
le 2 septembre 1988

DURUY (Victor)

(1811-1894) Historien, ministre de l'Instruction publique de 1863 à 1869.

« Un pion déclassé… »

Désiré Nisard,
propos cité par Anatole Claveau dans ses
Souvenirs politiques et parlementaires d'un témoin, 1913

E

E

ÉCOLOGISTES

« Les écologistes ont un avenir aussi longtemps qu'on ne les voit pas à l'œuvre. »

Jean-Luc Mélenchon,
LCI, 12 mai 2021

EMMANUELLI (Henri)

(1945-2017) Député socialiste des Landes de 1978 à mars 1993, puis de septembre 1993 à 1997 et de 2000 à 2017, Président de l'Assemblée nationale de 1992 à 1993.

« Escroc ! »

Philippe de Villliers,
à l'Assemblée nationale, le 9 avril 1991

ÉNARQUES (élèves de l'ENA)

Dits « technocrates », « crânes d'œuf » et « têtes de bois ».

« De Gaulle trop loin ou trop haut, le gouvernement diminué, le Parlement en résidence surveillée, la compétition des barons pour la possession des fiefs en déshérence fait rage. L'un d'entre eux, le technocrate, a pris de l'avance sur les autres. Au sein de l'administration il connaît ses plus belles heures. La camaraderie de promotion préférée à l'esprit d'obéissance, un réseau d'ambitions toutes neuves enserre la vie nationale. Une affaire que ne parviennent pas à régler entre eux les ministres ou les super-préfets, leurs chefs de cabinet, s'ils proviennent de l'ENA, la résolvent au téléphone. La technocratie administrative s'est ralliée à la victoire gaulliste mais ne s'est ralliée qu'à la victoire. Elle supporte, elle subit, elle accepte, elle exécute, elle profite mais elle n'aime pas. Ce qu'elle aime, c'est l'État, un État-symbole dont elle assume la fonction. En quête de l'État elle se figure qu'aux lieux et places des hommes et des partis politiques qui se querellent et s'annulent, du Parlement qui se soumet, des complots qui se trament, elle seule représente l'absent. Elle est comme le régent d'un royaume dont l'héritier mineur ne grandira jamais. »

François Mitterrand,
Le Coup d'État permanent, 1964

« La plupart des énarques sont des peine-à-jouir. »

Gérard Longuet,
dans *Le Point* du 11 février 1980

« La différence qui existe entre un énarque et un chef d'entreprise me paraît simple : l'État se sauve de la faillite provoquée par le premier en abusant de la “planche à billets” et si l'économie, malade, ne meurt pas c'est grâce au travail intelligent du second. »

Hector Rolland,
Souvenirs dérangeants d'un godillot indisciplinés, 1990

ESTROSI (Christian)

(Né en 1955) Maire de Nice depuis 2008, député des Alpes-Maritimes de 1988 à 1993 et de 1997 à 2016, ministre délégué à l'Aménagement du territoire de 2005 à 2007, secrétaire d'État chargé de l'Outre-mer de 2007 à 2008, ministre de l'Industrie de 2009 à 2010, président de la région Provence-Alpes-Côte-d'Azur de 2015 à 2017, maire de Nice.

« Cet homme ne pense rien. »

Marion Maréchal-Le Pen,
Europe 1, 8 décembre 2015

EUROPE (intégrée)

Dite « CECA », « CEE », « Union européenne ».

« L'Europe est une vieille putain pourrie. J'ai huit cent mille hommes. J'en ferai ce qu'il me plaira. »

Napoléon en 1801,
selon L. A. Pichon, *De l'état de la France sous la domination de Napoléon*, 1814

« Dante, Goethe, Chateaubriand appartiennent à toute l'Europe dans la mesure même où ils étaient respectivement et éminemment italien, allemand et français. Ils n'auraient pas beaucoup servi l'Europe s'ils avaient été des apatrides et s'ils avaient pensé, écrit en quelque espéranto ou volapük intégré. »

Charles de Gaulle,
conférence de presse du 15 mai 1962,
qui provoqua le départ des ministres démocrates-chrétiens du MRP, favorables à l'Europe intégrée

« Mais de tous ces chevaux de carton enfourchés par les candidats [à l'élection présidentielle de 1965], le pire à mon sens est celui de l'Europe intégrée, parce que là le mensonge est flagrant, l'imposture crève les yeux : ce professeur, cet agrégé de philosophie [Jean Lecanuet], sait tout de même ce que signifie "abandon de souveraineté" pour l'Angleterre, ou pour cette Allemagne resurgie qui dresse de nouveau au-dessus de ses villes reconstruites son front redoutable (pour ne parler que de l'Occident de l'Europe). Cet agrégé de philosophie ne peut pas ne pas convenir que la différence entre les vues de de Gaulle et les siennes, c'est que de Gaulle raisonne à partir de l'Europe telle qu'elle est, alors que celle des "Européens" n'a guère plus de réalité que les îles Fortunées ou que le Monomotapa. »

François Mauriac,
Bloc-notes, 28 novembre 1965

« Il faut prendre les choses comme elles sont, car on ne fait pas de politique autrement que sur des réalités. Bien entendu on peut sauter sur sa chaise comme un cabri en disant : "L'Europe ! l'Europe ! l'Europe !", mais cela n'aboutit à rien et cela ne signifie rien. »

Charles de Gaulle,
entretien télévisé avec Michel Droit du 14 décembre 1965

« On nous propose l'Europe, mais avec une vision provinciale du monde ; on nous propose l'Europe pour en faire une région : on nous propose l'Europe simplement pour que nous ne nous disputions plus entre nous, pour que nous renoncions à nous-mêmes en nous confortant du renoncement des autres. »

Alexandre Sanguinetti,
J'ai mal à ma peau de gaulliste, 1978

« Tout nous conduit à penser que, derrière le masque et les mots des technocrates, on prépare l'inféodation de la France, on consent à l'idée de son abaissement. [...]
« L'Europe ne peut servir à camoufler l'effacement d'une France qui n'aurait plus, sur le plan mondial, ni autorité, ni idée, ni message, ni visage. [...]
« Comme toujours quand il s'agit de l'abaissement de la France, le parti de l'étranger est à l'œuvre avec sa voix paisible et rassurante. Français, ne l'écoutez pas. C'est l'engourdissement qui précède la paix de la mort. »

Jacques Chirac,
« Appel de Cochin », 6 décembre 1978

« M. Barroso est le carburant du Front national. [...] Finalement, l'Union européenne ne bouge pas, elle est immobile, paralytique. »

Arnaud Montebourg,
France Inter, 23 juin 2013

« Bruxelles ? Des connards ! »

Arnaud Montebourg,
M le magazine du Monde, 30 août 2013

« Ils peuvent toujours nommer Donald à l'Europe ; c'est quand même Picsou qui commande. »

Jean-Luc Mélenchon,
évoquant Donald Tusk, *Le Journal du Dimanche*,
7 décembre 2014.Phrase nominée au Prix Press Club,
Humour et Politique 2015.
Prix de la Presse hebdomadaire régionale

F

F

FABIUS (Laurent)

(Né en 1946) Dit « Fafa », député socialiste, proche collaborateur de François Mitterrand, plusieurs fois ministre, Premier ministre de 1984 à 1986, Président de l'Assemblée nationale de 1988 à 1992 et de 1997 à 2000, président du Conseil constitutionnel depuis 2016.

« M. Fabius est au Premier ministre ce que le Canada Dry est à l'alcool. »

Charles Pasqua, propos

« Laurent Fabius dessine son personnage avec une gomme. »

Jean-Claude Gaudin, propos

« On meurt pour de Gaulle, pas pour Fabius. »

Marcel Bigeard,
dans *L'Événement du Jeudi* du 21 février 1985

« Certains n'ont pas été courageux, mais lui a été franchement lâche. Donner le parti à Fabius, c'est insulter le passé et l'avenir. Le parti mérite mieux qu'un dandy de carnaval. »

Charles Hernu,
propos rapportés par sa veuve, Martine Hernu,
dans *Le Canard enchaîné* du 24 janvier 1990

« Je me suis toujours interdit d'appeler François Mitterrand au secours. Je trouve déplorable cet infantilisme qui consiste à se réfugier derrière lui en permanence. Avoir comme seul argument : Mitterrand me préfère, c'est dérisoire, et ça montre la grandeur d'une ambition. Le parti vaut mieux que ces attitudes de caniche. »

Lionel Jospin,
dans *Le Canard enchaîné* du 31 janvier 1990

« Fabius n'a pas de tripes, il n'a que des dents. Il faut l'arrêter avant qu'il ne tue le parti. »

Édith Cresson,
dans *Le Canard enchaîné* du 21 mars 1990

« Laurent Fabius, lui, a trouvé le moyen de trahir celui à qui il devait tout. Imagine quelle pourrait être son attitude avec toi à qui il ne doit rien. »

Nicolas Sarkozy sous le pseudonyme de Mazarin,
Lettre apocryphe de Michel Rocard à Jacques Chirac,
Les Échos du 23 août 1995

« Voter pour ce mec en Haute-Normandie me poserait un problème, il a une tronche pas catholique. »

Georges Frêche,
dans *L'Express* du 28 janvier 2010

« C'est vrai qu'il a une tronche de con, ce Fabius. Pauvre France, dans ce pays on ne peut plus rien dire. »

Louis Nicollin,
La Dépêche du midi du 28 janvier 2010

FALLIÈRES (Armand)

(1841-1931) Député du Lot-et-Garonne de 1876 à 1890, sénateur de 1890 à 1906, plusieurs fois ministre, président du Conseil en 1883, président du Sénat de 1899 à 1906, président de la République de 1906 à 1913.

« L'Énorme, aux pieds de lard, aux bras de saindoux, au nombril couenneux. Sa place est au marché. Il est fait pour être tâté, soupesé, puis attaché à une longe, conduit à l'abattoir, hélas! débité, vendu, bouilli et mangé... »

Léon Daudet,
Journal, au soir de l'élection présidentielle de 1906

FAUCHER (Léon)

(1803-1854) Ministre de l'Intérieur sous la IIe République.

« Il est tranchant, non comme une lame de sabre, mais comme un couteau de cuisine. »

M. de La Rochejacquelein,
propos de janvier 1849, cité par Victor Hugo dans *Choses vues*. Pour Hugo, le ministre « est à la fois absolu et médiocre ».

FAURE (Edgar)

(1908-1988) Avocat, chef des services législatifs du gouvernement provisoire d'Alger puis procureur au tribunal de Nuremberg, député et sénateur du Jura, treize fois ministre et deux fois Président du conseil, il est l'artisan de l'indépendance de la Tunisie et du Maroc. Sous la Ve République, trois fois ministre, il fait voter à l'unanimité la réforme de l'université après Mai-68, avant de devenir Président de l'Assemblée nationale en 1973. Historien, auteur de chansons, il entre en 1978 à l'Académie française.

« Le fils d'un dirigeant soviétique et d'une juive bulgare… »

Général Koenig,
en septembre 1955

« De tous les pavés qui pavent notre enfer, les bonnes intentions de M. Edgar Faure auront été les pires.
« "Du moins celui-là est-il intelligent…" Ainsi nous rassurions-nous. Peut-être un imbécile eût-il mieux valu qui n'aurait rien fait que laisser faire. Des cartes, au moins, nous resteraient : aujourd'hui elles ont été risquées et elles sont perdues.
« M. Edgar Faure les a jouées au cours d'une partie qui n'était pas celle de la France, qui était celle de M. Edgar Faure. Son excuse est que, dans son esprit, les deux causes se confondent, et qu'il importe au salut de la patrie que tout soit subordonné au maintien de M. Edgar Faure à la présidence du Conseil.
« Qui n'est saisi par ce contraste : un avocat roué, mais myope, le nez dans son jeu personnel, s'embrouille dans ses combinaisons ; et ce serait comique si l'enjeu de la partie qui se tient, pour M. Edgar Faure, dans la présence de M. Edgar Faure à l'hôtel Matignon, n'était, de surcroît, la destinée africaine de la France.
« Nous voudrions que M. Edgar Faure fût sensible au risque de ce chapitre de l'histoire qui lui est destiné, qu'apprendront les écoliers qui ne sont pas nés encore et dont j'imagine cette première phrase : "On peut faire dater du ministère Edgar Faure le moment où tout a été résolu pour notre pays et où il a été engagé sans

retour possible sur la pente qu'avant lui avait descendue l'Espagne. Ce fut lui qui livra l'État aux généraux. »

François Mauriac,
Bloc-notes, 1er octobre 1955,
à propos de la politique de décolonisation au Maroc

« On nous a annoncé qu'Edgar Faure était maintenant député non inscrit. J'ai envie de demander : non inscrit où ? »

Robert Poujade,
dans *Le Monde* du 4 octobre 1979

« Ce diable d'Edgar, c'est lui que le général de Gaulle a choisi pour être son envoyé en Chine alors qu'il n'a jamais été gaulliste, il est président de l'Assemblée grâce au RPR alors qu'il n'est pas du tout chiraquien, il possède l'art des contradictions et ses "majorités d'échec" ressemblent à un véritable marché persan ou à une auberge espagnole. »

Hector Rolland,
propos tenus à sa voisine de table lors d'un dîner
à l'hôtel de Lassay, en 1977, sans savoir que celle-ci
était Lucie Faure, épouse de l'intéressé.
Souvenirs dérangeants d'un godillot indisciplinés, 1990

« Lorsque nous étions proches, c'est parce que j'avais raison. Lorsque nous étions éloignés, c'est parce que vous aviez tort. »

François Mitterrand à Edgar Faure,
propos tenus à Besançon le 30 mars 1987

FAURE (Félix)

(1841-1899) Dit « le Tanneur » pour ses origines et « le Président-Soleil » pour son goût du faste, député de la Seine-Inférieure (actuelle Seine-Maritime) de 1881 à 1895, deux fois sous-secrétaire d'État, ministre de la Marine en 1894, Président de la République en 1895, célèbre pour sa mort en épectase tandis que « sa connaissance » quittait l'Élysée par une porte discrète.

« Quand la question [de la violation de la loi dans l'affaire Dreyfus] fut soulevée, sa pauvre cervelle bouffie de vanité bourgeoise n'eut de place que pour une pensée : il faut venir au secours des violateurs de la loi. Ainsi, grâce à lui, fut déchaînée la crise mortelle qui n'a d'analogie dans l'histoire d'aucun peuple de la terre. Le représentant suprême de l'ordre légal en France devint le centre de résistance à la légalité. Son inintelligence naturelle, aggravée par la terreur de certaines révélations dont on le menaçait du côté de la Boulange antisémite, lui fit trouver la chose toute simple. Seulement, comme tout sentiment de droiture lui est étranger, comme le ridicule mélange de snobisme et de fausse bonhomie qui le caractérise est d'un fourbe assez bas, il laissa croire à ses propres ministres qu'il demeurait neutre et se contenta de soutenir sous main les mensonges d'un Billot. »

Georges Clemenceau,
dans *L'Aurore* du 17 septembre 1898

« Cela n'est pas pour surprendre ceux qui ont pu mesurer l'étiage de cette âme, si j'ose dénommer ainsi un ensemble assez bas des vulgaires instincts. »

Georges Clemenceau,
dans *L'Aurore* du 21 octobre 1898

« Par son inqualifiable sottise, pour ne pas dire plus, M. Félix Faure nous a fait assez de mal. »

Georges Clemenceau,
dans *L'Aurore* du 9 janvier 1899

« Félix Faure est au-dessous de l'inintelligence. »

Georges Clemenceau,
dans *L'Aurore* du 5 février 1899

« Félix Faure vient de mourir. Cela ne fait pas un homme de moins en France. »

Georges Clemenceau,
dans *L'Aurore* du 17 février 1899

« Ce mort n'appelle point Bossuet. Molière le peignit en M. Jourdain, sans prévoir la férocité d'égoïsme où la poursuite éperdue des grandeurs peut jeter une âme basse. Le sort nous l'enlève après nous l'avoir montré tout entier. Il s'en fera quelque jour une belle étude de psychologie dans la galerie des maîtres symboliques du *Démos.* »

Georges Clemenceau,
dans *L'Aurore* du 18 février 1899

« Le lendemain de ses obsèques, Félix Faure sera plus oublié que les pharaons d'Égypte, que les Incas du Pérou. Une farceuse de théâtre, confinée à jamais dans l'Odéon par cet inattendu trépas, donnera quelques pleurs de regret au michet présidentiel. Et ce ne sera qu'un goujat de plus dans la tombe. Ce ne sera qu'une grue de moins au Théâtre-Français. »

Laurent Tailhade,
sous le pseudonyme de Tybalt, dans *L'Écho de Paris*
du 19 février 1899

« Seulement sa vanité monstrueuse avait fait de lui le jouet de tous les flagorneurs qui, flattant sa mégalomanie, le livraient pieds et poings liés aux préparateurs du coup de force dont on se disputait, sous son nez, les bénéfices.
« Ainsi l'Élysée devint le point d'appui légal de la conspiration clérico-militaire. Conspirateurs et sous-conspirateurs avaient là un centre d'opérations inviolable. L'imbécile monarque d'un jour croyait que tous ces gens n'avaient en vue que sa grandeur. C'était la farce du Mamamouchi jouée sérieusement dans les décors de la République. Quand le grand-duc Vladimir quitta l'hôtel pour aller passer le mouton d'or au cou du nouveau chevalier : "Surtout ne pouffez pas", lui dit la grande-duchesse. "Je tâcherai", dit-il, en éclatant de rire. »

Georges Clemenceau,
dans *L'Aurore* du 20 février 1899

« Une simple artère athéromateuse, cassée dans un paroxysme qui n'avait rien de protocolaire, nous enleva ce merveilleux grotesque, quasi-couronné. Nous ne retrouverons plus, d'ici à bien longtemps, un si riche élément de joie. »

Georges Clemenceau,
Le Bloc, 1901

FAURE (Maurice)

(1922-2014) Député radical du Lot de 1951 à 1958, ministre de l'Intérieur du 14 au 17 mai 1958, ministre des Institutions européennes du 17 mai au 1er juin 1958, garde des Sceaux en 1981, ministre d'État de 1988 à 1989.

« Môssieur Maurice Faure veut un gouvernement européen. C'est la seule chance qui lui reste de devenir ministre ! »

Charles de Gaulle,
propos rapportés par Jacques Vendroux

FEMMES (électrices et éligibles)

Dites « bas-bleus » et « suffragettes ».

« Nous ne comprenons pas plus une femme législateur qu'un homme nourrice. »

Pierre-Joseph Proudhon,
à propos de la candidature de Jeanne Deroin
aux législatives de 1849

« N'ajoutons pas le suffrage des incompétences à celui des incompétents. »

Alfred Fouillée,
philosophe, répondant en 1910 à la question :
« Les femmes doivent-elles voter ? »

« Au point de vue du principe, nous sommes tous d'accord. [...] Mais est-ce le moment de s'aventurer dans ce redoutable inconnu ? »

Victor Augagneur,
député républicain socialiste du Rhône,
à la Chambre des députés, le 3 octobre 1919

« La femme est un ange de douceur, au foyer et dans les hôpitaux, lorsqu'elle y remplit les fonctions qu'elle est appelée à y remplir. Si, sous prétexte d'en faire un être qu'elle ne peut réaliser, une espèce d'homme disgracieux, vous introduisez dans tous les ménages les querelles politiques, vous aurez fait disparaître les qualités de la femme...

« Et vous voulez que la femme, lorsque le mari rentrera, s'en aille remplir des fonctions publiques, qu'elle s'en aille au club ou à la réunion préparatoire d'élections. [...] Vous voulez qu'elle soit sollicitée à tout instant par les candidats, par les groupements de partis, par les comités,

d'aller entendre la bonne parole politique, au lieu de rester chez elle à préparer un intérieur accueillant où son mari se reposera si volontiers.
« Vous voulez qu'elle aille à toutes ces réunions au lieu de soigner ses enfants.
« Mais vous le savez, rien, ni la crèche ni le phalanstère ne remplace les soins d'une mère. Où l'enfant peut-il mieux se trouver que dans les bras de sa mère ? *(Interruptions à l'extrême gauche.)* »

Edmond Lefebvre du Preÿ,
député conservateur du Pas-de-Calais
à la Chambre des députés, le 3 octobre 1919

« Les mains des femmes sont-elles bien faites pour le pugilat de l'arène publique ? Plus que pour manier le bulletin de vote, les mains de femmes sont faites pour être baisées, baisées dévotement quand ce sont celles des mères, amoureusement quand ce sont celles des femmes et des fiancées : … Séduire et être mère, c'est pour cela qu'est faite la femme. »

Alexandre Bérard,
sénateur de l'Ain, rapport annexé au procès-verbal
de la séance du Sénat du 3 octobre 1919

« La moyenne des hommes et des femmes sont également incapables de juger actuellement des choses politiques. Elles dépassent infiniment leurs capacités d'attention et de compréhension.
« Les femmes étant encore plus livrées que les hommes aux forces émotives seront emportées plus massivement encore par ces vastes ondes… La masse électorale nouvelle en s'ajoutant à l'ancienne ne fera qu'amplifier les vibrations de l'opinion régnante. »

Romain Rolland,
Le Nouveau Monde, 1925

« Nous sommes disposés à accorder aux femmes tout ce que leur sexe a le droit de demander, mais en dehors de la politique [...]. Donner le droit de vote aux femmes, c'est l'aventure, le saut dans l'inconnu, et nous avons le devoir de ne pas nous précipiter dans cette aventure.
« Ayons le courage de rester nous-mêmes. Nous avons remonté d'autres courants que le féminisme. Nous avons remonté le courant du boulangisme, le courant du nationalisme et toutes les fois que la République a été en péril c'est le Sénat qui l'a sauvée ».

Armand Calmel,
sénateur de la Gironde, au Sénat le 5 juillet 1932

« Allez dans les réceptions diplomatiques, dans les réunions mondaines, dites-moi sérieusement si la femme de France se trouve humiliée parce qu'elle ne vote pas. Non ! Cela ne peut gêner que quelques femmes naturellement aigries, mécontentes, jalouses, qui veulent essayer de devenir des hommes *(Applaudissements à gauche),* à leur grand dommage d'ailleurs. En vérité, les femmes de France ne s'inquiètent pas de cette question. »

Edmond Lefebvre du Preÿ,
sénateur du Pas-de-Calais, au Sénat le 7 juillet 1932

« Il est établi qu'en temps normal les femmes sont déjà plus nombreuses que les hommes. Que sera-ce à un moment où les prisonniers et les déportés ne seront pas encore rentrés ? Quels que soient les mérites des femmes, est-il bien indiqué de remplacer le suffrage masculin par le suffrage féminin ? »

Paul Giacobbi,
ancien député de la Corse,
délégué à l'Assemblée consultative d'Alger, mars 1944

« La plupart des trente-neuf députettes n'étaient que des noms d'homme : veuves de glorieux fusillés, ou de martyrs de la dernière guerre, ou d'illustres politiciens. Mais certaines avaient une existence politique qui leur était propre. Deux surtout. Mme Gertrude Lamothe, élue de Rambouillet, avait gardé, des souvenirs de tout ce qu'elle avait pu subir auprès d'un mari ivrogne, une horreur furieuse de l'alcool. Présidente de la commission du Ravitaillement, présidente nationale d'honneur de la Ligue anti-alcoolique, elle était vite devenue l'ennemie intime de Capoulade, qui l'appelait : "la Pasionaria de l'Eau"… Mlle Adélaïde Apalty, élue de Toulon, aussi placide, corpulente, rougeaude et démo-chrétienne que Mme Lamothe était nerveuse, sèche, livide et radicale, s'était spécialisée, à cinquante-cinq ans, dans la Protection de l'Enfance et de la Jeune Fille. C'était elle qui avait fait supprimer les maisons de tolérance. Elle avait l'accent chantant et aillé de la Provence. Quand elle montait à la tribune, Rondeaux, contemplant son regard bigle, son teint sanguinolent, son nez boursouflé et son menton en galoche, et l'écoutant discourir contre la Traite des Blanches, soupirait : "Pourtant, elle ne risque rien, elle!…" On la surnommait "Mademoiselle Aplatie", peut-être par cousinage avec la prononciation de son vrai nom, peut-être parce qu'elle ne portait que des chapeaux très plats, postés en bataille sur son gros chignon… »

Arthur Conte,
député socialiste des Pyrénées-Orientales,
dans son roman à clefs *Les Hommes ne sont pas des héros*,

1959. Les « députettes » visées sont en fait Jacqueline Thome-Patenôtre et Germaine Poinso-Chapuis

« Et pourquoi pas un sous-secrétariat d'État au Tricot ? »
Charles de Gaulle, propos

FERRY (Jules)

(1832-1893) Dit « Ferry-Famine » pendant le siège de Paris et « le Tonkinois » après le désastre militaire de Lang-son, député républicain des Vosges de 1879 à 1889, sénateur de 1891 à 1893, plusieurs fois ministre de l'Instruction publique et Président du Conseil de 1879 à 1885.

« Oui, tout débat est fini entre nous ; nous ne voulons plus vous entendre ; nous ne pouvons plus discuter avec vous des grands intérêts de la patrie. [...] Ce ne sont plus des ministres que j'ai devant moi, ce sont des accusés de haute trahison *(Rumeurs au centre.* – Oui ! Oui ! *à droite et à l'extrême gauche)* sur lesquels, s'il subsiste encore en France un principe de responsabilité et de justice, la main de la loi ne tardera pas à s'abattre. »
Georges Clemenceau,
à la Chambre des députés, le 30 mars 1885

« Nom de dieu, s'il y a un cochon qui me dégoûte, c'est bien Ferry ! En voilà un sale type que cet animal, c'est la plus grande crapule qui existe en France.
« Il est jésuite jusqu'au bout des ongles – comme un avocat qu'il est d'ailleurs ; et avec ça aussi abject que Foutriquet [Thiers].

« C'en est un, nom de dieu, à qui je verrais tordre le cou avec plaisir : on peut l'escoffier sans plus de remords qu'on n'en a pour écrabouiller une punaise. [...]
« Ah, nom de dieu, ce que je serai content, le jour où on t'empoignera par les côtelettes et qu'on te traînera à l'égout, sale charogne ! »

Émile Pouget,
Le Père Peinard, 21 avril 1889

« Un jour, je me suis trouvé en face de Ferry. J'ai compris que Ferry était incapable de réaliser la République. [...] ça n'était pas un malhonnête homme. Mais du point de vue de l'intelligence, c'était un homme au-dessous du médiocre, pas fichu de rien faire, pas fichu de dire deux mots. Ces gens-là, habituellement, ont au moins la parole ; ils n'expriment peut-être que du vent mais ils l'expriment. Lui, quand vous alliez le voir, il vous regardait avec des yeux vides, faisait de petites plaisanteries bourgeoises, – et c'était tout. Et si on en avait fait un Président du Conseil, c'est précisément parce qu'il n'était bon à rien. »

Georges Clemenceau,
propos cité par Jean Martet dans
M. Clemenceau peint par lui-même, 1929

« Nous ne nous associerons pas aux fêtes du centenaire de l'école laïque ni à l'apothéose de Jules Ferry. L'immense majorité des nôtres est catholique, elle hait dans Ferry [...] l'ennemi naturel, conscient, volontaire de la civilisation catholique, c'est-à-dire de la civilisation tout court dans notre pays. [...] Jules Ferry a été le malfaiteur intellectuel qui, sous des prétextes moralistes, a démoralisé et dénationalisé ce pays. »

Charles Maurras,
dans *L'Action française* du 4 juillet 1930

FILLIOUD (Georges)

(1929-2011) Journaliste, député FGDS de la Drôme de 1967 à 1968 et de 1973 à 1981, ministre de la Communication de 1981 à 1983, secrétaire d'État de 1983 à 1986.

« Vous êtes un maître-chanteur ! » (Robert-André Vivien), « Dictateur ! » (Jean-Louis Goasduff), « Filou ! » (Pascal Clément), « Charles X ! » (Philippe Séguin), « Analphabète ! » (Robert-André Vivien), « Fillioud, voyou ! Fillioud, démission ! » (Plusieurs députés RPR et UDF)

Examen du projet de loi sur la presse,
à l'Assemblée nationale, le 24 janvier 1984

FILLON (François)

(Né en 1954) Député de la Sarthe de 1981 à 1993, de 1997 à 2002, réélu en 2007 et de 2012 à 2017, sénateur de 2005 à 2007, plusieurs fois membre du gouvernement, Premier ministre de 2007 à 2012, candidat à l'élection présidentielle de 2017.

« Il commence à m'emmerder avec ses caprices de jeune fille. »

Nicolas Sarkozy,
propos rapportés dans *Le Nouvel Observateur*
du 20 juin 2006

« Profession : Premier ministre furtif, transparent, totalement indétectable… Les services secrets américains nous l'envient. Fillon est devenu très populaire en ne faisant rien, en ne bougeant pas. Quand il fera son entrée au musée Grévin, on aura l'impression qu'il est au travail. »

Stéphane Guillon,
sur *France Inter* le 1er avril 2008

« On ne reprochera pas à M. Fillon de nous administrer la preuve de sa capacité à convenir publiquement de ce qu'il faut bien appeler son inutilité. On lui reprochera seulement de manquer de logique au profit d'une rhétorique du coup de menton qui ne trompera personne. En effet, si M. Fillon ne fait rien, c'est parce qu'on ne lui demande rien. Et si on ne lui demande rien, alors à qui pourrait-il refuser de céder quoi que ce soit ? »

Bruno Roger-Petit,
François Mitterrand 2008 il revient, 2008

« … bourgeois de la Sarthe… »

Fadela Amara,
secrétaire d'État chargée de la Ville,
dans *Le Parisien* du 23 octobre 2010

« François Fillon a tellement de qualités qu'il mériterait d'être Premier ministre. »

François Goulard,
député UMP du Morbihan. Phrase nominée au Prix Press Club, Humour et Politique 2010

« C'est un pitbull avec une tête de Snoopy. »

Yves Jégo,
devant la presse le 9 novembre 2010,
rapporté par *Le Canard enchaîné* du 17 novembre 2010

« Je sais bien qu'on reconnaît au Premier ministre sa qualité de fidélité. Qu'on me permette aussi de critiquer son impuissance. On l'appelle Fidel Castré. »

Jean-Marie Le Pen,
le 25 fevrier 2010, cité *par nouvelobs.com.*

« Dati à la justice ? Du vent. Morin à la Défense nationale ? Une petite rafale. Alliot-Marie à l'Intérieur ? Un doux alizé. Bachelot à la Santé ? Une petite bise. Borloo à l'Environnement ? Une brise apaisante. Kouchner aux Affaires étrangères ? Un tourbillon sans conséquences. Lagarde à l'Économie et aux Finances ? Un mistral perdant. Boutin au logement ? Un zéphyr évanescent. Yade aux Droits de l'Homme ? Un souffle court. [...] Constitué comme il l'est, ce gouvernement Fillon va durer. Plus léger que l'air, il ne risque pas de tomber. »

Bruno Roger-Petit,
François Mitterrand 2008 il revient, 2008,
à propos du deuxième gouvernement Fillon,
en juin 2007

« Je croyais le connaître... La suite montra mon erreur. En effet, je m'aperçus avec le recul que je n'avais pas senti ni compris son profond mal-être. [...] François Fillon a demandé que l'on accélère les procédures judiciaires à l'encontre de celui qui l'a nommé cinq ans durant à Matignon ! Il n'y a rien à dire de plus. En soi, c'est accablant. Comme était désolante sa phrase : "Imagine-t-on le général de Gaulle mis en examen ?" Depuis, François Fillon, à la manière des Tudor, a été puni par là où il avait pêché. Il n'empêche, son attitude fut une surprise, et une déception. »

Nicolas Sarkozy,
Passions, 2019

FLOQUET (Charles)

(1828-1896) Député radical de la Seine de 1876 à 1882, député des Pyrénées-Orientales de 1882 à 1889, député de la

Seine de 1889 à 1893, sénateur de la Seine de 1894 à 1896, Président du Conseil de 1888 à 1889, deux fois Président de la Chambre des députés.

« Floquet, ce sinistre cabotin, hideux prudhomme grimé en géant de la Révolution, grotesque et stupide bavard qui n'a laissé ni une page, ni un discours, ni une bonne action, et dont le néant s'atteste si insondable que le *Larousse* n'a pu trouver, comme éloge de cette tourte radicale, que cette laconique appréciation : il avait une éloquence chaleureuse *(sic).* »

Eugène Lacotte,
Nos Seigneurs républicains, 1906

FOUCHÉ (Joseph, duc d'Otrante)

(1759-1820) Député à la Convention, ministre de la Police du Directoire et de l'Empire, jusqu'en 1810, puis de 1815 à 1816.

« Fouché fait un sale métier, mais il le fait salement. »

Talleyrand, propos

« M. Fouché méprise les hommes, sans doute s'est-il beaucoup étudié. »

Talleyrand, propos

« Un ministre de la police n'est autre chose qu'un maquereau. »

Talleyrand, propos

FOUCHET (Christian)

(1911-1974) Diplomate, député gaulliste de la Seine de 1951 à 1955, député de la Meurthe-et-Moselle de 1967 à 1974, plusieurs fois membre du gouvernement et tout particulièrement ministre de l'Intérieur en Mai-68.

« M. le président. – Monsieur Mitterrand, autorisez-vous M. le ministre de l'Intérieur à vous interrompre ?
« M. François Mitterrand. – M. Fouchet étant encore ministre de l'Intérieur, je lui laisse bien volontiers la parole. »

Propos échangés à l'Assemblée nationale,
le 14 mai 1968

FRANCS-MAÇONS (de toutes obédiences)

Dits « Frères trois-points » ou « Frères-la-gratouille ».

« Agitant triangles, truelles
« Et leur quincaillerie de bazars
« Ils sortent comme des lézards
« Des trous noirs, des vieilles ruelles.
« Au ventre ils ont des écussons,
« Des tabliers et des médailles…
« Et la haine au fond des entrailles.
« Voici venir les francs-maçons. »

Comte d'Artois, « La ballade des francs-maçons », dans la *Revue de Lille*, 1904-1905. Première strophe de cette ballade, qui en compte six, ainsi qu'un envoi

« Voilà où en est la Franc-Maçonnerie dont les Combes, dont les André et les Pelletan sont les esclaves. Elle est grossière, triviale, plate et sans dignité, au point de saucissonner encore le Vendredi-Saint. […] Ah ! non, ne rions plus : ce sont ces gens-là qui gouvernent la France ! »

Cyr,
dans *La Croix* du 7 avril 1904

« *La Riposte* balaiera autant qu'elle le pourra ces défroqués de l'honneur, ces crabes de sacristie maçonnique, muflots rentés, sangsues gorgées de l'argent religieux destiné aux pauvres. »

La Riposte de l'Oise du 22 juillet 1905

« Veuillez regarder un peu par vous-même et me dire ce que vous apercevez là, tapi et embusqué dans l'ombre, à la porte de chaque préfecture et de chaque mairie, à la porte de toutes les écoles et de toutes les casernes, sur les talons de tous les fournisseurs et de tous les ouvriers de l'État. […] Vous avez tous nommé, Mesdames et Messieurs, l'être bas et vil qui fait un métier répugnant : c'est le franc-maçon. »

Mgr Delamaire,
discours prononcé à l'Hippodrome de Lille le 22 novembre 1903, cité dans le *Bulletin des congrégations* du 29 novembre 1903

« Un franc-maçon est la bête noire par excellence. Un juif n'est jamais responsable de ses origines, un franc-maçon l'est toujours de son choix. »

Philippe Pétain,
cité par Adrien Marquet, rapporteur de la loi du 13 août 1940 portant dissolution des sociétés secrètes

« La dissolution de la Franc-maçonnerie n'a pas été une œuvre de vengeance partisane, mais une mesure nécessaire de salubrité publique contre la plus néfaste ingérence de l'étranger dans notre vie nationale. »

Robert de Beauplan,
dans *L'Illustration* du 12 octobre 1940

« La Franc-maçonnerie est un des quatre États confédérés qui gouvernent la République. Nous avons toujours tenu le Maçon pour le plus dangereux de tous, puisque c'est dans la Loge que se syndique tout ce que la synagogue et le monde métèque comptent de moins français. »

Charles Maurras,
La Seule France, 1941

« Vile Maçonnerie!... Où nous conduiras-tu?...
« Au sein de la Débauche et loin de la Vertu?...
« Et dans l'Union Libre, au dam de la Famille?
« Dans le Champ de l'Opprobre où le malheur fourmille?...
« Oui! Tu nous conduiras au fond de l'Égoïsme!...
« Dans l'infâme Anarchie et le Sensualisme!...
« L'Esclavage infernal et la Perversité!...
« Dans la Ruine Sombre et la Férocité!... »

A. Croubois,
poème cité par Dominique Rossignol
dans *Vichy et les Francs-maçons*, 1981

FREYCINET (Charles de Saulces de)

(1828-1923) Sénateur de la Seine de 1876 à 1920, plusieurs fois ministre et Président du Conseil et en particulier ministre de la Guerre de 1898 à 1899, en pleine affaire Dreyfus.

« C'est M. de Freycinet qui est ministre de la Guerre. [...] C'est un chef né pour servir. Il faudrait commander. Il ruse. Il trahit la France, n'ayant dessein que de la tromper. Tout de même, il sera cloué au poteau de l'histoire. »

Georges Clemenceau,
dans *L'Aurore* du 10 décembre 1898

« Un autre ministre que M. de Freycinet ne l'eût permis [que des militaires, parmi lesquels 3 000 officiers dont 1 700 de l'armée active, signent la souscription Henry]. Celui-là, parce qu'il est chargé de commander en chef, croit servir ses ambitions politiques en se mettant à plat ventre devant ses subordonnés. Nul autre ministre de la Guerre, sous quelque régime que ce fût, n'eût accepté ce qu'il tolère, car c'est tout simplement l'anarchie dans l'armée, et le prodrome de cette intervention des soldats dans le gouvernement civil dont l'enseignement, du Deux Décembre à Sedan, n'est peut-être pas encore oublié par tout le monde. »

Georges Clemenceau,
dans *L'Aurore* du 20 décembre 1898

« De tradition, les militaires font leurs coups d'État dans la rue, avec accompagnement de tueries. M. de Freycinet, civil, opère, sans tant de bruit, dans le prétoire. Il ne tue pas, c'est trop grossier. Sans fusils ni canons, il coupe nuitamment toutes les sources de vie qui alimentent l'organisation de justice et de liberté. [...]
« M. de Freycinet n'est point fou. Il sait ce qu'il fait quand il conduit une bande de factieux à l'assaut de la société civile, gardienne de la justice et des lois. Ce qui m'étonne de lui c'est qu'il puisse croire qu'ayant eu l'honneur de l'entreprise, on lui en laissera les profits. Vieillirait-il ? Je croyais sa faiblesse plus avisée. »

Georges Clemenceau,
dans *L'Aurore* du 2 février 1899

« Sauf la sincérité, M. de Freycinet a tous les dons. Il nous présente ainsi le tableau complet de tout ce que l'art peut faire en dehors de la vérité, et c'est un spectacle réconfortant de voir qu'une si rare industrie n'aboutit, après trente ans d'efforts, qu'au néant. [...]
« Car ce ministre d'habileté si vantée, n'a que deux cordes à son arc : il nie, ou, quand il est contraint d'avouer, il envoie une circulaire. La circulaire, pour lui, c'est le maximum de l'action, quelque chose comme les douze travaux d'Hercule ramassés en quelques traits d'écriture. »

Georges Clemenceau,
dans *L'Aurore* du 23 mars 1899

« Si bien que Freycinet aura servi les tortureurs de Dreyfus et de Picquart, aura toléré l'impunité de tous les menteurs et de tous les faussaires, aura de ses propres mains fabriqué le tribunal destiné à innocenter le crime et à écraser l'innocence, tout cela sans autre profit pour lui-même que de se montrer publiquement le chef de la bande ennemie de la justice et des lois. »

Georges Clemenceau,
dans *L'Aurore* du 30 mars 1899

G

G

GAMBETTA (Léon)

(1838-1882) Député républicain de Belleville (Seine) en 1869, ministre de la Guerre dans le gouvernement de la Défense nationale, député du Bas-Rhin de 1871 à 1875, réélu dans plusieurs départements, président de la Chambre de 1879 à 1881, Président du Conseil de 1881 à 1882.

« Soit, Gambetta a maté la jument ; maintenant, qu'il la saillisse : on verra ce qu'il a dans le ventre. »

Georges Clemenceau,
propos cité par Eugène Lacotte
dans *Nos Seigneurs républicains*, 1906

« … cet énergumène échappé en ballon de l'Hôtel de Ville pour aller semer en province le désordre, l'effroi et le désastre de nos armées… »

Le Figaro du 8 février 1871

« La dictature de Gambetta [est] la plus extravagante, la plus stupide, la plus insolente des tyrannies sous laquelle la bêtise humaine ait pu courber une nation. »

H.-R. Blandeau,
La Dictature de Gambetta, 1871

« Un vaniteux, [...] capable de faire de beaux discours, [...] incapable de faire des actes, [qui] a consommé notre ruine, sans nous rendre le plus petit service. »

Arsène Gomber,
Notes sur la dictature de Gambetta, 1872

« Il représente la ribote dans le sang, le marché véreux, la fausse nouvelle incarnée, l'histrionisme cynique. »

L'Univers du 28 septembre 1872

« Grossier comme du pain d'orge et insolent comme un valet de bourreau... »

Le Courrier de la Gironde du 28 septembre 1872

« Vous êtes l'ami de tous les coquins, de tous les incendiaires, de tous les assassins de la Commune! »

Paul de Cassagnac,
député bonapartiste du Gers,
à la Chambre des députés, le 6 juin 1877

« Il était une fois un avocat sans sou ni maille, tirant littéralement le diable par la queue. [...] Aujourd'hui, il est gros, gras et dodu. [...] M. Gambetta, c'est la dictature, une dictature de César grossier et repu, imposé aux peuples en décadence. »

Edmond Béraud,
Gambetta dictateur, 1881

« Aussi bien, la dictature est dans son tempérament. Sa fatuité brouillonne et impérieuse n'admet pas les obstacles [...] Oui, c'est la dictature dans ce qu'elle a de plus abaissé et de plus méprisable, la dictature sans le génie, sans la gloire, sans les services rendus, sans rien de ce qui la fait ordinairement accepter d'un peuple ébloui et reconnaissant. »

Philippe de Grandlieu,
dans *Le Figaro* du 15 novembre 1881

« Vous savez, celui dont vous faisiez votre Dieu, celui qui unissait la sagesse de Caton à l'éloquence de Mirabeau, eh bien ! c'était un simple aliéné. Il est entré ce matin à l'asile Sainte-Anne. »

Henri Rochefort,
dans *L'Intransigeant* du 3 janvier 1882

« La chauve-souris génoise, qui, après avoir longtemps tournoyé sur nous, s'y était audacieusement abattue, est désormais clouée sur la porte du Parlement, pour apprendre aux amateurs de dictature que l'imposture ne tient lieu ni de talent ni de popularité, et qu'il ne suffit pas de rêver le trône pour être en état de l'escalader… On sait aujourd'hui que ce que l'on avait pris pour une tête était une calebasse. »

Henri Rochefort,
*L'Intransigean*t, 28 janvier 1882

« Les Gambetta venaient de loin. À supposer qu'ils ne fussent pas juifs, Nice "cap de Provence" où le père était né les a tenus pour des métèques […]. Cette race des aventuriers et des comédiens est sujette à tous les mélanges de la sincérité et de l'illusion. Un État bien constitué tire parti de tout, même de ces coureurs de grand chemin […]. Sans patrie, ignorant cet honneur du foyer qui oblige au respect de soi, il n'était pas moins naturel que Gambetta se fît chez nous le serviteur des vieilles haines anti-catholiques. La Juiverie offrait de l'or à son parti, la métaphysique protestante faisait l'avance d'une doctrine. Pour tout refuser à la foi, il eût fallu encore plus de talent et d'intelligence que n'en eut Gambetta, à supposer qu'il fût sincère. L'était-il ? Et s'il a été plus qu'un parasite et qu'un exploiteur, était-il quelque chose en dehors de son rôle de chef de clan ? Destructeur, le fut-il par goût ou par doctrine, par passion ou par position ? […] Le personnage de Gambetta est insaisissable comme le vent qui passe. Il est mystérieux comme l'itinéraire des Bohémiens. Mais ce mystère même est un conseil de méfiance. Que tout métèque soit suspect. Celui-ci nous souffla quarante ans de guerre civile. »

Charles Maurras,
dans *L'Action française* du 30 septembre 1908

« Détestable comme fondateur de gouvernement, le métèque génois Gambetta eut les plus hautes qualités de chef de bande. »

Charles Maurras,
dans *L'Action française* du 13 août 1909

« Gambetta n'était qu'un élève de Thiers, sophiste intelligent et demi-grec rusé… »

Charles Maurras,
Kiel et Tanger, Nouvelle Librairie Nationale, 1921

GARAUD (Marie-France)

(Née en 1934) Conseillère de Georges Pompidou, candidate à l'élection présidentielle de 1981.

« Elle est cynique, totalement cynique… De sorte qu'en face d'elle, quiconque nourrit le moindre idéal a le sentiment d'être le docteur Schweitzer. »

Françoise Giroud, propos

« Si elle n'était pas montée à Paris, cette belle impérieuse aurait brûlé ses feux à faire tourner la tête de la *gentry* locale. Les femmes l'auraient épiée derrière leurs jalousies. Un jeune sous-préfet se serait suicidé aux champs. Un chef d'escadron aurait été muté à la hâte à Tombouctou. Elle aurait été l'Anna Karénine de la Vienne. »

Catherine Ney,
La Double Méprise, 1980

GAUDIN (Jean-Claude)

(Né en 1939) Député UDF des Bouches-du-Rhône de 1978 à 1989, président de région, sénateur de 1998 à 2017, maire de Marseille de 1995 à 2020.

« Son sens moral n'est pas très élevé mais son sens politique est remarquable. On ne peut pas tout avoir. La morale demande des vues élevées, de la fidélité et de la mémoire. La politique au jour le jour nécessite de peser, comme dans le petit commerce, les avantages, les récompenses, les gratitudes. »

Patrick Séry,
L'Événement du jeudi, 27 mars 1986

GAUCHE

« Depuis que la gauche perd le Nord elle vote à droite. »

Gilbert Collard,
tweet du 8 décembre 2015

GAULLE (Charles de)

(1890-1970) Dit « le Connétable », « le Général Micro », « Charlot », « la Grande Zohra », général, sous-secrétaire d'État à la Guerre en 1940, chef de la France libre, Président du Gouvernement provisoire de la République française jusqu'en janvier 1946, fondateur du RPF, Président du Conseil en 1958, Président de la République de 1958 à 1969.

« Le dingaullisme s'attrape, surtout, par les organes auditifs. Le plus souvent, il résulte d'une intoxication chronique par les ondes courtes. Certains malades ne peuvent plus se passer de leur drogue habituelle, et se relèvent, la nuit, pour boire, à Radio Londres, une coupe de messages "stupéfiants". Il s'attaque de préférence aux natures débiles : femmes nerveuses, collégiens impubères, vieillards inadaptés aux conditions nouvelles de vie, émigrés déracinés, oisifs de la zone non occupée, etc. »

Paul Allard,
dans *Le Matin* du 30 juillet 1941,
cité par Aurélie Luneau dans *Radio Londres 1940-1944*

« Un Napoléon qui aurait fait carrière à l'envers à partir d'une île anglaise. »

André Frossard, propos

« Sans la radio britannique, de Gaulle serait resté un chef de bande. »

Georges Bidault, propos

« Le gaullisme ? C'est un caporalisme qui a pris du galon. »

Le chanoine Kir, propos

« Ce plan démoniaque : faire de la France une tête de pont américaine, est bien dans l'esprit de ce prétendant au pouvoir personnel qui a le mépris des hommes, qui a assumé la responsabilité de la tragédie du Vercors... *(Protestations sur divers bancs à gauche, au centre et à droite.)* »

Fernand Grenier,
député communiste de la Seine,
à l'Assemblée nationale, le 29 novembre 1947

« Hum ! Mes oreilles cornent, cornent ! Où diable ai-je entendu cela ? Dans les grommellements ahanants du maréchal traître ou dans les cocoricolades du général factieux ? Chez les deux, pardi ! »

Le Bossu,
dans *L'Humanité* du 24 janvier 1949,
à propos de la réforme de l'entreprise
par l'association capital-travail

« Nul ne peut dire qu'on ne les connaisse pas. Alors qu'attend-on pour les frapper ? De Gaulle a jeté le masque. Ses complices aussi. Et avant même que "le général" ne diffuse sa déclaration tout était combiné. Le putsch fasciste était télécommandé. »

Alain Guérin,
dans *L'Humanité* du 16 mai 1958

« La présence du général de Gaulle signifie, même malgré lui, que désormais les minorités violentes pourront impunément et victorieusement partir à l'assaut de la démocratie. *(Applaudissements sur quelques bancs à gauche.)*
« Lorsque, le 10 septembre 1944, le général de Gaulle s'est présenté devant l'Assemblée consultative issue des combats de l'extérieur ou de la Résistance, il avait auprès de lui deux compagnons qui s'appelaient l'honneur et la patrie.
« Ses compagnons d'aujourd'hui, qu'il n'a sans doute pas choisis mais qui l'ont suivi jusqu'ici, se nomment le coup de force et la sédition. *(Applaudissements à l'extrême gauche et sur plusieurs bancs à gauche.)*
« En bref, au moment où l'Assemblée nationale va se prononcer, au moment où – comme son message solennel l'a rappelé ici même avant-hier – le plus illustre des Français se présente devant nous, je ne puis oublier que le général de Gaulle, président du Conseil pressenti, fut appelé d'abord et avant tout par une armée indisciplinée. *(Murmures à droite.)*
« En droit, le général de Gaulle tiendra ce soir ses pouvoirs de la représentation nationale ; en fait il les détient déjà du coup de force. *(Vifs applaudissements sur de nombreux bancs à gauche.)* »

François Mitterrand,
à l'Assemblée nationale, répondant au discours d'investiture du général de Gaulle, le 1er juin 1958

« Et quand, au général De Gaulle, on posera la question : "Qui t'as fait roi ?" Il ne pourra honnêtement répondre que : "C'est la violence, c'est l'insurrection, et non le Parlement français." » (*Applaudissements à l'extrême gauche et sur divers bancs à gauche. – Murmures à droite et à l'extrême droite.)*

Pierre Cot,
à l'Assemblée nationale, le 1er juin 1958

« Après l'opération-sédition, l'opération-séduction ! »

Maurice Kriegel-Valrimont,
député communiste de Meurthe-et-Moselle,
à l'Assemblée nationale le 1er juin 1958,
protestation rapportée par François Mitterrand
dans *Le Coup d'État permanent*, 1964

« Que l'on plaide la sincérité d'un soldat qui, de Saint-Cyr à Covent's Garden, fut en quête de grandeur française, je le veux bien. Cette hypothèse prévalant, on nous épargnera, je l'espère, le couplet sur l'esprit divinateur du général de Gaulle, sur son aptitude à pressentir les déroulements de l'Histoire et on chaussera le grand homme à sa juste pointure, celle d'un Giraud cynique ou d'un Juin subtil, et voilà tout! »

François Mitterrand,
Le Coup d'État permanent, 1964

« On savait déjà avant lui que le pire malheur de la Patrie sert autant l'ambition du héros que les desseins du traître. »

François Mitterrand,
Le Coup d'État permanent, 1964

« De Gaulle serait-il un dictateur? Je ne cherche pas à l'abaisser en le plaçant dans une rubrique où ma génération s'est habituée à ranger pêle-mêle Hitler et Mussolini, Franco et Salazar, Staline et Pilsudski. Mais si de Gaulle n'imite personne, ne ressemble à personne sinon, à la rigueur, à un Louis-Napoléon Bonaparte qu'habiteraient les vertus bourgeoises de Louis-Philippe Ier, ce qui serait plutôt rassurant, le gaullisme, lui, porte des stigmates qui ne trompent pas. »

François Mitterrand,
Le coup d'État permanent, 1964

« La politique extérieure de la France n'appartient plus à la Nation mais à un seul homme et, pis encore, à un homme seul. On dit que c'est la marque du gaullisme. Pourquoi pas ? Le gaullisme après tout n'est peut-être qu'un poujadisme aux dimensions de l'univers. »

François Mitterrand,
Le Coup d'État permanent, 1964

« De siècle en siècle verra-t-on toujours un Français coiffer la couronne de Patagonie ? »

François Mitterrand,
Le Coup d'État permanent, 1964

« De Gaulle pouvait être Washington et fonder une République. Il s'est contenté de faire du gaullisme. »

François Mitterrand,
Le Coup d'État permanent, 1964

« Son Premier ministre, le vrai, c'est la police. […] La Ve République est un régime policier parce que sans police il n'y aurait pas de Ve République. Sans de Gaulle non plus, convenons-en. Disons donc que le gaullisme c'est de Gaulle plus la police. »

François Mitterrand,
Le Coup d'État permanent, 1964

« Le gaullisme vit sans lois. Il avance au flair. D'un coup d'État à l'autre il prétend construire un État, ignorant qu'il n'a réussi qu'à sacraliser l'aventure. »

François Mitterrand,
Le Coup d'État permanent, 1964

« Autrefois, de Gaulle était de Gaulle. Il n'est plus, maintenant, qu'un gaulliste. »

François Mitterrand, propos du 9 février 1967

« De Gaulle aux archives ! »
« De Gaulle à l'hospice ! »
« De Gaulle au musée !
« De Gaulle à Sainte-Hélène ! »
« La chienlit c'est lui. »
« Le gaullisme est l'inversion de la vie. »
« La volonté générale contre la volonté du général. »
« Le pouvoir ne se prend pas, il se ramasse. Pour l'anniversaire de l'appel du 18 juin, nous ramasserons de Gaulle à la pelle. »

Slogans de Mai-68

« Le général de Gaulle [...] jouait de toutes les séductions quand il le jugeait utile, façon de mépriser, la pire. »

François Mitterrand,
La Paille et le Grain, 1975

GÉRAULT-RICHARD (Alfred)

(1860-1911) Dit « l'Innommable », ancien ouvrier tapissier et sans doute ancien souteneur, directeur du *Chambard* puis de *La Petite République,* député socialiste de la Seine de 1895 à 1898, député de la Guadeloupe de 1902 à 1911.

« Dans un régime abject et incohérent comme celui qui nous opprime, où les sots n'aspirent qu'à devenir coquins, où les prostituées effrontées tiennent le haut du pavé en compagnie de leurs souteneurs enviés et respectés, où les lois sont faussées par une magistrature indigne, où la vertu est récompensée une fois l'an sous la coupole de l'Institut, quand le vice, la corruption, la bassesse s'étalent avec impudence chez les bénéficiaires des plus hautes charges de la République, on ne peut guère s'étonner de la fortune scandaleuse d'un Gérault-Richard, ni de l'invraisemblable audace de ce chourineur de Presse et de Parlement.

« Toutefois, si l'on a vu, de tout temps, le triomphe de quelques cyniques personnages, avouons qu'aucune comparaison ne semble possible devant le succès écrasant de ce plumitif de brasserie, de ce primaire, ancien élève des Jésuites, de cet ouvrier tapissier, rinceur de bouteilles au *Chat noir,* qui a trouvé bon souper, le gîte et le reste chez une obligeante et vieille maquerelle, puis qui s'est élevé de ces bas-fonds de prostitution et de lupanar jusqu'à la situation étourdissante de chef de Parti, directeur d'un grand journal parisien, et de Représentant du Peuple. S'il n'a pas été ministre, ce n'est pas par ostentation d'humilité. Ah! non, mais c'est seulement parce qu'il n'a pas voulu, et parce que ce fangeux gredin préfère continuer à opérer dans la pénombre, discrète et propice aux mauvais coups, des maisons closes.

« Quand on considère d'un peu près les incidents publics de la vie infâme de ce seigneur de la pègre, on reconnaît sans peine qu'il est difficile à la nature humaine de descendre si bas : Gérault-Richard dépasse toutes les conjectures, toutes les espérances; son existence, par ce qu'on voit, laisse deviner ce qu'on ne voit pas, et c'est un symbole parfait, absolu, de déliquescence, de décomposition sociale. Lorsqu'un individu de cette espèce ose s'afficher comme il le fait, lorsqu'un être aussi immonde, élixir de crapule, extrait concentré de pourriture, quintessence de berge et de dessous de pont, prétend à jouer un rôle dans un pays, il est permis de prévoir, avec certitude et à brève échéance, la fin d'une société où la moralité publique a si étrangement disparu. »

Eugène Lacotte,
Nos Seigneurs républicains, 1906

GISCARD D'ESTAING (Valéry)

(1926-2020) Député du Puy-de-Dôme de 1956 à 1973, de 1984 à 1989 et de 1996 à 2004, ministre des Finances, Président de la République de 1974 à 1981, député européen de 1989 à 1993 et président du conseil régional d'Auvergne de 1986 à 2004.

« Quant au ministre des Finances, naguère encore si empesé, il a aujourd'hui la désinvolture et la grâce de Gilbert Bécaud. »

François Mauriac,
dans *Notre République* du 19 septembre 1963

« Et de même nous nous souvenons d'un Giscard d'Estaing, il n'y a pas si longtemps, emprunté, engoncé, “Sciences-Po” monté en graine. Il a un peu tâtonné, n'a commis qu'une seule fois l'erreur du pull-over et, enfin, il a mis au point son personnage, qui correspond à une certaine idée, chez le téléspectateur et surtout chez la téléspectatrice, de l'homme jeune encore, fort, riche, puissant, intelligent, équilibré, détective, qui gagne à tous les coups et dont les films américains ont fixé le type. »

François Mauriac,
Bloc-notes, 30 mai 1964

« M. Giscard est un homme grand, au front large, aux épaules étroites… et aux dents longues. »

Wilfrid Baumgartner, propos de 1964

« Son problème, c'est le peuple. »

Charles de Gaulle, propos

« On ne gouverne pas avec des *mais.* »

Charles de Gaulle,
propos du 11 janvier 1967, cité par Alain Peyrefitte
dans *C'était de Gaulle*, T. III, 2000.
Valéry Giscard d'Estaing vient de définir son soutien
au gouvernement par un « Oui, mais »

« Ce qui intéresse Giscard, c'est d'Estaing. Ce qui intéresse d'Estaing, c'est Giscard. »

François Mauriac,
Bloc-notes, 13 janvier 1967

« Le giscardisme est une ambition et non une pensée. »

Philippe de Saint-Robert,
dans *Notre République* du 28 avril 1967

« Giscard d'Estaing est un faux frère, mais il n'ira pas jusqu'à la rupture car il scierait la branche sur laquelle il veut grimper. C'est le mot que j'avais employé dans mon interview dans *L'Express*, puis j'ai rayé et j'ai mis "monter" à la place, car "grimper", ça fait quand même un peu trop “singe”. Il veut essayer à tout instant de nous déborder. »

Georges Pompidou,
propos du 23 septembre 1967, cité par Alain Peyrefitte
dans *C'était de Gaulle*, T. III, 2000

« Giscard est un traître par nature. Il n'en demeure pas moins indispensable. Allez le voir et persuadez-le de trahir dans le bon sens. »

Charles de Gaulle,
dans la campagne du référendum de 1969

« L'homme qui n'a été exceptionnel que dans la trahison… »

Jacques Chirac,
dans *L'Essor du Limousin*, mai 1969

« Je voudrais le voir, cet homme qui a du cœur, faire vivre avec le Smic son bouquet de fleurs familial, son Anne-Aymone, sa Valérie-Anne, sa Jacinthe. »

Arlette Laguiller, propos

« La France n'avait personne de grande dimension. Ça a été la lutte de deux borgnes et d'un aveugle. Il y avait un borgne qui avait un œil meilleur que l'autre, c'est-à-dire Giscard. »

Alexandre Sanguinetti,
propos tenus en novembre 1975 et sanctionnés
par un décret mettant fin à ses fonctions de président
de l'ORSTOM (Office de Recherche scientifique
des territoires d'outre-mer)

« La susceptibilité de M. Giscard d'Estaing – l'homme du “Oui, mais” – en dit long sur la société libérale avancée qu'il nous prépare avec le concours de M. Poniatowski. « Où est le changement ? Ce ne sont plus les mêmes bandes qui se partagent les mêmes prébendes. Au temps des copains et des coquins a succédé le temps des barons et des larrons. »

Jean-Pierre Chevènement,
dans *Le Figaro* du 6 novembre 1975

« Il n'a pas son pareil pour métamorphoser quelque évidence en hardiesse de pensée. »

Marie-France Garaud,
citée par Catherine Nay dans *La Double Méprise*, 1981

« Vous êtes l'homme de la cinquantaine avancée des magazines de mode, le modèle passe-partout, à l'écaille visqueuse et la queue souple, posant pour les duffle-coats et les culottes de chasse, les lodens et les parfums Lancôme. »

Jean-Edern Hallier,
Lettre ouverte au colin froid, 1979

« Je le verrais assez bien baron du Chômage, marquis des Inégalités, comte de la Hausse des prix, duc de la Technocratie, prince de l'Électoralisme et roi de l'Anesthésie. »

François Mitterrand,
conférence de presse du 24 juin 1980

« Que voulez-vous, Giscard, il n'y peut rien, mais c'est un gosse de riche. C'est sa chance et sa malchance. »

François Mitterrand,
dans *France-Soir* du 21 février 1980

« Il était difficile cette semaine d'ignorer que Valery Giscard d'Estaing avait présenté sa candidature aux Français. On aurait attendu plutôt qu'il leur présentât ses excuses. »

François Mitterrand,
propos tenus lors d'un meeting électoral
à Beauvais, le 7 mars 1981

« Vous avez tendance à reprendre le refrain d'il y a sept ans, l'homme du passé. C'est tout de même ennuyeux que dans l'intervalle, vous soyez devenu, vous, l'homme du passif. »

François Mitterrand à Valéry Giscard d'Estaing,
le 5 mai 1981, lors du face-à-face télévisé
avant le second tour de l'élection présidentielle

« On a dit grand oiseau, ordinateur monté sur échasses, "magnifique insecte, mais qui n'a pas d'antennes" (Alexandre Sanguinetti), surdoué ayant une case de trop, etc. On a tout dit sauf qu'il était physiquement trop propre et croyait qu'il entraînerait la France derrière lui en laissant dans son élégant sillage, un parfum délicat de savonnette. »

Jean Cau,
Croquis de mémoire, 1985

« En 1974, les Français voulaient un jeune : ils ont eu Giscard. En 1995, ils voudront un vieux : ils auront Giscard. »

Philippe Séguin,
Prix de l'humour politique 1990

« Je me demande si l'on n'en a pas trop fait pour les obsèques de François Mitterrand. Je ne me souviens pas qu'on en ait fait autant pour Giscard. »

André Santini,
accessit au Prix de l'humour politique 1998,
pour lequel il était déclaré « hors concours »

GOUGES (Marie Gouze dite Olympe de)

(1748-1793) Signataire de la *Déclaration des droits de la femme et de la citoyenne*, guillotinée sous la Terreur.

« Elle voulut être homme d'État et il semble que la loi ait puni cette conspiratrice d'avoir oublié les vertus qui conviennent à son sexe. »

Le Moniteur, au lendemain de son exécution

GOUIN (Félix)

(1884-1977) Député socialiste des Bouches-du-Rhône de 1924 à 1940 et de 1945 à 1958, Président du Gouvernement provisoire de janvier à juin 1946, plusieurs fois ministre.

« De la merde dans un bas nylon, comme dirait Napoléon. »

Antoine Blondin,
dans *La Dernière Lanterne* en février 1947

« J'ai pensé que Léon Blum était digne de prendre la queue de la poêle. J'ai essayé de l'y pousser. Mais il s'est dérobé. Il savait que, quand les parlementaires ont le choix entre un type capable et un tocard, ils sont toujours portés à préférer le tocard. Ils n'ont pas souhaité Blum, ils ont pris Gouin. »

Charles de Gaulle,
au sujet de son départ en 1946,
propos du 22 avril 1963 rapportés par
Alain Peyrefitte, *C'était de Gaulle*, T. I, 1994

GUÉRINI (Jean-Noël)

(Né en 1951) Maire du 2e secteur de Marseille de 1983 à 1989 et de 1995 à 2001, président du conseil général des Bouches-du-Rhône de 1998 à 2015, sénateur depuis 1998.

« Guérini dit qu'il n'est ni de droite ni de gauche ; alors il est forcément du Milieu. »

Patrick Mennucci,
Le Point, 14 octobre ou 20 novembre 2014.
Phrase nominée au Prix Press Club,
Humour et Politique 2015. Prix des internautes

GUESDE (Jules Basile dit Jules)

(1845-1922) Dit « le Torquemada en lorgnons », introducteur du marxisme en France, fondateur du Parti ouvrier de France (POF), député socialiste du Nord de 1893 à 1898 et de 1906 à 1922, ministre d'État de 1914 à 1916.

« Guesde! Je vous appelle ici… Guesde!… *(Long tumulte.)* Guesde!…. Guesde! Je vous appelle ici… Guesde! *(Bruit prolongé, silence sur les bancs du P O F)*
Le citoyen Jaurès. – Guesde!… Guesde! Guesde! C'est une trahison! *(Violentes exclamations. De nombreux citoyens debout sur les tables et dans les tribunes acclament le citoyen Jaurès.)*

Le citoyen Jaurès. – Guesde ! Je vous appelle ici !... Guesde ! Vous êtes sourd à l'honneur !... Guesde ! Vous êtes déchu... Guesde !.... Guesde ! Vous êtes déshonoré !... Guesde ! Vous avez manqué à vos promesses ! Guesde ! C'est une félonie !
Long tumulte. Les membres du POF restent immobiles à leurs bancs. De nombreux délégués acclament le citoyen Jaurès. La tribune est envahie. Le citoyen président ne pouvant se faire entendre, on dresse derrière la tribune un tableau noir avec l'inscription : Suspension de séance de dix minutes. Etc., etc. »

Jean Jaurès,
à la salle Japy, le 6 décembre 1899,
compte rendu du *Congrès général des organisations socialistes françaises*

GUIGOU (Élisabeth)

(Née en 1946) Députée socialiste, garde des Sceaux, ministre de la Justice.

« 3615 TONTON »

Affiche la représentant lors des élections cantonales de 1994,
Alexandra Da Rocha,
« Salope ! » Insultes et autres perfidies sur les femmes politiques, 2007

« Après la gauche caviar, la gauche camée. »

Jean-Louis Debré,
Élisabeth Guigou ayant déclaré que « fumer un joint, ce n'est pas un drame », *Le Canard enchaîné* du 24 septembre 1997

H

H

H

HAMON (Benoît)

(Né en 1967). Député européen de 2004 à 2009, député en 2012 et de 2014 à 2017, deux fois ministre, porte-parole du PS de 2008 à 2012, candidat à l'élection présidentielle de 2017.

« Ça ne doit pas être facile pour Benoît Hamon d'être porte-parole d'un parti qui n'a rien à dire. »

Xavier Bertrand,
propos rapportés dans « 89 piques politiques à picorer », *simpleslide.com*, 6 janvier 2011

« En fin de compte, Benoît Hamon aura fait le meilleur score de tous les écologistes à une présidentielle. »

Arnaud Montebourg,
Challenges, 26 avril 2017

HAMON (Léo)

(1908-1993) Gaulliste de gauche, secrétaire d'État et porte-parole du Gouvernement de 1969 à 1972.

« Personnage tout épais en duplicité, politicien opportuniste, sous-ministre flagorneur, au demeurant faux gaulliste et faux homme de gauche, et selon moi porte-malheur plutôt que porte-parole, M. Léo Hamon est un

Frégoli politique qui a tourné toute sa vie à tous les vents de doctrine. »

Philippe de Saint-Robert,
dans *Combat* du 29 octobre 1969

HANOTAUX (Gabriel)

(1853-1944) Député de l'Aisne de 1886 à 1889, ministre des Affaires étrangères de 1894 à 1895 et de 1896 à 1898.

« Il a cru que c'était son intérêt de politicien de protéger le crime, parce qu'il a craint que la défense de la justice et de la vérité ne lui mît aux trousses la meute antisémite [...] et toute la bande empanachée des faussaires. Il a jugé, il a condamné sciemment l'innocent [Dreyfus], il l'a mis en croix pendant quatre années, pour se faire, de ce supplice, des places, des honneurs, des titres aux bonnes grâces des douairières qui ne lui auraient pas permis, la veille, de franchir l'antichambre. Il a fait cela comme il a baisé la main du Sultan rouge après les massacres d'Arménie. Et pas un mouvement de révolte ! Et pas un cri d'humanité ! »

Georges Clemenceau,
dans *L'Aurore* du 24 avril 1899

HENNESSY (Jean)

(1874-1944) Distillateur de cognac, député indépendant de la Charente de 1910 à 1922, ministre de l'Agriculture de 1928 à 1930, député des Alpes-Maritimes de 1936 à 1940.

« Il est plus spiritueux que spirituel. »

Léon Daudet,
La Chambre nationale du 16-Novembre, 1923

HENRIOT (Philippe)

(1889-1944) Milicien, speaker à Radio-Paris puis secrétaire d'État à la Propagande dans le dernier gouvernement de Vichy.

« Le ministre Philippe Henriot touchait pour son immonde propagande de très fortes mensualités de l'ambassade d'Italie. Celles-ci prirent fin en date du 25 juillet [1943] à la suite de l'arrivée au pouvoir du maréchal Badoglio. Nous ne savons pas si le nouveau gouvernement fantôme du Duce a jugé nécessaire de reprendre ces mensualités destinées à ce polichinelle de la plume vendu aux puissances totalitaires depuis l'Occupation. »

Bir Hakeïm,
publication clandestine, 31 décembre 1943

HERRIOT (Édouard)

(1872-1957) Dit « le Bœuf gras », « l'Éléphant de la République », « Pipendum » et « le Discrédit lyonnais », sénateur radical du Rhône de 1912 à 1919, député de 1919 à 1940 et de 1945 à 1957, plusieurs fois ministre, Président du Conseil de 1924 à 1925, en 1926 et en 1932. Président de la Chambre des députés de 1936 à 1940, s'abstient lors du vote des pleins pouvoirs à Pétain. Il préside l'Assemblée nationale de 1947 à 1954.

« J'avoue qu'il est pénible d'avoir à constater un si affreux mélange de coquinerie et d'absurdité. Nous étions seuls à observer combien M. Herriot était bête. Les uns le disaient naïf, les autres bon et court, un troisième parti rusé plutôt que dissimulé. Nous avons pris le public à témoin qu'Herriot était essentiellement un homme inférieur à sa tâche que les résistances de la nature des choses rendraient furieux et méchant. Au matin de pâques, les chrétiens orthodoxes s'abordent en disant : Christ est ressuscité. Aux matins des années 1897, 1898, 1899, les dévots mystiques de la religion de Dreyfus échangeaient leurs souhaits en se répétant : Alfred Dreyfus est innocent. Il est à croire qu'aujourd'hui, demain et après-demain, pour cette Saint-Sylvestre et ce 1er janvier, beaucoup de bons Français jugeront convenables de s'aborder en se redisant à haute voix : Édouard Herriot est trop bête ! [...] Être déshonorés par des traîtres et sales bandits c'est, après tout, une disgrâce qui peut revenir à tous les corps d'état. Mais recevoir en pleine poitrine la preuve des maladresses et des nigauderies d'un intellectuel qui cumule toutes les qualités d'un bêta, il faut bien avouer que ce n'est pas très gai. »

Charles Maurras,
dans *L'Action française* du 30 décembre 1924

« Herriot, bonne pipe, bon ventre, bon œil... Bonne bouse de vache ! »

Georges Clemenceau,
propos cité par René Benjamin
dans *Clemenceau dans la retraite*, 1930

« C'est Herriot qui a été plus que tout autre l'homme des juifs et qui a poussé le pays à la constitution du ministère Blum. Depuis longtemps, cet homme gonflé de vent aurait dû être arrêté et fusillé. Nous attendons encore. »

Comte de Puységur,
Les Sangsues de Marianne, 1943

« Républicain en peau de lapin ! »

Florimond Bonte,
député communiste de la Seine,
à l'Assemblée nationale le 29 novembre 1947

« Calomniateur ! »

Jeannette Vermeersch,
à l'Assemblée nationale, le 1er décembre 1947
alors que le président de l'Assemblée dénonce
les appels à la révolte de l'armée

« Il a eu la bonne idée de mourir avant que je revienne aux affaires, ça m'a évité d'avoir à décider sur ses funérailles nationales. »

Charles de Gaulle, propos

« M. Édouard Herriot a eu la vie sauve deux fois. Une fois en 40, par Pétain. Une fois en 44, par Laval. Ce qui lui a permis de se conduire deux fois comme un salaud. Sans compter les autres. Quand M. Herriot après soixante ans de longs et déloyaux services, mourra définitivement, ce sera une grande perte pour le pays légal… Autant dire pour personne. »

Henri Jeanson,
dans *Le Crapouillot N°17* (nouvelle série), mars 1952

« Alfred Capus, voyant ce débris s'agiter encore, dirait avec son gai et profond cynisme : "Mais qu'est-ce que fait donc la mort ?"

« Car ce n'est pas assez, pour le pélican décati, d'avoir multiplié les fautes pendant une interminable existence, d'avoir joué toujours sur le mauvais tableau, d'avoir gaffé comme il respirait. Il faut encore qu'il s'éternise devant la mangeoire politique, qu'il continue de clabauder, de faire des effets de thorax et de jouer, suprême dérision, au penseur et au pacificateur. [...] Cette baderne nous a suffisamment nui. »

André Figueras,
Zoologie du Palais-Bourbon, 1956

HERVÉ (Gustave)

(1871-1944) « L'oracle des concierges » selon Trotsky, membre de la Commission administrative permanente de la SFIO, leader des antimilitaristes et antipatriotes, plusieurs fois condamné pour délits de presse ou insultes à l'armée, professeur agrégé d'histoire révoqué et rayé du barreau comme avocat. Rédacteur en chef de *La Guerre sociale* – qui devint *La Victoire* en janvier 1916 –, il devient jusqu'au-boutiste pendant la Grande Guerre puis fonde le Parti socialiste national (PSN) prônant une république autoritaire, mais ne joue qu'un rôle mineur dans la mouvance des droites extrêmes. Auteur de la brochure *C'est Pétain qu'il nous faut* en 1934, sympathisant du fascisme, il se sépare de Pétain dès 1940... par nationalisme.

« Que Hervé soit, comme on l'a dit souvent, un fou, c'est ce que personnellement je ne crois pas, mais c'est ce qui demeure tout de même un objet de libre discussion. Mais que Hervé soit, techniquement, un traître, ce ne peut être l'objet que d'une reconnaissance, d'une constatation, d'une simple et usagère définition de ce mot. [...] En réalité, au fond, le hervéisme est une forme particulière, un cas particulier de cette infirmité d'esprit, de cette duplicité mentale, de ce parapragmatisme perpétuel déjà connu et quelquefois un peu décrit sous le nom de jauressisme. »

Charles Péguy,
Hervé traître, janvier 1906

« Hier, Hervé a essayé de critiquer le SPD en un discours hérissé de pointes. Il a montré par là qu'il est devenu un véritable internationaliste car, généralement, il ne réserve ses attaques qu'au parti auquel il appartient. *(Rires.)* J'ajoute que si j'étais blessé chaque fois qu'Hervé m'attaque, j'aurais la figure balafrée d'un étudiant d'université allemande. *(Hilarité générale.)* »

Jean Jaurès,
au Congrès de Stuttgart, en 1907

« Un bateleur qui ne parle que devant la lie de la population… »

Maurice Barrès,
propos cité par Gustave Hervé dans son *Discours prononcé aux Sociétés Savantes*, le 12 septembre 1907

« Peut-on parler de Hervé ! Cette plus grande crapule du siècle, l'homme aux combinaisons louches, en relations ouvertes avec les royalistes, cet individu qui s'est vu féliciter par le duc d'Orléans pour son action politique. Comment se fait-il que des ouvriers puissent encore lui témoigner leur sympathie ? »

Verquière,
de la Ligue française pour la Défense des droits de l'Homme et du citoyen, lors d'une réunion publique à Charenton, en septembre 1912

« Nous le croyions un apôtre : ce n'était qu'un mégalomane de la pire espèce […] un marchand d'héroïsme […] un débitant de gloire. »

Jean Goldsky,
La Réincarnation de Judas. Les Trente deniers de Gustave Hervé. Histoire d'une trahison, 1917

« Il y a dans la calomnie hervéiste, je ne sais quoi d'épais, de bête et de boche, qui répugne je ne dirai même pas à l'esprit français, mais à la fibre subtile de notre chair française. »

Charles Maurras,
dans *L'Action française* du 17 octobre 1915

« Hervé le fol, l'ex-saboteur de la défense nationale devenu consul des Austro-Allemands… »

Léon Daudet,
dans *L'Action française* du 17 octobre 1915

« Qu'est-ce que Monsieur Gustave Hervé? Un ex-professeur, chassé de l'université ; un ex-avocat, chassé du barreau. Dans un petit collège de province, il torchait une demi-douzaine de marmots en leur contant, à la manière des loriquets rouges, le règne de Dagobert et les forfaits de Brunehaut. Il pérore, il objurgue, il remanie la carte de l'Europe, critique les généraux, les exhorte, décerne des couronnes à ceux du Grand Orient, diffame les autres, réclame à grands cris l'évacuation de Salonique, ordonne à Sarrail d'y demeurer, confond les noms des peuples avec les noms des fleurs, prend les ports pour des diplomates, discute canons, explosifs, tranchées, avions, sous-marins, comme un dur-à-cuire, un loup de mer, un marin. […] Le gros socialiste jouit de la vie, de la bêtise des bourgeois, de l'abondance des fonds secrets et des subsides juifs ».

Urbain Gohier,
Menaces du Sans Patrie.
Le camarade de Caserio exagère, 1916

« Il ne suffit pas, pour se dire prolétaire, d'être un raté de la bourgeoisie. Nous connaissons cette espèce. Gustave Hervé la représente à merveille. Hervé qui a fait partir pour le bagne des malheureux, exaltés par ses théories sur “la chaussette à clous” ou sur “la machine à bosseler” et qui, maintenant, doté de tout le confortable possible, conseiller aulique de nos plus puissantes Majestés, portant au cou (ou presque) le clef de chambellan, déverse sur les démocrates que nous sommes le torrent boueux de ses injures. »

Édouard Herriot,
dans *Le Quotidien* du 8 décembre 1923

« [Hervé] fait reparler de lui. Monsieur Gustave Hervé expose le point de vue du maréchal Pétain et avec beaucoup de complaisance le point de vue du traître de Gaulle, et il conclut : “L'une et l'autre opinion sont défendables.” Puis il prend la défense des juifs, des Anglais et il attaque l'amiral Darlan et il se permet d'être même très réservé en ce qui concerne le maréchal. [...] Nous avons assez souvent riposté à la radio gaulliste pour ne pas consacrer un long article aux divagations de ce vieux sacripant qui devrait être dans un camp de concentration. »

Horace de Carbuccia,
dans *Gringoire* du 16 janvier 1942

HIDALGO (Anne)

(Née en 1959) Première adjointe au maire de Paris de 2001 à 2014, maire de Paris depuis 2014.

« Hidalgo, c'est “je dépense donc je suis” ».

Charles Beigbeder,
candidat dans le VIIIe arrondissement à Paris,
Europe 1, 19 janvier 2014

HOLLANDE (François)

(Né en 1954) Dit « Flamby », député socialiste de la Corrèze de 1988 à 1993 et de 1997 à 2012, député européen en 1999, maire de Tulle de 2001 à 2008, président du conseil général de Corrèze de 2008 à 2012, premier secrétaire du PS de 1997 à 2008, Président de la République de 2012 à 2017.

« Ségolène Royal n'a qu'un défaut, c'est son compagnon. »

Arnaud Montebourg,
phrase nominée au Prix Press Club,
Humour et Politique 2007

« François Hollande n'est pas à vendre, et il le dit d'autant plus haut qu'il a remarqué que le nouveau pouvoir n'achète que ce qui compte. »

Bruno Roger-Petit,
François Mitterrand 2008 il revient, 2008.
À propos du débauchage d'un certain nombre
de personnalité socialistes par Nicolas Sarkozy

« La présidentielle, Hollande y pense en nous rasant. »

Guillaume Bachelay,
secrétaire national à l'Industrie du PS.
Prix d'encouragement du jury du Prix Press Club,
Humour et Politique 2009

« Si c'est l'heure des caractères, vous avez besoin de moi. Si ce n'est pas l'heure, surtout passez-vous de moi parce que c'est mieux d'avoir des gens plus tranquilles [...], des François Hollande et tous les autres fromages lyophilisés que vous pouvez trouver. »

Jean-Luc Mélenchon,
président du Parti de gauche,

à propos de la présidentielle 2012,
entretien accordé à Élisabeth Levy pour *Causeur.fr*,
lundi 6 décembre 2010

« À présent, à gauche, pourquoi choisir, pour entrer dans la saison des tempêtes, un capitaine de pédalo comme Hollande ? »

Jean-Luc Mélenchon,
Journal du dimanche, 13 novembre 2011

« Il me rappelle les petits notaires de province. Il finirait par me faire regretter Ségolène. »

André Santini,
VSD, 22 décembre 2011

« Il incarne la couardise en politique. »

Jean-François Copé,
point presse de l'UMP, 3 janvier 2012

« N'est pas le Général qui veut, et surtout, il y a dans ce catastrophisme rustique quelque chose de terriblement déprimant pour les Français et finalement de bien peu exigeant sur le plan intellectuel. À écouter M. Hollande, tout n'est qu'échec, iniquité, désolation. Bref, notre pays est dans le gouffre. Je combats cette maladie, cette sorte de "scorpionite", cette autolyse qui consiste à nous envenimer pour mieux croire au mythe du phénix qui renaît de ses cendres. »

François Fillon,
vœux à la presse, 9 janvier 2012

« Hollande a retrouvé une femme, Valérie Rottweiller. […] Et c'est pas sympa pour le chien, ça. […] Le candidat édredon : vous pouvez toujours taper dessus, il répondra toujours noir ou blanc. »

Lionnel Luca,
en réunion publique à Saint-Laurent-du-Var
le 24 avril 2012

« Vous êtes un petit calomniateur… Votre "normalité" n'est pas à la hauteur des enjeux. »

Nicolas Sarkozy,
dans le débat télévisé du 2 mai 2012

« Passer de rien à chef de l'État, Hollande va souffrir »

Brice Hortefeux,
Phrase nominée au Prix Press Club,
Humour et Politique 2013

« Hollande est pour le mariage pour tous… sauf pour lui. »

Gérard Longuet,
lauréat du Prix Press Club, Humour et Politique 2013

[Après les photos de *Closer* révélant la liaison avec Julie Gayet]
« Face aux difficultés, le président de la République ne peut avoir qu'une maîtresse : la France. »

Daniel Fasquelle,
Le Monde du 12 janvier 2014

« Quant à Hollande, c'est vrai qu'il se droitise, il se sarkozyse, même. Ce serait une qualité s'il était Sarkozy, mais c'est un inconvénient quand on est Hollande. Car il fait du mauvais Sarkozy. »

Éric Woerth,
Le Parisien, 12 janvier 2014

[Téléphonant aux élus de son parti au soir des municipales]
« Je t'appelle pour te féliciter, mais, si ça t'ennuie que Hollande connaisse la teneur de notre conversation, je raccroche. »

Nicolas Sarkozy,
Le Canard enchaîné, 26 mars 2014.
Phrase nominée au Prix Press Club,
Humour et Politique 2014

[Après la visite présidentielle à Carmaux]
« Hollande qui célèbre Jaurès à Carmaux, c'est la nouvelle version de *J'irai cracher sur vos tombes*. »

Jean-Luc Mélenchon,
tweet du 23 avril 2014

« Cher François [...] tu as organisé une sorte d'abandon de l'idéal. [...] Ton échec le plus grave est d'avoir tourné le dos à tes idées. [...] Finalement, c'est bien le pire reproche que te font les Français : ce n'est pas de ne pas réussir le changement, c'est de ne même plus vouloir l'accomplir. Au fond, tu le sais bien, il n'y aura pas de deuxième mandat pour toi. [...] Tu n'as plus rien à perdre, alors pourquoi ne pas essayer de mettre le temps qui reste à profit ? [...] Essaie d'accomplir des réformes dont on puisse être fiers. »

Delphine Batho,
L'Insoumise, 2014

« Dans un bureau vide, il nous tenu un discours vide : vide de projet, vide d'annonces, vide d'espérance. »

Nathalie Kosciusko-Morizet,
commentant les vœux présidentiels
tweet du 31 décembre 2014

[Après l'affaire suscitée par la rencontre de François Fillon avec Jean-Pierre Jouyet]
« Hollande est très méchant. Dans l'affaire qui me concerne, c'est un salopard. [...] Je ne crois pas que Sarkozy soit pervers. En tout cas, sa perversité est moins grande que celle de Hollande, [il ne m'a] jamais fait de saloperies au sens de prendre publiquement des positions contraires aux miennes, comme l'a subi Ayrault. »

François Fillon,
Le Point, 29 janvier 2015

« En déplacement aux 24 heures du Mans François Hollande s'est copieusement fait siffler et conspuer par des milliers de spectateurs qui avaient pris place dans les tribunes.
« En réaction le Président de la République a eu ces mots : “Si on ne se déplace plus dès qu'il y a deux cents imbéciles qui sifflent...”
« François Hollande n'est donc plus que suffisance et mépris, il n'a désormais que l'invective aux lèvres pour les Français qui ne partagent pas ses opinions et doutent du bien-fondé de sa politique.
« Car en s'exprimant de cette manière ce n'est pas deux cents personnes (en réalité vingt fois plus sur place) que François Hollande insulte mais les plus de 75 % des Français qui ne lui font pas confiance pour assumer les responsabilités qui lui sont confiées.

« Nous sommes tous les imbéciles de François Hollande.
« Pour François Hollande nous serions donc les "imbéciles" qui avons balayé les maires et candidats de gauche en votant à droite aux élections municipales.
« Pour François Hollande nous serions les "imbéciles"qui avons renversé les conseils départementaux détenus pas la gauche en élisant massivement des candidats de droite et du centre.
« En décembre nous serons encore des millions d'"imbéciles" à provoquer l'alternance dans les régions de France pour tenter à nouveau d'alerter François Hollande sur notre mécontentement.
Mais que François Hollande se rassure, en 2017 les Français auront le dernier mot et ne se laisseront plus insulter, et après cette date il ne risquera plus aucun sifflet. »

Sébastien Huyghe,
porte-parole des Républicains
sur le site du parti, 13 juin 2015

« Merci Madame Merkel de nous faire le plaisir de venir aujourd'hui avec votre vice-chancelier, administrateur de la province France.
« Monsieur le Vice-chancelier, j'aurais aimé pouvoir vous appeler Monsieur le Président de la République par respect pour votre fonction mais, pas plus que votre prédécesseur, vous n'exercez cette présidence.
« Un président de la République ne pourrait pas dire : "Le souverainisme, c'est le déclinisme", comme vous venez de le faire, parce que le président de la République est garant de la Constitution française et que le titre Ier de la Constitution française est : "De la souveraineté."
« Un président de la République ne peut ignorer avec constance les intérêts de la France. L'intérêt de la France

n'est pas de se soumettre aveuglément à une politique décidée à Berlin, à Bruxelles ou à Washington.
« Son intérêt et votre devoir, c'est de défendre sa souveraineté. L'intérêt de la France, ce n'est pas de donner ce spectacle affligeant d'une France à la remorque de l'Allemagne sur la question migratoire. »

Marine Le Pen,
s'adressant à Angela Merkel,
Parlement européen, 7 octobre 2015

« Hollande a parlé. Double peine : l'écouter et devoir le commenter. Résumons : il continue ce qui ne marche pas. Le grand nombre va encore souffrir. »

Jean-Luc Mélenchon,
commentant les vœux présidentiels
tweet du 31 décembre 2015

« François Hollande nous a offert un nouveau discours du 31 sans annonce concrète si ce n'est l'entêtement sur la déchéance de nationalité. Des vœux qui signent un mandat déjà fini, un mandat sans vision pour le pays, un mandat pour rien. »

Julien Bayou,
commentant les vœux présidentiels,
communiqué d'EELV du 31 décembre 2015

« La marque de François Hollande, c'est la propagande. Puisqu'il n'a que de mauvais résultats et aucun projet concret, il fait ce qu'il sait faire : promettre, promettre et toujours promettre. Il préfère la communication virtuelle à l'action réelle. Mais ces petites tentatives de manipulation ne trompent plus personne. [...] Il ne peut pas apporter de vraies solutions aux Français puisqu'il reste le premier problème de la France. »

Guillaume Larrivé,
commentant les vœux présidentiels
communiqué des Républicains du 31 décembre 2015

« [Il] suit à la lettre cette phrase d'Edgar Faure : "Quand un problème est compliqué et que je suis en situation de difficulté, j'embrouille, j'embrouille, j'embrouille!" Il a voulu embarrasser la droite, mais le retour de boomerang vient désintégrer la gauche. N'est pas père de la nation qui veut ! »

Hervé Gaymard,
Paris Match, 7 janvier 2016

[Après l'hommage présidentiel à François Mitterrand dans sa ville natale.]
« Hollande : 1 jour à Jarnac, 5 ans à l'arnaque. »

Jean-Luc Mélenchon,
tweet du 8 janvier 2016

« Nous pensions que, pire que Sarkozy, ça n'existait pas. Maintenant, nous pouvons mettre un nom, ça s'appelle Hollande. »

Jean-Luc Mélenchon,
Libération, 25 janvier 2016

« Hollande est le nom de toutes nos misères et de toutes nos désillusions. »

Jean-Luc Mélenchon,
Le Journal du dimanche, 31 janvier 2016

« Même une chèvre gagnerait contre Hollande. »

Gérard Filoche,
Le Point, 18 juin 2016

« Hollande aura eu un mérite : celui de nous débarrasser du socialisme. »

Alain Minc,
Les Échos, août 2016

« Hollande est satisfait de son bilan ; c'est pour cela qu'il le dépose. »

Philippe Poutou,
prix de l'encouragement du prix Humour et Politique 2017

« François Hollande, c'est un Paul Deschanel qui tombe du train toutes les semaines depuis cinq ans – et qui remonte imperturbable, en souriant, dans son petit wagon. »

François Fillon,
propos cité au palmarès des Mauvaises langues du *Nouvel Économiste*, 2016

HORTEFEUX (Brice)

(Né en 2009) Ministre délégué aux Collectivités territoriales dans le gouvernement Dominique de Villepin, ministre de l'Immigration (2007-2009), du Travail (2009) puis de l'Intérieur (2009-2011) des trois gouvernements Fillon.

« Hortefeux victime de son succès, qui l'aurait cru ? Depuis deux ans, il inquiète, il fout la trouille… Et maintenant il veut séduire. Vous imaginez un type qui incarne les pires salauds et, d'un coup, il veut jouer les gentils ! Hortefeux dans le rôle d'un abbé, je vois pas ! Ou alors l'abbé Cottard qui a noyé des scouts ! »

Stéphane Guillon,
sur *France Inter* le 13 janvier 2009

HOVNANIAN (Léon)

(1920-2010) Député radical de Seine-et-Oise de 1956 à 1958.

« J'avais cru être interrompu par M. Hovnanian qui, certes, a dû combattre les Allemands…
« M. Léon Hovnanian. – Oui, c'est vrai et avant vous.
« – … et les Turcs aussi, sans doute. »

Jean-Louis Tixier-Vignancour,
député d'extrême droite des Basses-Pyrénées,
à l'Assemblée nationale, le 29 novembre 1957

HUCHON (Jean-Paul)

(Né en 1946) Député socialiste, président de la région Île-de-France.

« Jean Polochon… »

André Santini,
mimant l'endormissement,
pendant la campagne des élections régionales de 2004

HUE (Robert)

(Né en 1946) Député communiste du Val-d'Oise de 1997 à 2002, candidat à l'élection présidentielle de 2002.

« … Ce nain de jardin… »

Jean-Marie Le Pen, propos

« Agressif contre le Front de gauche, silencieux contre la droite, à quoi sert-il vraiment ? »

Alexis Corbière,
sur son blog, 29 novembre 2011

HUGO (Victor)

(1802-1885) Pair de France de 1845 à 1848, représentant du peuple de 1848 à 1851 puis en 1871, sénateur de 1875 à 1885.

« Si M. Victor Hugo a des amis intelligents, ils lui conseilleront sans doute de se renfermer dans les *Voix intérieures*. Le poète y gagnera et l'orateur n'a rien à perdre. »

La Réforme du 20 mars 1846,
après son discours sur le pape Pie IX
à la Chambre des pairs

« Le suffrage universel a fait du noble pair un représentant du peuple ; mais du creuset populaire il n'est sorti qu'un démocrate bâtard sous l'écorce duquel on aperçoit toujours le courtisan de toutes les dynasties qui ont régné sur la France. »

Le National du 21 juin 1848,
après son discours sur les ateliers nationaux

« On trouve encore des gens qui, prenant M. Victor Hugo au sérieux, s'imaginent que, lorsqu'il monte à la tribune, la terre et les cieux font silence, que les vents retiennent leur haleine et que les fleuves suspendent leur course pour l'écouter. Il nous en coûte de détruire ces illusions, mais la vérité oblige. »

Le Charivari du 22 septembre 1848

« Il faut vous nommer cardinal ! »

Un membre au fond de la salle,
à l'Assemblée nationale législative, le 19 octobre 1849

M. Victor Hugo. – On ne fait cas que de ces hommes positifs qui ne sont, après tout, que des hommes négatifs… *(Explosion de rires à droite.)*
Une voix. – Quel pathos !
M. Victor Hugo. – Mais qu'une révolution survienne, les hommes d'affaires, les gens habiles ne sont plus que des nains… *(Sourires à droite.)*
M. Boissié. – Et les imbéciles sont des géants ! *(Hilarité bruyante et prolongée. – Très-bien ! très-bien ! – Assentiment marqué à droite.)*

Assemblée nationale législative, le 5 avril 1850

« Portez cela à la Porte-Saint-Martin ! »

Voix à droite, à l'Assemblée nationale législative,
le 5 avril 1850

« C'est Jupiter faisant de la bouillie ! »

François-Joseph Ducoux,
représentant de la Haute-Vienne,
à l'Assemblée nationale législative, le 5 avril 1850

« Un excellent argument en faveur de la loi a été assurément le long discours que M. Victor Hugo a prononcé contre elle. M. Victor Hugo est en effet un de ces orateurs nés sous une étoile sinistre, qui servent puissamment les causes qu'ils ne défendent pas. »

Le Constitutionnel du 6 avril 1850,
après son discours sur la loi de déportation

« Tous les comédiens ne sont pas au théâtre. »

Jules-Antoine Taschereau,
représentant de l'Indre-et-Loire,
à l'Assemblée nationale législative, le 21 mai 1850

« *Bis!* »

À droite, ironiquement,
à l'Assemblée nationale législative, le 21 mai 1850

« Un républicain du surlendemain, réactionnaire du lendemain, pair de France de la veille, M. le vicomte Victor Hugo. »

L'Assemblée nationale du 22 mai 1850.

M. Victor Hugo. – Vous le voyez, monsieur le président, je suis sans cesse interrompu. Faites exécuter le règlement!
M. le Président. – Le règlement ne peut pas me donner la force d'empêcher de rire.

André-Marie Dupin,
représentant de la Nièvre et Président,
à l'Assemblée nationale législative, le 23 mai 1850

« Vous trouverez dans son langage toujours les mêmes formules, mais adressées toujours à des objets différents. C'est ainsi qu'il vous parlait avant-hier de sacrer l'ouvrier, de sacrer le simple citoyen! C'est bien le poète qui chantait hier le sacré Charles X : il lui faut toujours quelque puissance à sacrer ou quelque idole à adorer. *(Applaudissements sur les bancs de la majorité.)*

« Eh bien, voici ce que je lui prédis : si jamais il s'élève, comme je le redoute, dans ce pays-ci, sur les ruines de la liberté déshonorée et dégradée par le parti auquel s'est rallié M. Hugo, si jamais il s'élève un despotisme quelconque, il sera le premier à le flatter, il essayera de faire respirer à ce despotisme futur cet encens qu'il offre aujourd'hui à l'ouvrier et qu'il a déjà fait respirer à deux dynasties. *(Très bien! très bien! – Des applaudissements éclatent à trois reprises sur les bancs de la majorité.)*

Jules-Louis-Pierre, marquis de Montalembert,
à l'Assemblée nationale législative, le 23 mai 1850

« Envoyez-le à Bicêtre! »

Une voix à droite,
à l'Assemblée nationale législative, le 9 juillet 1850

« Et dire que tout cela coûtera vingt-cinq francs à la France! »

Un membre à droite,
à l'Assemblée nationale législative, le 9 juillet 1850.
Les représentants du peuple perçoivent alors
une indemnité journalière de vingt-cinq francs

« Laissez! laissez-le jouer sa pièce! »

Georges-Charles d'Anthès, baron de Heeckeren,
représentant du Haut-Rhin,
à l'Assemblée nationale législative, le 17 juillet 1851

« M. René-Alphonse Esnault de la Devansaye, représentant du Maine-et-Loire. – La popularité a ses mendiants aussi.

M. de Morny, représentant du Cantal. – Et ce sont les plus misérables. [...]
M. le Président. – Laissez donc finir, pour l'amour de Dieu ! *(On rit.)*
M. Pierre-Louis Belin, représentant de la Drôme. – Pour l'amour du dîner. »

Assemblée nationale législative, 17 juillet 1851

« Lorsque M. Victor Hugo parlait de la restauration, comment comprimer le souvenir présent à tout le monde, présent pour sa gloire, s'il eût su la garder, qu'il avait été le plus pindarique des royalistes ? *(Rires à droite. – Exclamations à gauche.)*

M. **le comte de Falloux**,
représentant du Maine-et-Loire,
à l'Assemblée nationale législative, le 17 juillet 1851

« Ne fallait-il pas bien que dans cette arène sur laquelle la France entière a les yeux, cet histrion dressât ses tréteaux ? »

L'Ami de la religion du 19 juillet 1851,
après son discours sur la révision de la Constitution

« La maladie intellectuelle dont il est atteint depuis le 2 décembre n'a pas d'autre cause que le renversement de ses folles espérances. »

Hippolyte Castille,
Portraits politiques au XIXe siècle – Victor Hugo, 1857

« Dans une société sage, il y aurait sinon une loi, du moins une coutume, qui interdirait toute fonction civique à tout homme convaincu d'avoir fait des vers passé l'âge de trente ans. Le poète ne pourrait être relevé

de cette incapacité qu'après l'examen d'un jury de prêtres, d'artisans, de magistrats et de médecins, qui déciderait si la qualité morale de ses strophes et de son intelligence peut le faire absoudre du cas de métromanie.
« Un peuple qui donne la parole aux poètes sur les affaires de l'État est un peuple abêti. »

Louis Veuillot, 1859

« L'Assemblée refuse la parole à M. Victor Hugo, parce qu'il ne parle pas français ! *(Oh ! oh ! – Rumeurs confuses.)* »

Hippolyte, vicomte de Lorgeril,
représentant des Côtes-du-Nord,
à l'Assemblée nationale, le 8 mars 1871

« Il y avait là pour les élèves du Conservatoire qui suivent les cours de déclamation l'occasion unique d'entendre un grand artiste. »

Le Moniteur universel du 24 mai 1876,
à propos de son discours au Sénat sur
l'amnistie des communards

« Conséquent, en secret, dans son inconséquence apparente, il adorait le Pouvoir invariable dans ses variables incarnations. »

Courtat,
Discours de Nemo (Ignotus), 1876

« On a déjà traduit devant les tribunaux des gens qui tenaient un pareil langage. »

Jérôme-Dominique Galloni d'Istria,
sénateur de la Corse, au Sénat, le 21 juin 1877

« C'était une de ces élucubrations solennelles mais creuses où le sublime et le grotesque se côtoient, et que le pontife va déclamer d'une voix de traître de mélodrame. »

Le Figaro du 22 juin 1877,
à propos de son discours sur la crise du 16 mai

« Victor Hugo est mort à une heure trente-cinq minutes.
« Il fut le plus grand poète de notre siècle.
« Il était fou depuis plus de trente ans.
« Que sa folie lui serve d'excuse devant Dieu. »

La Croix du 23 mai 1885

« Certaines illusions se dissipent. On croyait qu'un si grand poète avait pensé davantage. Il faut bien reconnaître qu'il a remué plus de mots que d'idées. C'est une souffrance que de découvrir qu'il donna pour la plus haute philosophie un amas de rêveries banales et incohérentes. »

Anatole France,
La Vie littéraire, « Sur le Quai Malaquais », 1888

« Sa conduite est celle de tout commerçant sachant son métier : une maison ne prospère que si son maître sacrifie ses préférences politiques et accepte le fait accompli. »

Paul Lafargue,
La Légende de Victor Hugo, 1902

« [...] toujours, sans se laisser détourner par les événements et les renversements de gouvernement, il poursuivit un seul objet, son intérêt personnel, toujours il resta hugoïste, ce qui est pire qu'égoïste... »

Paul Lafargue,
La Légende de Victor Hugo, 1902

« […] il marche devant, avantageux, bombant le torse, vrai tambour-major de la démocratie, avec son accompagnement de grosse caisse… »

Georges Batault,
Le Pontife de la démocratie, Plon, 1934

« Je considère Hugo et Michelet comme deux pervertisseurs d'intelligences, d'une nocivité presque égale à celle de Rousseau. »

Léon Daudet, *Le Stupide XIXe Siècle*, 1922

HULOT (Nicolas)

(Né en 1955) Candidat écologiste à l'élection présidentielle de 2012, ministre de la Transition écologique et solidaire de 2017 à 2018.

« Pendant des années il a sillonné la planète en avion, il a participé au Paris-Dakar, […] récemment encore on l'a vu sur TF1 faire de l'avion de chasse pour son émission *Ushuaïa* et maintenant il dit : "Stop ! on arrête de polluer." Faut pas déconner ! On dirait un ancien fumeur qui fait chier à la moindre odeur de clope, un repenti de la mafia qui veut interdire les armes à feu, ou une vieille pute qui voudrait entrer dans les ordres et qui du coup voudrait que plus personne ne baise. »

Stéphane Guillon,
sur *France Inter*, le 8 juin 2010

I

I

I

ISORNI (Jacques)

(1911-1995) Avocat de Brasillach et du maréchal Pétain, député d'extrême droite de la Seine de 1951 à 1958.

« Défenseur de Pétain ! Vous avez choisi la trahison. »

Rose Guérin,
députée communiste de la Seine,
à l'Assemblée nationale, le 11 avril 1952

« Vous êtes là pour saboter le régime ! »

Raymond Gernez,
député socialiste du Nord,
à l'Assemblée nationale, le 14 février 1956

J

J

JACOB (Christian)

(Né en 1959) Député de Seine-et-Marne, ancien membre du gouvernement, président du groupe UMP puis LR à l'Assemblée nationale.

« Christian Jacob est le Rantanplan de la majorité. J'ai rarement vu plus bête en politique. Il sera le boulet de Copé. »

François Fillon,
Le Canard enchaîné du 12 janvier 2011
propos démenti par le Premier ministre

JAURÈS (Jean)

(1859-1914), dit « Croquebourgeois », député républicain du Tarn de 1885 à 1889, député socialiste du même département de 1893 à 1898 et de 1902 à 1914, fondateur de *L'Humanité* en 1904 et de la SFIO en 1905, assassiné le 31 juillet 1914.

« Numa Roumestan du socialisme, il ne pense que quand il parle. […] En 1885 on vit arriver à la Chambre un petit homme, une épaule plus courte que l'autre, mal nettoyé, la chevelure et la barbe d'un jaune aussi peu défini que le pelage du cheval de d'Artagnan, clopinant, inquiet, furetant partout, fouinant dans tous les groupes, l'œil quêteur, se fermant devant tout regard direct par un tic convulsif : on sut qu'il s'appelait Jaurès. »

Yves Guyot,
député radical de la Seine de 1885 à 1893,
ministre des Travaux publics et directeur
du *Siècle*, *La comédie socialiste*, 1897.
Numa Roumestan est un roman alors populaire
d'Alphonse Daudet

[Pendant l'interpellation relative aux « mesures à prendre contre les manœuvres du syndicat Dreyfus »]
« M. le comte de Bernis. – Parlez-nous votre article antifrançais de ce matin !
Jean Jaurès. – Je suis à la tribune pour dire ma pensée, toute ma pensée. [...]
M. le comte de Bernis. – Vous êtes du syndicat ? *(Vives interruptions à l'extrême gauche.)*
M. Jaurès. – Que dites-vous, monsieur de Bernis ?
M. le comte de Bernis. – Je dis que vous devez être du syndicat, que vous êtes probablement l'avocat du syndicat !
M. Jaurès. – Monsieur de Bernis, vous êtes un misérable et un lâche ! *(Vifs applaudissements à l'extrême gauche. – Exclamations prolongées au centre, à gauche et à droite. – Vive agitation.)*
(M. Gérault-Richard traverse l'hémicycle, s'élance sur M. de Bernis et le frappe. – Tumulte prolongé.)
(M. le président lève la séance.)

Comte de Bernis,
député monarchiste du Gard, à la Chambre des députés,
le 22 janvier 1898. Alfred Gérault-Richard,
ami de Jaurès, est député de la Seine et directeur
de *La Petite République*. Le compte rendu n'indique

pas que le marquis de Bernis est monté à la tribune
pour frapper Jaurès dans le dos

« Tous ceux qui veulent bien prendre la peine de raisonner ont déjà compris que M. Jaurès, qui a, par menaces sous conditions, extorqué délibérément aux ouvriers syndiqués du Tarn les fonds dont il avait besoin pour sa campagne électorale, n'a pas hésité à traiter avec un autre syndicat pour le succès d'une autre campagne – la campagne Dreyfus. »

Henri de Rochefort-Luçay,
dit Henri Rochefort, communard devenu nationaliste,
dans *L'Intransigeant* du 3 janvier 1899

« De tous les caractères du génie féminin, je n'en vois pas un seul qui fasse défaut à M. Jean Jaurès. On l'a vu assez versatile, on l'a vu assez entêté pour rappeler successivement les aspects divers de l'Ève éternelle. [...] Mademoiselle Jean Jaurès était une fille très mûre quand elle changea de parti. Elle avait, à défaut de raison, de l'expérience et, si elle ignorait le monde, elle se connaissait. Elle savait à quoi pouvait être appliqué son magnifique capital. »

Charles Maurras,
dans *Le Figaro* du 19 octobre 1901

« M. Jaurès était le charlatan le plus verbeux, le plus inconsistant, le plus effronté que le Midi eût depuis longtemps lâché sur la capitale. Couard, ondoyant et menteur comme une fille, il inondait les assemblées et les meetings de son intarissable éloquence. Il s'était montré capable de parler trois jours de suite sur les questions agricoles, sans savoir distinguer le seigle de la betterave. Il trouvait des métaphores étonnantes; il déclamait six heures ou noircissait quatre colonnes de journal sans qu'un homme au monde pût démêler ses conclusions. Il était le grand ténor du socialisme français, qu'il se figurait avoir inventé, vers 1897. Toujours enflammé dans l'action oratoire, toujours cauteleux et poltron dans l'action sans épithète, il unissait des appétits vulgaires à l'orgueil le plus démesuré. »

Urbain Gohier,
Histoire d'une trahison (1899-1903), 1903

« Des socialistes farouches
« Vont me critiquer, c'est certain
« Et bourdonner comme des mouches
« Autour de ma cloche d'airain.
« Pour que ces hommes en colère
« Ne reconnaissent plus leur frère,
« J'ai, comme le Roi Dagobert,
« Mis ma carmagnole à l'envers. »

Lucien Roland,
militant et propagandiste guesdiste, « Le roi Jaurès », chanson parue dans *Le Socialiste* du 1er février 1903. La « cloche d'airain » fait allusion à l'élection de Jaurès à la vice-présidence de la Chambre des députés qui semble marquer son entrée dans les cadres institutionnels

« Il y a du *m'as-tu vu* chez Jean Jaurès; mais il y a aussi de l'intrigante : à son talent mystique correspond un certain génie pratique de manœuvrier. Tout cela, de ton très vulgaire, en sorte que ses auditeurs se trouvent très exactement au-dessous du niveau de ses raisons. »

Charles Maurras,
dans *La Gazette de France* du 10 avril 1903

« Laissez-moi employer ma logomachie ordinaire ! Laissez-moi m'affubler de mes grands mots, le peuple est simple et gobeur ; il a confiance en moi ; je l'endors pour qu'il vous laisse en paix. Si vous brisez en ma main ma lyre sonore, il deviendrait la proie des révolutionnaires qui aujourd'hui me font les plus sanglants reproches. Avec moi, vous vivrez encore longtemps dans votre béatitude. »

Marcel Cachin,
alors jeune intellectuel et adjoint au maire de Bordeaux,
guesdiste, dans *Le Socialiste* du 25 octobre 1903

« On guillotinera Jaurès… »

Georges Darien,
écrivain et militant anarchiste,
dans *L'Ennemi du peuple* des 1er-15 décembre 1903

« Oui, monsieur Jaurès, vous êtes un tyran jacobin, et même un tyran réactionnaire pour les membres avancés de votre parti. *(Exclamations et rires à gauche.)* »

Ernest Borgnet,
à la Chambre des députés, le 4 mars 1904

« *L'Humanité*, feuille de choux décolorée que grignotent, des trois dents qui leur restent, les vieux lapins du Socialisme pacifique, c'est l'exacte synthèse de toutes les meurtrières sottises humanitaires semées par les coquins qui vivent de l'imbécillité publique. […]
« Tu recevras du bronze aujourd'hui, Jaurès.
« Et demain, du plomb. »

Georges Darien,
dans *L'Ennemi du peuple* des 1er-15 mai 1904

« Je tiens Jeanne d'Arc pour la plus sublime héroïne de notre héroïque histoire ; François Coppée et ses jeunes protestataires pour des patriotes d'autant plus nécessaires à la patrie que vos disciples et vous lui êtes plus funestes et je vous tiens vous, monsieur Jaurès, pour le plus odieux pervertisseur de consciences qui ait jamais fait, en France, le jeu de l'étranger, sans avoir su, même par là, vous concilier l'estime ni la sympathie de ces frères allemands en faveur desquels vous vous évertuez à nous faire renier nos frères de l'Alsace et de la Lorraine. »

Paul Déroulède,
dans *Le Gaulois* du 30 septembre 1904.
Jean Jaurès avait terminé d'un narquois « En attendant l'inévitable télégramme de Paul Déroulède » son compte rendu dans *L'Humanité* d'une manifestation de jeunes patriotes organisée par le poète François Coppée au pied de la statue de la Pucelle

« Le véritable ennemi de la France, signalé par Drumont le prophète, c'est le Juif, le grand Juif, celui du ghetto d'or. [...] Si nous voulons que l'offensive réussisse, il faut qu'elle porte contre les vrais responsables. André n'est rien. Thalamas, Chaumié, Jaurès ne sont rien que des esclaves obéissants, qu'une misérable et méprisable chiourme ».

Léon Daudet,
meeting contre les insulteurs de Jeanne d'Arc, 5 décembre 1904, repris dans *L'Action française* du 15 décembre 1904

« Vous n'êtes pas le socialisme à vous tout seul.
M. Jaurès. – Ne jouez pas sur les mots. Il y a ici un parti socialiste.
M. Clemenceau. – Il y a des socialistes en dehors de ce parti. Vous n'êtes pas le bon Dieu. *(On rit.)*

M. Jaurès. – Vous, monsieur le ministre, vous n'êtes même pas le diable. *(Rires.)*
M. Clemenceau. – Vous n'en savez rien. »

Georges Clemenceau,
à la Chambre des députés, le 19 juin 1906

« C'est saint Jean à Pathos. »

Aristide Briand à Georges Clemenceau,
pendant un discours de Jaurès à la Chambre
des députés, le 10 mai 1907. Ce calembour dit au banc
du Gouvernement fut entendu dans l'hémicycle
et Maurice Barrès le consigne dans *Mes Cahiers*

« Une philosophie parfois digne de M. Pantalon et une politique de pourvoyeur de la guillotine. »

Georges Sorel,
Réflexions sur la violence, 1908

« Nous clouerons la charogne de Jaurès vivante contre une porte. »

Pierre Biétry,
dans *Le Jaune* du 25 septembre 1909

« Votre lumière est comme celle des phares à éclipse : elle est intermittente! *(Bruit.)* »

Albert Gauthier de Clagny,
député nationaliste de la Seine-et-Oise,
à la Chambre des députés, le 11 mars 1910

« La France parle; M. Jaurès, taisez-vous!....
« Et comme cet avis a son importance, et pour être sûr de me faire comprendre de vous et de vos amis, je traduis

à leur intention et à la vôtre : – *Frankreich spricht. Still, Herr Jaurès !* »

Franc-Nohain,
nom de plume de **Maurice Étienne Legrand**,
dans *L'Écho de Paris* du 10 mars 1913

« J'ai horreur de l'éloquence toujours, et de la métaphore. Quand je dis qu'il y a un parti allemand et que Jaurès est un pangermaniste, ce n'est point une invective. [...] Pour Jaurès, l'explication est extrêmement simple. Il est pangermaniste. (Il faudrait l'en féliciter, s'il était né sujet allemand.) Il est un agent du parti allemand. Il travaille pour la plus grande Allemagne. [...] Jaurès est un malhonnête homme. »

Charles Péguy,
L'Argent suite, *Cahiers de la Quinzaine*, XIV, IX,
27 avril 1913

« Celui-ci est le *vomitor* de la parole. Comme l'eau au *vomitor* de pierre de la fontaine bruxelloise, la parole, qui ne lui coûte aucun effort, semble arrachée de lui par une convulsion. Il parle avec sa tête, ses épaules, son coffre, ses poings, son dos d'ancien coltineur. [...] Sa voix roule comme un char cahoté, et rencontre tout sur son chemin : le cliché, la bourde, le racontar, même l'heureuse période, équilibrée, sonore, solide, qu'il bouscule pour courir plus loin et trouver mieux ou pis. »

Colette,
« Le prophète Jaurès », *Le Matin*, 9 mars 1914

« … Bouddha en cuivre rouge [qui transpire] comme une motte de beurre sur la casserole… »

Maurice de Waleffe,
dans *Paris-Midi* du 13 juin 1914

« Si j'ai commis cet acte, c'est parce que M. Jaurès a trahi son pays, en menant sa campagne contre la loi de trois ans. J'estime qu'on doit punir les traîtres et qu'on peut donner sa vie pour une cause semblable. Je ressens un profond sentiment du devoir accompli… »

Raoul Villain,
assassin de Jaurès, à l'agent de police Marty,
le 31 juillet 1914

« L'esprit de la Germanie, vraie patrie de son cœur, l'animait et le soulevait. »

Charles Maurras,
dans *L'Action française* du 23 novembre 1924

« Jaurès avait un énorme talent. Mais c'était un homme dans lequel il y avait quelque chose de méchant. Des dons extraordinaires, contre quoi j'étais forcé moi-même de me défendre, – mais sans grandeur, sans générosité… sans humanité… Oui, – sans humanité. C'est d'ailleurs probablement pour cette raison qu'il a appelé son journal comme ça. Derrière l'humanité et l'humanitarisme de Jaurès, il y avait toujours quelque chose d'hostile et de menaçant. Derrière ses tableaux idylliques on sentait flotter une fumée de guerre civile. Il n'avait rien de ce que confère l'amour vrai de l'humanité : ni le sourire, ni l'indulgence, ni cette espèce de doute, de scepticisme, – rien. L'humanité était, pour Jaurès, le nombre, la foule,

la force. Il se battait pour le parti qui serait fatalement vainqueur. [...]
« Oui, – méchant. Méchant et dangereux. Si nous l'avions eu pendant la guerre, nous étions perdus. »

Georges Clemenceau,
propos cité par Jean Martet dans
M. Clemenceau peint par lui-même, 1929

« Dans mon cas, tenez, je ne songe jamais sans un frisson à la première, toute première cause de la victoire... Elle porte un nom dramatique!... Le meurtre de Jaurès! Si Jaurès n'avait pas été tué, je serais peut-être arrivé au pouvoir; mais ce dont je suis sûr, c'est que je n'y serais pas resté! J'étais debout et je criais aux Français : "Je fais la guerre!" Lui se serait traîné à genoux, sanglotant : "Faisons la paix!" Le monstre! En une séance, il m'aurait renversé! Voilà de quoi, mes amis, dépend le sort d'une nation : d'un assassin... »

Georges Clemenceau,
propos cité par René Benjamin dans *Clemenceau dans la retraite*, 1930

JOFFRIN (Jules)

(1846-1890) Député socialiste de la Seine de 1889 à 1890, défiguré par un cancer qui lui rongeait la lèvre.

« Désinfectez la tribune! »

Paul Déroulède,
député nationaliste de la Charente,
invective lancée en marge d'un incident de séance
le 20 janvier 1890 et ne figurant pas
au compte rendu officiel

JOLY (Eva)

(Née en 1943) Dite « Eva dans le mur », députée européenne de 2009 à 2019, candidate écologiste à l'élection présidentielle de 2012.

« On ne se présente pas à la présidence de la République d'un pays avec lequel on n'a pas de lien direct, même pas celui de la naissance. »

Jean-Marie Le Pen,
propos rapporté dans *La Voix du Nord*, août 2010

« Je trouve profondément indécent que quelqu'un qui est devenu Français à 20 ans [ ], qui a la double nationalité, puisse poser sa candidature. »

Marine Le Pen,
le 30 janvier 2011

« Je pense que cette dame n'a pas une culture très ancienne des traditions françaises, des valeurs françaises, de l'histoire française. »

François Fillon,
à Abidjan, le 15 juillet 2011,
en réponse à la déclaration d'Eva Joly
tendant à remplacer la parade militaire
du 14 juillet par un « défilé citoyen »

« Ce serait bien qu'elle apprenne l'histoire de France, je pense que cela lui serait utile. [ ] Je ne sais pas ce qu'elle aurait fait en 1944 ou 45. »

Lionnel Luca,
député UMP des Alpes-Maritimes,
au nom du collectif La Droite populaire,
le 15 juillet 2011

« Eva Joly propose la suppression du défilé militaire du 14 juillet Il est temps pour elle de retourner en Norvège ! »

Lionel Tardy,
député UMP de Haute-Savoie, le 15 juillet 2011

« Si tu te retires, ça crée un vide. Si tu continues, tu tombes dans le vide. »

Daniel Cohn-Bendit,
phrase nominée au Prix Press Club,
Humour et Politique 2012

« Eva Joly, c'est un pour tous, tous pour un et deux pourcents. »

Pierre Charon,
Phrase nominée au Prix Press Club,
Humour et Politique 2012. Prix spécial du jury

JOSPIN (Lionel)

(Né en 1937) Dit « Yoyo », député socialiste de Paris de 1981 à 1986, député de la Haute-Garonne de 1986 à 1988, de nouveau élu en 1997, ministre de l'Éducation nationale de 1988 à 1992, Premier ministre de 1997 à 2002. Éliminé à l'issue du premier tour de l'élection présidentielle de 2002, il annonce qu'il se retire de la vie publique. Membre du Conseil constitutionnel de 2014 à 2019.

« Au bout de dix minutes, ses discours durent des heures. Il ne convainc pas, il use. »

Jean-Pierre Amette,
dans *Le Point* du 17 février 1986

« Regardez ce Jospin, c'était un obscur enseignant. Son destin inéluctable consistait à ânonner les mêmes matières sa vie durant à des étudiants qui n'en avaient cure. Son physique et sa personne ne le prédisposaient pas, c'est le moins que l'on puisse dire, à la communication. Il était triste. Il l'est encore plus. Chez lui, ce qui compte ce n'est pas qu'il soit laïc, non, c'est qu'il reste dogmatique. Durant les guerres de religion, il n'aurait certes pas torturé, il est trop intellectuel pour cela. En revanche, c'est certain, il aurait revendiqué la place prépondérante dans le jury qui vous déclarait hérétique aussi vite que l'on attrapait la petite vérole dans les faubourgs nauséabonds et mal famés du Paris du Moyen Âge. »

Nicolas Sarkozy sous le pseudonyme de Mazarin,
Lettre apocryphe de François Mitterrand à Jacques Toubon, garde des Sceaux,
Les Échos du 7 août 1995

« Jospin n'a décidément rien dans le ventre ! »

Martine Aubry,
à L'Haÿ-les-Roses, le 31 mai 1996,
pendant la Convention nationale du PS,
propos rapporté dans *Le Canard enchaîné* du 3 avril 1996

« Jospin a assez de gens pour lui cirer les pompes, il n'a pas besoin de moi. »

Jacques Chirac,
dans *Le Canard enchaîné* du 7 janvier 1998

« Comment ne serais-je pas satisfait d'avoir un Premier ministre si satisfait de lui et pourtant si modeste ? Dites partout que la France a bien de la chance d'avoir trouvé un héros à sa mesure, un homme, qui, tout seul, a réussi à recréer la croissance internationale et à rendre les Français heureux… Il se prend pour Jacquet-Zidane, c'est une question de date, dans quinze jours il se situera entre Jalabert et Jeannie Longo. »

Jacques Chirac,
propos rapportés dans *Le Canard enchaîné*
du 8 juillet 1998, après la victoire de l'équipe de France
de football en coupe du monde
et avant le départ du Tour de France

« Lorsqu'il s'agit de jouer du clairon, Chirac est très bon. Jospin, lui, son truc, c'est le violon ou le pipeau. »

Bernard Pons,
dans *Le Canard enchaîné* du 7 avril 1999

« À partir du moment où un homme politique se met à penser qu'il peut être président, il devient marteau. »

Daniel Cohn-Bendit,
dans *Le Canard enchaîné* du 28 juillet 1999

« Zéro ! », « Minus ! », « Vous n'êtes plus digne d'être Premier ministre ! », « Démission, démission ! »

Plusieurs députés RPR et UDF,
à l'Assemblée nationale, le 14 janvier 1998,
le Premier ministre ayant comparé
la droite aux anciens esclavagistes

« Il lui manque une case, la case de l'oncle Tom. »

André Santini,
commentant le même incident,
propos rapporté dans *Libération* du 15 janvier 1998

« Un jour on honore ceux qui ont trahi ; un autre jour, on en arrivera à justifier ceux qui ont dénoncé Jean Moulin et Pierre Brossolette ! *(Vives protestations [sur les bancs du groupe Socialiste.])*
« M. Didier Boulaud. – C'est scandaleux !
« M. Guy-Michel Chauveau. – Votre dernière parole est scandaleuse !
« M. Jean-Claude Viollet. – Honte à vous, monsieur Godfrain !
« M. Jacques Godfrain. – Monsieur le président, je demande solennellement que, ce soir, M. le Premier ministre vienne s'expliquer devant la représentation nationale sur les paroles qu'il a prononcées et qui ont souillé l'esprit de ce pays ! *(Applaudissements sur les bancs du groupe du Rassemblement pour la République, du groupe de l'Union pour la démocratie française-Alliance et du groupe Démocratie libérale et indépendants. – Protestations sur les bancs du groupe socialiste.)* »

Jacques Godfrain,
député RPR du Cantal, à l'Assemblée nationale
le 6 novembre 1998, Lionel Jospin ayant voulu
la veille réhabiliter les mutins de 1917

« Cela fait toujours plaisir de revoir ses grands-parents. »

Malek Boutih,
secrétaire national du PS, à propos de la venue
de Lionel Jospin aux universités d'été du PS
de La Rochelle, août 2005.
Phrase nominée au Prix Press Club,
Humour et Politique 2005

« C'est la première fois qu'un déserteur passe ses troupes en revue. »

Pascal Terrasse,
député socialiste de l'Ardèche,
à propos du retour de Lionel Jospin au PS.
Phrase nominée au Prix Press Club,
Humour et Politique 2006

« Jospin, c'est le film *Good Bye Lenin!*... il est totalement décalé. »

Pierre Mauroy,
propos rapportés dans *Le Canard enchaîné*
du 13 septembre 2006

« La campagne de Ségolène Royal va devenir beaucoup moins sexy après l'arrivée de Lionel Jospin dans l'équipe de la campagne. »

Marine le Pen,
sur *LCI* le 21 février 2007

« Lionel Jospin n'en finira jamais de reprocher aux autres de lui avoir dérobé une place qu'il a lui-même abandonnée. Il ne se départira jamais de cette raideur qui l'a empêché d'aller aussi haut qu'il l'aurait pu s'il l'avait vraiment voulu. Faute de se l'avouer, il en est réduit à chercher depuis cinq ans ailleurs qu'en lui-même les responsabilités de son drame de 2002. Depuis ce soir du 21 avril, il ne s'écoule pas une journée, pas une minute, pas une seconde sans que soit ressassée jusqu'à la nausée l'erreur qu'il commise d'annoncer son retrait de la vie politique par trop précipitamment. »

Bruno Roger-Petit,
François Mitterrand 2008 il revient, 2008

JOXE (Pierre)

(Né en 1934) Député socialiste de Saône-et-Loire de 1973 à 1984 et de 1986 à 1988, ministre de l'Industrie en 1981, ministre de l'Intérieur de 1984 à 1986, ministre de l'Intérieur de 1988 à 1991, ministre de la Défense de 1991 à 1993, Premier Président de la Cour des comptes de 1993 à 2001, membre du Conseil constitutionnel de 2001 à 2004.

« Je n'ai pas de leçon à recevoir de ce paltoquet, qui n'est qu'un petit valet de François Mitterrand. »

Georges Marchais,
sur *TF1* le 18 janvier 1980

« Demander à 10 heures à Joxe : "Quelle heure est-il ?" est peine perdue, il vous répondra que le temps change tout le temps. Que sa compressibilité et son extensibilité s'estiment en fonction de l'action menée dans le laps de temps considéré ; ou bien il s'orientera vers une explication scientifique de la rotation de la Terre, la divisera en minutes et en secondes. Mais, en aucun cas, vous ne saurez qu'il est 10 heures.

Françoise Morasso,
Les sourires politique de l'oreille en coin, 1989

JUPPÉ (Alain)

(Né en 1945) Député RPR puis UMP de la Gironde, plusieurs fois membre du gouvernement, Premier ministre de 1995 à 1997, maire de Bordeaux de 1995 à 2004 et de 2006 à 2019, membre du Conseil constitutionnel.

« Il est intelligent celui-là, mais sa rigidité dogmatique m'a souvent frappé. Il se cabre pour le principe. "Je me cabre donc j'existe", semble-t-il penser à longueur de journée. [...] Pour l'instant il est ivre de pouvoir et de puissance. Il pense (le naïf) que tout est possible, que rien ne lui résistera : Premier ministre, Bordeaux, demain le RPR... Je vous le dis, c'est Fabius en pire. Ce dernier avait un soupçon de sensibilité, l'autre je ne le pense pas. »

Nicolas Sarkozy sous le pseudonyme de Mazarin,
Lettre apocryphe de François Mitterrand à Jacques Chirac pour son élection, *Les Échos* du 24 juillet 1995

« Avant, le gouvernement allait dans le mur, maintenant, il klaxonne. »

André Santini, propos

« Le Premier ministre souhaite un gouvernement ramassé ; il a parfaitement réussi. »

André Santini, propos

« Finalement, heureusement que Balladur n'a pas été élu ! On aurait pu avoir Juppé comme Premier ministre ! »

Charles Pasqua, propos

« Ça fait longtemps qu'il pratique le tri sélectif : il y a lui et les cons ! C'est à dire nous. »

Didier Porte,
dans *Le Fou du roi* le 21 mai 2007,
à propos du bref passage d'Alain Juppé
au ministère de l'Écologie

« Arrogant, pète-sec, cassant, à l'époque on vous aurait mis en compétition avec la porte d'entrée de Fleury-Mérogis, j'aurais eu du mal à vous départager. Une vraie teigne! Et la fois où vous avez viré la totalité des femmes du gouvernement, les fameuses "juppettes" : cinq ou six d'un seul coup : "Allez, ouste les gonzesses! Dehors! Au tricot les greluches!" Gros succès dans l'électorat féminin… »

Didier Porte,
dans *Le Fou du roi* le 27 mars 2009

[À propos de ses ambitions présidentielles en 2017]
« Juppé fera un très bon maire de Bordeaux. »

François Fillon,
Le Monde, 27 novembre 2016

« Je n'avais pas suivi son brillant cursus universitaire, je ne pouvais donc, par nature, qu'être intellectuellement inférieur. Et comme de surcroît la psychologie, les rapports humains et la souplesse de caractère n'étaient pas les points forts d'Alain Juppé, la rupture entre nous fut rapidement actée. »

Nicolas Sarkozy,
Passions, 2019

K

K

KIEJMAN (Georges)

(Né en 1932) Avocat, conseiller de François Mitterrand, ministre délégué auprès du ministre de la Justice de 1990 à 1991, ministre délégué auprès du ministre de la Culture de 1991 à 1992, ministre délégué auprès du ministre des Affaires étrangères de 1992 à 1993.

« Le remplaçant de Dalida dans l'escalade de la roche de Solutré a astiqué les pataugas ou les souliers de golf présidentiels pendant pratiquement tout le décennat avant d'obtenir, à défaut d'une présidence de chaîne, la moitié des sceaux à garder. Ce n'est que justice. »

Le Canard enchaîné du 15 mai 1991

KIR (Félix)

(1876-1968) Chanoine, maire de Dijon, député indépendant de 1945 à 1967.

« Ce n'est pas un homme d'Église, c'est un homme de cirque. »

Charles de Gaulle, propos

KLARSFELD (Arno)

(Né en 1965) Avocat, investi comme candidat UMP aux élections législatives dans la 8e circonscription de Paris (XIIe arrondissement).

« Si Arno Klarsfeld arrive à se faire élire dans le XIIe arrondissement en faisant une campagne aussi calamiteuse, cela voudra dire que les entrepôts de Bercy n'ont pas été complètement vidés de leur stock de pinard, et que la population en abuse!... Je comprends que le président de la République veuille le récompenser pour son engagement dans la campagne, mais dans ce cas il serait préférable de lui confier un poste à la mesure de ses compétences. Je ne sais pas, secrétaire d'État au Patinage à roulettes par exemple. Parce que dans le XIIe arrondissement, il est déjà gratifié d'un surnom qui ne laisse rien présager de bon quant à sa confrontation avec le suffrage universel : "Bobo et con à la fois", on l'appelle. »

Didier Porte,
dans *Le Fou du roi* le 1er juin 2007

KLOTZ (Lucien-Louis)

(1868-1930) Député de la Somme de 1898 à 1925, sénateur de 1925 à 1928, ministre de l'Intérieur en 1913 et trois fois ministre des Finances, en particulier sous Clemenceau qui déplora avoir nommé « le seul juif qui n'entende rien aux questions d'argent ». Il démissionne de son mandat de sénateur en 1928 à la suite d'une affaire de chèques sans provisions.

« On pense bien que je ne tiens pas du tout à envoyer MM. Klotz et Dumont à l'île du Diable, où M. Klotz, qui est d'Israël, et qui a tant fait pour maintenir *l'autre* dans cette villégiature, en serait quitte pour fonder là-bas une banque, dont il ne donnerait pas la direction à son collègue. À quoi bon séparer dans le malheur des gens qui vivent en si bon accord à nos dépens ? »

Georges Clemenceau,
Dans les champs du pouvoir, 1913

« J'ai toujours pensé qu'il avait le cerveau un peu fêlé. Clemenceau disait de lui, plus rudement : "Qui ne voit qu'un Klotz n'entend qu'un son". »

Léon Daudet,
Député de Paris, 1933

KOUCHNER (Bernard)

(Né en 1939) Fondateur de Médecins sans frontières, plusieurs fois ministre, député européen de 1994 à 1997.

« Un tiers-mondiste, deux tiers mondain. »

Xavier Emmanuelli, propos

« Franchement, c'est bien fait pour sa gueule ! »

Bernard Tapie,
à propos de la défaite de Bernard Kouchner
à l'élection législative partielle de Gardanne
(Bouches-du-Rhône), propos rapporté dans
Le Canard enchaîné du 16 octobre 1996

L

I

L

LA RÉVEILLÈRE-LÉPEAUX (Louis-Marie de)
(1753-1824) Député de l'Anjou aux États généraux et à la Constituante, député du Maine-et-Loire à la Convention, membre du Conseil des Cinq-Cents, fondateur de la Théophilanthropie, religion civile de la République.

« Je n'ai qu'une chose à vous dire : Jésus, pour fonder le christianisme, a été crucifié. Commencez par le commencement ! »

Talleyrand, propos

LACORE (Suzanne)
(1875-1975) Militante socialiste, l'une des trois femmes nommées par Léon Blum dans le gouvernement du Front populaire, comme sous-secrétaire d'État à la Protection de l'Enfance.

« La très-sensible ministresse d'Ajat a péroré déjà en Dordogne. On a mobilisé, pour lui rendre les honneurs, tous les membres de l'enseignement. [...] De longtemps, les instituteurs avaient pu savourer l'éloquence abondante de leur amie, éloquence, toutefois, qui n'allait pas au-dessus de leur talent et de leur expérience pédagogique. [...] Son Excellence de Thenon part de ce principe, que l'enfant naît bon. Ce sont les parents, les maîtres, la société, enfin, qui le rendent mauvais ; et, malgré tout, il ne le devient jamais complètement. Pauvre petit chou ! […] J.-J. Rousseau, dans un autre style, avait exposé, il y a deux siècles, ces dangereuses théories. […] Le reste n'est que sentimentalisme féminin, mièvrerie et confitures. »

La Croix du Périgord du 26 juillet 1936

« Madame ou plutôt Mademoiselle Suzanne Lacore, en élégant costume périgourdin d'avant la guerre, la guerre de 1870, bien entendu, […] tout le monde se prend la tête entre les mains pour essayer de comprendre par quel miracle cette ex-institutrice plus que médiocre, d'un tout petit village de la Dordogne, a été appelée au ministère. […] Au vrai, Mlle Lacore est une brave vieille fille, sincère je le crois, mais à qui la fréquentation marxiste a tourneboulé la cervelle ; c'est une illuminée, une hallucinée sans originalité comme sans valeur. »

Noël, nom de plume du sénateur **Léon Sireyjol**,
dans *Le Nontronnais* des 13 septembre-4 octobre 1936

« Pour flatter le féminisme, Léon Blum avait pris dans son cabinet des femmes : une grosse Juive autoritaire, Mme Brunschvicg, une petite institutrice maigre et chafouine. »

Robert Brasillach,
Notre Avant-guerre, 1941.
L'auteur oublie volontairement Irène Joliot-Curie,
prix Nobel de physique en 1935
et sous-secrétaire d'État à la Recherche scientifique

LAFAYETTE (Gilbert du Motier, marquis de)
(1757-1834) Dit « le Héros des Deux Mondes », député aux États généraux, commandant de la Garde nationale.

« Je vois bien que M. de Lafayette veut nous sauver, mais qui nous sauvera de M. de Lafayette ? »

Marie-Antoinette, propos

LAGUILLER (Arlette)

(Née en 1940) Porte-parole de Lutte ouvrière, première femme candidate à l'élection présidentielle en 1974, également candidate en 1981, 1988, 1995, 2002 et 2007, députée européenne de 1999 à 2004 et conseillère régionale d'Île-de-France de 1998 à 2004.

« Il faudrait la marier à un parachutiste. »

Marcel Bigeard,
quand elle se déclara candidate à la présidentielle de 1974, propos rapporté par Alexandra Da Rocha dans *« Salope ! » Insultes et autres perfidies sur les femmes politiques*, 2007. Arlette Laguiller répliqua en le traitant de « pithécanthrope galonné »

« C'est la fille cachée que Trotsky a eue avec Nounours. »

Gérard Miller,
propos rapporté par Alexandra Da Rocha dans *« Salope ! » Insultes et autres perfidies sur les femmes politiques*, 2007

« C'est l'union d'un postier et d'une timbrée. »

Dominique Strauss-Kahn,
à propos de l'alliance entre la LCR d'Alain Besancenot et Lutte ouvrière représentée par Arlette Laguiller.
Phrase nominée au Prix Press Club, Humour et Politique 2004

LALONDE (Brice)

(Né en 1946) Militant écologiste, candidat à l'élection présidentielle de 1981, plusieurs fois membre du gouvernement.

« Tu es un irresponsable. Tu viens de foutre en l'air un an de travail avec la FNSEA. J'allais faire modifier la loi et maintenant, c'est en l'air. Tu es un petit con. »

Henri Nallet,
en voyage officiel, à l'aéroport de Dacca,
le 22 février 1990, propos rapporté dans
Le Canard enchaîné du 28 février 1990

« Arrêtons de critiquer Lalonde. Après tout, il fait son boulot, car dire des conneries, c'est le fonds de commerce des Verts ».

Alain Richard,
dans *Le Canard enchaîné* du 2 mai 1990

LANG (Jack)

(Né en 1939) Député socialiste, député européen, ministre de la Culture de 1981 à 1986, ministre de l'Éducation nationale de 2000 à 2002.

« Kadhafi ! Kadhafi ! », « La cravate ! La cravate ! », « Cette tenue est vraiment ridicule » *(plusieurs députés RPR et UDF),* « On dirait Kadhafi ! Le carnaval est fini ! », « Habillez-vous comme tous les Français ! » *(Gabriel Kaspereit),* « En costume marin ! » *(une voix à droite),* « C'est une tenue de Chinois ! Quelle tristesse ! » *(Roger Corrèze).*

À l'Assemblée nationale, le 17 avril 1985,
le ministre de la Culture arborant
un costume à col Mao

« La Cicciolina de la culture et de la communication… »

Le Figaro du 19 juin 1991

« Si l'éclipse du 11 août 1999 avait été de gauche, cela se saurait : Jack Lang aurait déjà claironné qu'il était à l'origine de ce spectacle populaire et gratuit. »

André Santini,
entretien avec Antoine Guiral, *Libération.fr*, 12 août 1999

« Jack Lang devrait aussi lifter ses idées, au lieu de dire tout le temps "de mon temps, de mon temps". »

Xavier Darcos,
au *Club de la presse d'Europe 1* le 18 mai 2008

« Je ne supporte pas les manipulateurs et les geignards… Le summum, c'est Jack Lang qui a instauré le harcèlement en stratégie de conquête. Dix, vingt, trente coups de fil, matin, midi et soir. On finit toujours par céder. Très efficace mais totalement insupportable. Il gagne toujours par KO. »

Ségolène Royal,
Femme debout, entretiens avec Françoise Degois, 2009

LANIEL (Joseph)

(1889-1975), député modéré du Calvados de 1932 à 1940 et de 1945 à 1958, plusieurs fois membre du gouvernement, Président du Conseil de 1953 à 1954.

« Il faut rendre justice à M. Joseph Laniel : en voilà un qui ne trompe pas son monde ! Ce président massif, on discerne du premier coup d'œil ce qu'il incarne : il y a du lingot dans cet homme-là. Sans doute ignore-t-il "le grand secret de ceux qui entrent dans les emplois" que nous livre le cardinal de Retz, et qui est “de saisir d'abord l'imagination des hommes”. On ne saurait moins parler à l'imagination que M. Joseph Laniel. Ce président-là nous ferait découvrir de la fantaisie chez M. Doumergue, et chez M. Lebrun, de la verve. »

François Mauriac,
Bloc-notes, 14 novembre 1953.
Douze ans plus tard, dans son *Bloc-notes* du 29 janvier 1966, il regrettera l'emploi du mot « lingot »

« Je ne pense pas que la France ait jamais connu une semblable agonie. »

Édouard Herriot,
quand Laniel devint président du Conseil en 1953

« Quel bovin vous amène ? »

Le Canard enchaîné,
à sa nomination à la Présidence du Conseil en 1953

« Plus de tête de turc… Plus de tête de bœuf! »

François Mauriac,
Bloc-notes, 20 juin 1954, après la chute du cabinet Laniel et l'investiture de Pierre Mendès France

« On voudrait bien, ne serait-ce que par souci de ne pas être banal, comparer Joseph Laniel à autre chose qu'un bœuf. Mais cela est d'autant plus impossible qu'il semble cultiver comme à plaisir la ressemblance
« Ce n'est pas assez qu'il soit massif, pesant, de membres brefs et lourds, que sa tête engoncée dans ses épaules soit presque aussi large que son poitrail, que ses gros yeux aux bords rouges aient l'air d'attendre les mouches, et que, de son museau qui mastique à l'horizontale (c'est la seule

façon qu'a Laniel de ruminer), on s'étonne de ne pas voir découler un scintillant filet de bave. Il a encore fallu que Joseph Laniel se fît coiffer en brosse, de façon que son mufle apparût à plein, carré. De sorte qu'on rêve de l'apercevoir à l'abandon dans une pâture, et se nourrissant, par grosses bouchées, de sa litière. »

André Figueras,
Zoologie du Palais-Bourbon, 1956

LAPORTE (Bernard)

(Né en 1964), Entraîneur, secrétaire d'État chargé des Sports auprès de la ministre de la Santé, de la Jeunesse et des Sports dans le second gouvernement Fillon (2007-2009).

« Johnny Hallyday qui annonce son intention de rester Français et Bernard Laporte qui entre au gouvernement, c'est une période faste pour l'intelligence française. »

François Goulard,
phrase nominée au Prix Press Club,
Humour et Politique 2007

« Laporte a tout du clown : la bille ronde, le crâne chauve et l'air perpétuellement réjoui. Il porte des lunettes assorties à la forme de son crâne qui lui donnent l'air moins intelligent. Une prouesse pour une paire de lunettes. Bernard c'est l'art de la gaffe, le bon mot quand il faut pas. Une de ses meilleures blagues, il la fit à l'enterrement d'Aimé Césaire. À propos d'un proche du poète âgé de cent un ans, il déclara : "Celui-là, il ne jouera pas le prochain tournois des six nations!" Il est comme ça Bernard, nature! »

Stéphane Guillon,
France Inter, le 28 octobre 2008.

LAVAL (Pierre)

(1883-1945) Député socialiste puis modéré, Président du Conseil de 1931 à 1932 et de 1935 à 1936, ministre d'État et vice-président du Conseil en 1940, inspirateur de la politique de collaboration, fusillé à la Libération.

« Briand s'en va. Laval lui succède. Bien. Briand nous dégoûtait par son abjection, mais sa faiblesse d'esprit nous épouvantait. Laval vaudrait mieux? [...] Ce n'est pas sûr. L'état primaire ou secondaire auquel se ramènent les principes de Pierre Laval donne à penser que le malheureux ou le misérable n'est pas beaucoup plus avancé que son prédécesseur dans la voie des connaissances nécessaires. »

Charles Maurras,
dans *L'Action française* du 17 janvier 1932

« Si le diable avait une âme, il l'appellerait Laval. »

George Orwell,
à la *BBC*, le 18 avril 1942

« Napoléon disait de Talleyrand son ministre des Affaires étrangères : "C'est de la merde dans un bas de soie." Nous n'avons plus de bas de soie.

Manchette de *Je suis partout*, 28 juillet 1944

« ... Bicot, avec sa mèche d'ébène, il lui manquait que le fez crasseux. »

Louis-Ferdinand Céline,
D'un Château l'autre, 1957

LE PEN (Jean-Marie)

(Né en 1928) Député d'extrême droite de la Seine de 1956 à 1960, fondateur du Front national, député de 1986 à 1988, député européen, candidat aux élections présidentielles de 1974, 1988, 1995, 2002 et 2007.

« Jean-Marie Le Pen est l'intellectuel du groupe poujadiste, le penseur des épiciers. Il est l'inventeur de la formule qui eut du succès : "Sortez les sortants!" Nul doute, en ce cas, que les 2 500 000 électeurs, qui s'étaient imaginé – un peu naïvement – que Poujade changerait quelque chose à quelque chose, doivent avoir envie à présent de fredonner : *C'était pas Le Pen, c'était pas Le Pen / C'était pas Le Pen assurément / De changer de représentants.* Car l'entrée au Palais-Bourbon des fils de Mme Angot n'a pas été marquée par une amélioration sensible du niveau de la maison. Tout au plus pourrait-on dire que les harengers s'y sont trouvés tout de suite chez eux »

André Figueras,
Zoologie du Palais-Bourbon, 1956

« Élève Le Pen, zéro ! »

Une voix à gauche,
à l'Assemblée nationale, le 3 février 1956

« Entre un fasciste et vous, il n'y a pas de différence. Voilà la vérité ! »

Jean Pronteau,
député communiste de la Charente,
à l'Assemblée nationale, le 3 février 1956

« Êtes-vous commerçant ou camelot ? »

Charles Hernu,
à l'Assemblée nationale, le 3 février 1956

[À propos de la Révolution] « Les "aristos" comme vous, on les raccourcissait en ce temps-là ! »

Jean Pronteau,
député communiste de la Charente,
à l'Assemblée nationale, le 3 février 1956

« Vous êtes les hommes du 6 février. »

Raymond Gernez,
député socialiste du Nord, à l'Assemblée nationale,
le 7 février 1956

« Vous êtes des assassins de patriotes dans votre parti. […] Ce sont les agents de Doriot qui siègent à l'extrême droite ! »

Fernand Grenier,
député communiste de la Seine,
à l'Assemblée nationale, le 7 février 1956

« Guignol ! »

Rémy Boutavant,
député communiste de Saône-et-Loire,
à l'Assemblée nationale, le 7 février 1956

« Étudiant en retraite ! »

Robert Coutant,
député socialiste du Nord,
à l'Assemblée nationale, le 12 novembre 1957

« Allez jouer au cerceau. »

Une voix au centre,
à l'Assemblée nationale, le 12 novembre 1957

[À propos de Lagaillarde à Alger] « M. Lagaillarde est un assassin ! Il a du sang sur les mains. *(Vives interruptions à droite. – Bruit.)*
« Vous vous faites le complice d'un assassin. *(Protestations à droite.)* »

René Ribière,
député gaulliste de Seine-et-Oise,
à l'Assemblée nationale, le 1er juin 1960

« Laissez l'Alsace de côté et la Bretagne aussi. *(Applaudissements au centre et à gauche. – Bruit.)*
« Ou l'Alsace vous dira le mot de Cambronne. »

Edmond Borocco,
député gaulliste du Haut-Rhin,
à l'Assemblée nationale, le 20 mars 1962

« On est en République ici et non pas dans le pays d'Hitler ! »

Raymond Schmittlein,
député gaulliste du Territoire-de-Belfort,
à l'Assemblée nationale, le 20 mars 1962

« M. Le Pen n'est pas le chef d'une fraction de Français apeurés qui comptent sur lui pour ne plus payer d'impôt. Il est leur émanation, quelque chose comme leur mauvaise odeur, exaltée par les temps difficiles où nous sommes. Quand elle parfume l'écran, ils jubilent. Quand on se bouche le nez, ils ricanent. Non mais ! Ils sont chez eux ! Ils ne vont tout de même pas se gêner ! Ah ! malheur à ceux qui remuent le fond d'une nation… »

Françoise Giroud,
Le Nouvel Observateur, 26 octobre 1985

« M. Jean-Marie Le Pen. – Quand, au contraire, la sanction est proportionnée au crime, quand l'efficacité de la police et de la justice réduit presque à néant la différence qu'il y a entre le chiffre des crimes commis et celui des criminels arrêtés et condamnés, à ce moment-là, vous avez une vraie dissuasion. Quand le fossé s'élargit entre le nombre de crimes commis et le nombre de criminels purgeant efficacement et d'une manière incompressible leur peine, il y a alors pléthore de criminels et d'assassins.
M. Guy Ducoloné. – Et de trafiquants d'armes !
M. Jean-Marie Le Pen. – Or, pour que l'échelle des peines soit efficace, il faut qu'elle soit aussi large que l'échelle des délits.
M. Guy Ducoloné. – La détention d'un revolver par exemple !
M. Jean-Marie Le Pen. – Ça m'a servi de leçon, monsieur Ducoloné. Ça m'a appris qu'aux États-Unis en tout cas, la police de l'immigration était bien faite !
M. Guy Ducoloné. – Mal faite !
M. Jean-Marie Le Pen. – Dois-je vous dire que je préfère avoir été interpellé à New York plutôt qu'à Moscou ou à Budapest ? *(Applaudissements sur les bancs du groupe Front national [R.N.] et sur quelques bancs des groupes du RPR et*
de l'UDF)
M. Guy Ducoloné. – Vous aviez un revolver !
M. Jean-Marie Le Pen. – J'ai un revolver pour me défendre contre les terroristes qui sont vos amis !
M. Guy Ducoloné. – Il n'y a que les tueurs qui ont des revolvers !
M. le président. – Monsieur Ducoloné, laissez parler l'orateur !

M. Jean-Marie Le Pen. – Vous en savez quelque chose, monsieur Ducoloné, vous qui appartenez à un parti qui fait régner la terreur sur les trois quarts du monde! *(Applaudissements sur les bancs du groupe Front national [R.N.]. – Protestations sur les bancs des communistes.)*
M. Guy Ducoloné. – Et ceux qui torturent? On les connaît!
M. le président. – Monsieur Ducoloné, il fait déjà assez chaud! Laissez parler M. Le Pen : vous aurez l'occasion de vous exprimer tout à l'heure!
M. Gilbert Bonnemaison. – Ce n'est pas M. Ducoloné qui était armé tout de même! »

À l'Assemblée nationale, le 1er juillet 1986

« Vous êtes plus inquiétant que le terrorisme! »

François Loncle,
député socialiste de l'Eure,
à l'Assemblée nationale, le 9 juillet 1986

« Le Pen-Charles Martel! »

Jean-Marie Bockel,
député socialiste du Haut-Rhin,
à l'Assemblée nationale, le 16 juillet 1986

« Il est bronzé. »

Charles Ehrmann,
député UDF des Alpes-Maritimes,
à l'Assemblée nationale, le 19 novembre 1986

« Démagogue! »

Bruno Bourg-Broc,
député gaulliste de la Marne,
à l'Assemblée nationale, le 19 novembre 1986

« Fayot ! »

François Loncle,
député socialiste de l'Eure,
à l'Assemblée nationale, le 19 novembre 1986

« M. Jean-Marie Le Pen. – Je tiens à dire que je suis partisan du syndicalisme…
M. Jean-Pierre Michel. – Celui de Vichy ! »
À l'Assemblée nationale, le 7 avril 1987

[À propos de « l'Anschluss réalisé par la gauche sur les moyens de communication d'État »]
« Cela vous va bien de parler d'*Anschluss !* »

François Loncle,
député socialiste de l'Eure,
à l'Assemblée nationale, le 22 avril 1987

« … bateleur vulgaire, vieux cheval de retour de la politique, que tout son passé devrait discréditer. »

André Chambraud,
dans *L'Événement du jeudi* du 10 mai 1990

« Le Pen c'est quelqu'un qui est la honte de la France. […] Nous pouvons laver la France et notre République de la honte qu'il représente, il suffit de mobiliser massivement les électeurs pour l'expurger du Parlement européen. »

Vincent Peillon,
meeting pour les élections européennes,
le 28 mars 2009

« La Shoah est l'abomination des abominations et @lepenjm un tract ambulatoire pour @manuelvalls, c'est désespérant ! »

Gilbert Collard,
tweet du 2 avril 2015

LE PEN (Marine)

(Née en 1968) députée européenne de 2004 à 2017, députée du Pas-de-Calais depuis 2017, présidente du Rassemblement national, candidate aux élections présidentielles de 2017 et de 2022.

« … Une gourgandine sans foi ni loi, sans doctrine, sans idéal… »

Jérôme Bourdon,
directeur du journal *Rivarol*, cité dans *Libération* du 19 novembre 2010

« Une semi-démente, qui propose des solutions auxquelles personne ne peut croire… »

Jean-Luc Mélenchon,
en meeting à Metz, 18 janvier 2012

« Cette Mme Le Pen, qui n'a aucune espèce d'imagination, passe son temps à faire des emprunts forcés pour dire : je parle comme Mélenchon. Voyez mes ailes, je suis un oiseau. Et de temps à autres, je suis xénophobe, voyez mes pattes, je suis un rat. Cela nous fait une chauve-souris. »

Jean-Luc Mélenchon,
en meeting à Metz, 18 janvier 2012

« La malheureuse va trébuchant d'une stupiditude à l'autre. Elle est plutôt limitée, dans son humour comme dans son imagination. La moitié du temps, elle répète des formules qu'elle emprunte aux autres. [...] Elle se mélange les papiers dans ses fiches, elle n'était pas au courant que le Front national était pour la retraite à 65 ans, elle ne connaît pas la différence entre la retraite à la carte et la retraite par capitalisation. »

Jean-Luc Mélenchon,
sortant d'un meeting, 31 janvier 2012

« C'est une réactionnaire confite et une bigote mal éveillée. »

Jean-Luc Mélenchon,
Libération, 23 février 2012

« J'ai eu Marine Le Pen comme étudiante à Assas, elle est du même niveau que Dati et Morano ; elle écrit en phonétique. »

Jean-Claude Martinez,
sur *roadsmag.com.* Phrase nominée au Prix Press Club, Humour et Politique 2014

« Arrêtez de nous bassiner avec l'UMPS parce que j'ai de la mémoire. Aux législatives de 2012, vous, Marine Le Pen, vous m'avez mis sur liste noire, et vous avez appelé à voter socialiste au deuxième tour des législatives pour que je sois battu. J'ai été élu.
« Vous êtes le pire du système, vous êtes l'incarnation du système. La famille Le Pen, depuis cinquante ans, elle vit de l'argent public, elle spécule sur la misère des gens. Les gens qui sont en colère dans cette région, ils doivent savoir que, quand ils votent pour vous, à chaque fois ça

donne quelques euros au financement d'une famille qui, depuis des années et des années, tel un vampire, profite du système.
« Et vous allez dénoncer le système ? Vous êtes l'incarnation du système, le pire des systèmes.
« Vous n'avez jamais bossé autrement. Si, comme avocate, à l'époque pour des sans-papiers, vous l'oubliez. Alors arrêtez de nous bassiner et de nous donner des leçons. Vous n'êtes pas de la région, vous ne serez jamais le visage de cette région. »

Xavier Bertrand,
lors d'un débat sur les régionales organisé par *La Voix du Nord* et *Europe 1* 27 octobre 2015

« Elle est le loup déguisé en grand-mère. Je ne crois pas que les Français lui donneront les clefs. »

Valérie Pécresse,
La Provence, 8 juillet 2021

LEBRET (Georges)

(1853-1927), député républicain progressiste du Calvados de 1893 à 1902, garde des Sceaux de 1898 à 1899, en pleine affaire Dreyfus.

« Avec M. Lebret, garde des Sceaux de rencontre, qui veut une place à part dans la mascarade des paillasses de gouvernement, le spectacle devient plus répugnant encore. Celui-là pousse le grotesque jusqu'à expliquer qu'il tient la sentence du conseil de guerre [contre Dreyfus] pour bonne, comme citoyen, tandis que comme ministre, il protège la révision [du procès]. Une si plate bêtise paraît avoir déconcerté la Chambre elle-même, qui pourtant s'y connaît. »

Georges Clemenceau,
dans *L'Aurore* du 14 janvier 1899

LEBRUN (Albert)

(1871-1950) Dit « le Sot pleureur », député « républicain de gauche » de Meurthe-et-Moselle de 1900 à 1920, sénateur de 1920 à 1932, plusieurs fois ministre, élu Président de la République en 1932 et réélu en 1939, de sorte qu'il osa demander à de Gaulle de lui restituer la présidence de la République après la Libération…

« C'est en pochard de Marianne que ce calme Lorrain se présente au pays. »

Charles Maurras,
dans *L'Action française* du 8 juin 1932

« Au fond, comme chef d'État, deux choses lui avaient manqué : qu'il fût un chef, qu'il y ait eu un État. »

Charles de Gaulle,
Mémoires de guerre

LEBRUN (Charles-François, duc de Plaisance)

(1739-1824) Député du bailliage de Dourdan aux États généraux et à la Constituante, député de la Seine-et-Oise à la Convention, membre du Conseil des Anciens, Troisième Consul de la République, pair de France.

« Hic, hæc, hoc. »

Talleyrand,
décrivant les trois consuls dans l'ordre, à travers les trois

formes latines du démonstratif : *celui-ci* (Bonaparte), *celle-là* (Cambacérès, notoirement homosexuel) et *ça* (Lebrun)

LECANUET (Jean)

(1920-1993) Dit « Dents blanches », député démocrate-chrétien de la Seine-Inférieure (actuelle Seine-Maritime) de 1951 à 1955, secrétaire d'État de 1955 à 1956, candidat à l'élection présidentielle de 1965 qui mit de Gaulle en ballottage.

« Lecanuet, c'est l'enfant de chœur qui a bu le vin des burettes et qui s'en est enivré. »

Charles de Gaulle,
propos du 24 novembre 1965, cité par Alain Peyrefitte dans *C'était de Gaulle*, T. II, 1997. Une phrase analogue, dans les entretiens avec Michel Droit qui ont précédé le second tour de l'élection présidentielle, a été coupée pour ne pas froisser l'électorat démocrate-chrétien

« Son sourire et ses dents relèvent pour moi du cauchemar. »

François Mauriac,
Bloc-notes, 1er avril 1966

« Ce politicien avantageux nous paraît moins jeune qu'il n'imagine. Un spectre n'est jamais jeune : quoi qu'il fasse, il sera toujours un revenant, c'est-à-dire chargé d'un amas d'années – et de quelles années ! »

François Mauriac,
Bloc-notes, 21 septembre 1966

« Lecanuet, c'est une tombe que l'on va fleurir à la Toussaint. »

Hector Rolland,
Souvenirs dérangeants d'un godillot indisciplinés, 1990

LÉOTARD (François)

(Né en 1942) Maire de Fréjus de 1977 à 1997, député UDF du Var de 1978 à 1986, de 1988 à 1992, en 1993 et de 1995 à 2001, ministre de la Culture de 1986 à 1988, ministre d'État, ministre de la Défense de 1993 à 1995.

« Léotard est un boy-scout, un moinillon agité et irréfléchi. »

Hector Rolland,
Souvenirs dérangeants d'un godillot indisciplinés, 1990

LEYGUES (Georges)

(1857-1933), député républicain du Lot-et-Garonne de 1885 à 1933, plusieurs fois ministre, Président du Conseil de 1920 à 1921.

« De toutes les hétaïres à la mode dont le tout-Paris des gogos et des badauds s'occupe le plus volontiers, cette catin désuète tient la première place. »

Flax, nom de plume de **Victor Méric,**
dans *Les Hommes du jour* du 19 juin 1909

LIENEMANN (Marie-Noëlle)

(Née en 1951) Députée socialiste de 1988 à 1992, plusieurs fois membre du gouvernement, maire d'Athis-Mons de 1989 à 2001, députée européenne de 2004 à 2009, sénatrice depuis 2011.

« Après la bombe atomique, il restera les cafards et... Marie-Noëlle Lienemann ! »

Jean-Luc Mélenchon,
sur *Public Sénat*, le 1er février 2011

LLANTE (Jean)

(1914-1985) Député communiste de l'Aude de 1947 à 1951, député de la Haute-Garonne de 1956 à 1958, membre du comité central du PCF.

« Silence, Beria ! »

Jean-Marie Le Pen,
à l'Assemblée nationale, le 15 février 1956

LONGUET (Gérard)

(Né en 1946) Député UDF de la Meuse de 1978 à 1981, en 1986 et de 1988 à 1993, sénateur depuis 2011, plusieurs fois membre du gouvernement.

« À force de fréquenter les tribunaux pour des affaires de toutes sortes, il devrait changer de métier ; il a toujours eu une tête de greffier. »

Bruno Roger-Petit,
François Mitterrand 2008 il revient, 2008

LOUBET (Émile)

(1838-1929) Dit « Loubet-la-Honte », « Panama Ier », « le Nougateux », député républicain de la Drôme de 1876 à 1885, sénateur de 1885 à 1899, plusieurs fois ministre, Président du Conseil en 1892, Président de la République de 1899 à 1906.

« Élu des juifs ! »

Le baron de Cristiani,
qui défonça son chapeau à coups de canne,
au grand steeple-chase d'Auteuil, le 4 juin 1899

LOUCHEUR (Louis)

(1872-1931) Dit « Tout-en-or », député du Nord de 1919 à 1931, plusieurs fois ministre.

« Imaginez un O majuscule, presque privé de nez, et qui ressemblerait à un dogue. »

Léon Daudet,
La Chambre nationale du 16-Novembre, 1923

LOUIS XVI

(1754-1793) Roi de France de 1774 à 1791, roi des Français de 1791 à 1792.

« *Che coglione* [quel con !] ; comment a-t-il pu laisser entrer cette canaille ? Il fallait en balayer quatre ou cinq cents avec du canon, et le reste courrait encore. »

Napoléon,
voyant le roi coiffer le bonnet rouge,
le 20 juin 1792, propos cité dans
les *Mémoires de Bourrienne*, 1829

« Ô roi ! qui, sans doute, avez cru avec le tyran Lysandre, que la vérité ne valait pas mieux que le mensonge, et qu'il fallait amuser les hommes par des serments, ainsi qu'on amuse les enfants avec des osselets, qui n'avez feint d'aimer les lois que pour parvenir à la puissance qui vous servirait à les braver. [...] Vous n'êtes plus rien pour cette Constitution que vous avez si indignement violée, pour ce peuple que vous avez si lâchement trahi. »

Pierre-Victurnien Vergniaud,
à l'Assemblée législative, le 3 juillet 1792

« La Révolution commence quand le tyran finit. »

Saint-Just,
à la Convention, le 27 décembre 1792

« ... Une tête abattue ne nous sera pas d'une grande utilité pour le peuple ; car la tête d'un roi, coupée, est souvent de la nature de l'hydre ; car à la place de cette tête il en renaît souvent d'autres plus altières et plus cruelles que celle abattue, et de ce tronc il pourrait s'élever des branches qui pourraient encore couvrir, ombrager notre liberté, et l'étouffer dans son berceau ; non que je craigne que cela arrive, mais aussi ce qui ne serait pas impossible. Nos ennemis attendent avec impatience la mort du tyran, tenant bien moins à lui qu'à son trône renversé ; attendons-nous, soit qu'il meure, soit qu'il vive, à une explosion terrible : mais le plus sage parti que la Convention puisse prendre, c'est de faire bâtir une prison au milieu de Paris, ou dans une place quelconque où étaient ces effroyables colosses élevés en l'honneur de la royauté, pour tenir en captivité, dans le sein même de la liberté, celui qui fut, avec sa famille, libre au milieu de notre esclavage, et qu'après l'avoir privé de la lumière naturelle, il soit chargé de fers et jeté dans cette prison forte et obscure, en réparation

des maux faits à la nation entière, et qu'il expie, par une mort continuelle, la peine due à ses forfaits.
« Je demanderai que sur le portique de cette prison il fût écrit et gravé, sur la pierre ou sur le marbre, cette inscription, pour servir à la postérité : *En France le trône fut brisé et renversé... ici expire [sic] les restes de la royauté...* et qu'après sa mort on changeât la voyelle *e* au mot expire, pour y substituer un *a* : *expira.* »

Opinion du **citoyen Roy** [*sic*],
député de Seine-et-Oise à la Convention nationale,
janvier 1793

« Capet est enfin mort, foutre. Je ne dirai pas comme certains badauds, "n'en parlons plus". Parlons-en au contraire, pour nous rappeler tous ses crimes et inspirer à tous les hommes l'horreur qu'ils doivent avoir pour les rois. »

Hébert,
dans *Le Père Duchesne*,
en guise d'oraison funèbre après la décollation
du 21 janvier 1793

LOUIS XVIII

(1755-1824) Roi de France de 1815 à 1824.

« C'est le plus fieffé menteur que la terre ait jamais porté. »

Talleyrand, propos

« C'est un grand malheur pour une nation qu'un bon homme, dans une place qui exige un grand homme. »

Talleyrand, propos

« Je n'aime pas ce faible roi dont le premier travail, en montant sur le trône, fut avec son maître serrurier, sa première ordonnance, une ordonnance sur la chasse aux lapins. »

Rivarol, propos

LOUIS-PHILIPPE Ier

(1773-1850) Roi des Français de 1830 à 1848.

« Depuis quelques années déjà, on surveillait la conduite d'un voleur émérite, du nom de Louis-Philippe, qui, depuis nombre d'années, n'a reculé devant aucun méfait ; cet homme qui déjà sous la Restauration, rôdait habituellement autour des Tuileries, vient enfin d'être surpris en flagrant délit de vol. [...] Cette fois c'est un parapluie que cet adroit filou a dérobé. »

Le Charivari de décembre 1832

M

M

M

MAC-MAHON (Edme Patrice, comte de, duc de Magenta)

(1808-1883) Maréchal, sénateur, Président de la République de 1873 à 1879.

« Tant de fois vaincu
« Es-tu donc avide de gloire
« Au point de jouer dans l'histoire
« Le rôle que Monk eut ? »

Victor Hugo

MACRON (Emmanuel)

(Né en 1977) Secrétaire général adjoint de la présidence de la République de 2012 à 2014, ministre de l'Économie, de l'Industrie et du Numérique de 2014 à 2016, président de la République depuis 2017.

« Avant de juger les propositions d'Emmanuel Macron, je vais attendre qu'elles soient abandonnées. »

François Fillon,
France Info, 10 octobre 2014.
Phrase nominée au Prix Press Club,
Humour et Politique 2015

« M'expliquer qu'on va ramener la croissance en France avec la loi Macron, c'est comme m'expliquer qu'on va rendre fertile le Sahara avec un arrosoir. »

Valérie Pécresse,
France Inter, 4 janvier 2015

[Après le recours au 49-3 pour le vote de sa loi]
« C'est l'échec d'un technicien qui s'est cru ministre. »

Jérôme Chartier,
Le Parisien, 18 février 2015

[Le ministre ayant comparé Syriza au FN dans *La Provence*]
« Tant de grandes écoles pour avoir une pensée si médiocre et une inculture affligeante… »

Marie-Noëlle Lienemann,
tweet du 14 juillet 2015

[Après la remise en cause des 35 h à l'université d'été du Medef]
« Je croyais que Nicolas Sarkozy était de retour, mais je n'avais pas compris qu'il était de retour au gouvernement. »

Christian Paul,
Le Point, 28 août 2015

« Macron a quelque part insulté Jean Jaurès, Léon Blum, François Mitterrand, Lionel Jospin et Martine Aubry. »

Yann Galut,
Le Canard enchaîné, 2 septembre 2015

« Emmanuel Macron, c'est Alain Juppé avec trente ans de moins et une barbe de trois jours. »

Marion Maréchal-Le Pen,
LCI, le 10 avril 2016

« Je veux bien qu'il soit "en marche". Déjà, il va être en marche pour aller payer ses impôts, si j'ai bien compris. »

Luc Carvounas,
sur *RCJ*, le 3 juin 2016

« Je ne me suis pas engagé en politique depuis plus de vingt ans pour m'extasier devant un rond-de-cuir devenu Brutus. »

Luc Carvounas,
Le Parisien, 31 juillet 2016

« Je ne vois aucun avenir dans cette démarche, c'est un peu du cirque. C'est pas des choses sérieuses, c'est quand même le gars qui est depuis quatre ans conseiller à l'Élysée puis au ministère de l'Économie, c'est 1,3 millions de chômeurs en plus, qu'il vienne pas nous dire qu'il est neuf. Ça fait quatre ans qu'il s'use en nous usant. »

Gérard Filoche,
BFM TV, 30 août 2016

« Dans les gouvernements en crise, il y a toujours des personnages interlopes, qui surviennent, et qu'on pousse comme ça. On les fait monter en mayonnaise, genre Bernard Tapie. Dans le temps c'était Raspoutine. Les favoris du prince, quoi. Puis les favoris du prince finissent toujours par cracher dans la soupe. C'est curieux, parce qu'à la fois ça se veut moderne, ce personnage-là. Et puis à la fois c'est le créateur des tâcherons, des loueurs de bras. Le retour au XIXe siècle. Il n'y a pas plus archaïque que ce bonhomme. »

Gérard Filoche,
ITV, 30 août 2016

« Emmanuel Macron, c'est le candidat chimère, la chimère telle que décrite par Homère : un lion devant, un dragon derrière, une chèvre au milieu. »

Benoit Hamon,
en meeting à Marseille, le 7 mars 2017

[Réagissant aux images d'Emmanuel Macron devant la pyramide du Louvre]
« C'était Toutânmacron ! »

Yannick Jadot,
France Inter, le 7 mai 2017

« Macron, président jupitérien ? Il serait plutôt un président hermétique, au sens du rapport au dieu Hermès des commerçants, des banquiers et des voleurs. »

Pierre Joxe,
France Culture, 19 octobre 2016

« – Emmanuel Macron est-il "le président des riches" ?
– Non ce n'est pas vrai, il est le président des *très* riches.

François Hollande,
Quotidien, 2018

« Manu, dans quel monde tu vis ? »
« Je suis Jojo. »
« Jo le Taxé. »
« J'ai traversé la rue et après ? »
« Qui sème la misère récolte la colère. »
« Limitation du flash-ball à 80 km/heure. »
« Arrête la pédagogie, on a tout compris. »
« Ton nouveau monde, j'en ai vraiment les larmes aux yeux. »
« Macron et les CAC 40 voleurs. »

« Petit papa Macron, arrête de prendre notre pognon, pour le filer aux grands patrons. »
« Regarde ta Rolex, c'est l'heure de la Révolution ! »
« Bon Brigitte ça suffit ! Soit tu recadres ton gamin, soit j'alerte les services sociaux !!! »

Slogans de **Gilets jaunes**,
2018-2020

« On boute Macron, boutez Flika. »

Graffiti sur les Champs-Élysées,
2019

« Macronavirus : à quand la fin ? »

Banderole à la fenêtre d'une militante
d'extrême gauche placée en garde à vue, 2020

« On peut être de droite, de gauche, il y en a même qui ne sont rien du tout ! »

François Hollande,
à Tulle pour l'avant-première du film *Présidents*,
propos rapporté dans *Télé-Loisirs* du 30 juin 2021

« Macron j'aimerais bien aller chez lui en passant par les chiottes et par les tuyaux et lui péter la gueule, ça évidemment un peu comme tout le monde, dans l'absolu. »

Pio Marmaï,
en conférence de presse lors du festival de Cannes,
10 juillet 2021

« Emmanuel Macron ne protège pas les Français. […] Il est le triste héritier de la France au-dessus de laquelle le nuage de Tchernobyl n'est pas passé, de la France qui a tardé à prendre des mesures sanitaires contre l'amiante, triste héritier d'une France condamnée pour inaction climatique. »

Éric Piolle,
AFP, 5 août 2021

[À propos du passe sanitaire]
« Un peuple adulte choisit. Qu'est-ce que c'est que cette manière de se comporter, en petit maître d'école ? »

Gilbert Collard,
CNews, 13 août 2021

MADELIN (Alain)

(Né en 1946) Député d'Ille-et-Vilaine de 1978 à 1986, de 1988 à 1993 et de 1995 à 1999, député européen, plusieurs fois ministre, candidat à l'élection présidentielle de 2002.

« Alain Madelin, ancien militant du groupe fasciste Occident reconverti dans le droite molle pour raison de santé, est un fin moraliste. Il s'insurge : "Notre démocratie est malade de l'argent, de la corruption, de la non-sanction de la corruption…" Il a trouvé la solution : "Recul du pouvoir de l'État sur l'économie, mettre fin à des règlementations arbitraires ou à des contrôles inutiles…" […] Si on supprime les lois qui interdisent les saloperies, les saloperies deviennent légales. Malin le Madelin. Si ce n'était déjà fait, il aurait inventé le libéralisme. »

La Grosse Bertha, 18 avril 1991

« Il a tout lu, tout retenu, mais hélas à l'envers. C'est une vraie migraine à lui tout seul. »

Nicolas Sarkozy sous le pseudonyme de Mazarin,
Lettre apocryphe à François Mitterrand
Les Échos du 25 juillet 1995

MALRAUX (André)

(1901-1976) Écrivain, ministre de l'Information de 1945 à 1946, ministre des Affaires culturelles de 1959 à 1969.

« Il ne comprend rien aux événements, il confond l'opportunisme et la fatalité historique. De plus en plus il se ronge les ongles, s'endort au Conseil de ministres, terrifie les femmes enceintes par les tics qui ravagent son visage comme un séisme, glapit des oraisons funèbres d'une voix mélodramatique qui fait pouffer le militant de base. »

Édouard Marotte,
Les Casse-pieds, mars 1968

« Il n'est pas jusqu'à M. Malraux, qui cherche en tâtonnant sa route de la cinémathèque au festival de Cannes en passant par le théâtre de l'Odéon. »

François Mitterrand,
à l'Assemblée nationale, le 22 mai 1968,
critiquant l'indécision du Gouvernement
devant la révolte des jeunes

« Quand j'entends le mot "culture", je sors mes CRS. »

Graffiti à Nanterre, en Mai-68

« Je me demande si Malraux n'appartient pas à cette lignée d'écrivains dont le génie s'exprime tout entier dans la conversation et se dissipe dans l'écriture. »

François Mitterrand,
La Paille et le Grain, 1975

MALVY (Louis)

(1875-1949) Maire de Souillac, député radical du Lot de 1906 à 1919 et de 1924 à 1940, plusieurs fois membre du gouvernement

« M. le ministre. – Vous m'avez reproché de ne pas vous apporter assez de têtes : je vous apporte des résultats, et c'est sur ces résultats que je demande à la haute Assemblée de me juger.
« M. Clemenceau. – Je vous reproche d'avoir trahi l'intérêt de la France.

Georges Clemenceau,
au Sénat, le 22 juillet 1917

MAMÈRE (Noël)

(Né en 1948) Maire de Bègles, député européen écologiste de 1994 à 1997, député écologiste de la Gironde de 1997 à 2017.

« Noël Mamère ne comprend jamais rien ! Il a un ego tellement enflé qu'il croit le 49-3 juste pour lui. »

Jean-Marc Ayrault,
dans *Le Canard enchaîné* du 3 décembre 1997

« Cela pourrait faire un film dont le titre serait Mamère Noël est une ordure. »

Michel Charasse,
à propos du mariage homosexuel de Bègles,
prix spécial du jury du Prix Press club,
Humour et Politique 2004

MANDEL (Louis Rothschild dit Georges)

(1885-1944) Collaborateur de Clemenceau puis député de la Gironde de 1919 à 1924 et de 1928 à 1940, ministre des Postes de 1934 à 1936, ministre des Colonies de 1938 à 1940, assassiné par la Milice.

« Mandel vient sans que je l'invite, – moyennant quoi j'oublie de le retenir à déjeuner. Mais ne dites pas de mal de ce phénomène. Mandel n'a pas d'idées mais il les défendrait jusqu'à la mort. »

Georges Clemenceau,
propos cité par Jean Martet dans
M. Clemenceau peint par lui-même, 1929

MARAT (Jean-Paul)

(1743-1793) Journaliste, membre de la Convention.

« … le Caligula des carrefours… »

Chateaubriand, propos

[Après son assassinat par Charlotte Corday]
« Je plains Marat. Il n'a pas eu de chance… pour une fois qu'il prenait un bain !… »

Rivarol, propos

MARCHAIS (Georges)

(1920-1997) Secrétaire général du PCF de 1972 à 1997, député communiste du Val-de-Marne de 1973 à 1997, député européen, candidat à l'élection présidentielle de 1981.

« Georges Marchais, cet homme que vous hésiteriez à prendre en auto-stop… »

Alain Peyrefitte,
à Dijon, le 5 décembre 1972

« Il me fait tordre de rire. Si on voulait lui trouver un rôle dans un spectacle, ce serait extraordinaire. »

Michèle Morgan,
dans *Marie-Claire* de juillet 1986

« M. Marchais me fait penser à du pop-corn boursouflé, mais finalement léger et pas très nourrissant. »

Pierre Joxe,
sur *France Inter,* le 22 janvier 1980

« Georges Marchais pratique l'union de la gauche comme l'Union soviétique pratique la détente : à coups de canon. »

François Mitterrand,
dans *Valeurs actuelles* du 25 février 1980

« Je méprise profondément Georges Marchais. On ne se dit pas bonjour lorsque l'on se croise et je crois que je ne pourrais pas lui serrer la main. »

Jeannette Thorez-Vermeersch,
dans *France-Soir*, août 1990.
Julie Marie Vermeersch a été la compagne
puis l'épouse de Maurice Thorez, secrétaire général
du Parti communiste français

MARCILHACY (Pierre)
(1910-1987) Sénateur indépendant de la Charente de 1948 à 1980, candidat à l'élection présidentielle de 1965.

« Marcilhacy, c'est le notable, sûr de lui parce qu'il est notable et qu'il regarde de haut les Français, comme si les pouvoirs de la République lui étaient dus par voie d'hérédité. »

Charles de Gaulle,
propos du 24 novembre 1965,
cité par Alain Peyrefitte dans *C'était de Gaulle*,
T. II, 1997

MARTINAUD-DEPLAT (Léon)
(1899-1969) Député de la Seine de 1932 à 1936, député des Bouches-du-Rhône de 1951 à 1955, garde des Sceaux, ministre de la Justice de 1952 à 1953, ministre de l'Intérieur de 1953 à 1954.

« Martinaud-Deplat. Ministre de la "Justice" qu'il dit! Pétain a failli en faire un ministre de Vichy. Quant à lui, a fait d'un traître, Périer de Férol, baron de Schwarz, secrétaire général de la Préfecture de la Seine sous Pétain, son chef de cabinet. Se signale par une défense acharnée en tant qu'avocat de tout ce qui est collabo. »

L'Humanité, 22 octobre 1952,
à propos de la demande de levée de l'immunité
parlementaire de Jacques Duclos.

MARTINON (David)

(Né en 1971) Conseiller de Nicolas Sarkozy et candidat UMP à Neuilly-sur-Seine.

« Quel petit con, ce Martinon ! »

François Fillon,
dans *Le Canard enchaîné* du 4 juillet 2007

MAUPAS (Charlemagne Émile de)

(1818-1888) Préfet de police au moment du coup d'État du 2 décembre 1851. Il aurait pris peur, lors des journées suivantes, devant le soulèvement d'une partie du peuple de la capitale.

« Le 2 décembre, ce héros qui faisait arrêter les honnêtes gens par ses argousins, tremblait comme un écureuil pour l'intéressante peau qui recouvre son cœur magnanime. »

Henri Rochefort,
dans *La Lanterne* du 5 février 1869.

« Louis Bonaparte avait la prétention, justifiée, de se connaître en hommes. Il s'en piquait, et, à un certain point de vue, il avait raison. [...] Il ne s'était, certes, point trompé sur Maupas. Pour crocheter la loi, il avait besoin d'une fausse clef. Il prit Maupas. Aucun engin d'effraction ne se serait mieux comporté que Maupas dans la serrure de la constitution. »

Victor Hugo,
Histoire d'un crime, 1883

MAUROY (Pierre)

(1928-2013) Dit « Gros Quinquin », maire de Lille de 1973 à 2001, député socialiste du Nord de 1973 à 1981 et de 1986 à 1992, Premier ministre de 1981 à 1984, sénateur depuis 1992.

« Quelle démagogie ! »

Jacques Toubon,
député RPR de Paris, à l'Assemblée nationale le 9 juillet 1981, pendant la déclaration de politique générale du Premier ministre

« Voilà Maurois, Zeppelin débonnaire, sorti de son hangar de Lille. »

François Léotard,
Pendant la crise le spectacle continue, 1989

« Dans un de ses discours ampoulés, Mauroy s'était fendu d'une de ces envolées lyriques pour brasserie flamande dont il a le secret… »

Hector Rolland,
Souvenirs dérangeants d'un godillot indiscipliné, 1990

« Il a presque tout pratiqué, en matière d'incongruité politique, de perversion économique. Il était sûr de lui, le gros homme affublé d'un pittoresque surnom : le "rougeaud-de-Lille" ; il ne pouvait pas douter puisque le socialisme l'habitait. »

Pierre Pélissier,
Tous nuls, 1990

« Que dit Mauroy ?
« Un tissu d'âneries, sur un ton pontifiant. Une logorrhée prétentieuse, ahurissante, sur le mode : "L'économie ne

compte pas, nous autres socialistes ne devons penser qu'au social, il ne faut pas s'attacher aux chiffres, on trouvera toujours des techniciens pour les adapter..." C'est grotesque. La grande gloire de Mauroy, il surfe dessus depuis cinq ans, c'est d'avoir dit une fois à Lionel Jospin, pendant la campagne de 2002 : "Il y a un problème. Tu ne cites pas le mot ouvrier." À partir de cette phrase, la légende a fait de Mauroy le prophète de la défaite, un sage du vrai socialisme. Et il se sert de cette aura pour nous asséner une leçon de pure irresponsabilité. »

Éric Besson,
Qui connaît Mme Royal? 2007

MBIDA (André)

(1917-1980), député du Cameroun de 1956 à 1958.

« À mon compatriote, mon très peu digne collègue Mbida, valet du gouvernement, je dirai tout simplement : Mbida, le roi Mbida a des oreilles d'âne... »

Alexandre Douala Manga Bell,
député du Cameroun, à l'Assemblée nationale,
le 4 avril 1957

MÉLENCHON (Jean-Luc)

(Né en 1951) Sénateur de l'Essonne de 1986 à 2000 et de 2004 à 2010, ministre délégué chargé de l'Enseignement professionnel de 2000 à 2002, député européen de 2009 à 2017, député des Bouches-du-Rhône depuis 2017.

« Mélenchon, ce qui est terrible, c'est qu'il a été socialiste toute sa vie et que toute sa vie ça va le suivre. »

François Hollande,
phrase nominée au Prix Press Club,
Humour et Politique 2011

« Vous êtes un peu la Yvette Horner de la politique, tous les combats que vous menez ont trente ans de retard. »

Marine Le Pen,
débat sur *BFM TV* le 13 février 2011

« Un idiot triplement utile. [Il est] d'abord l'idiot utile de François Hollande puisqu'il permet de se défouler au premier tour avant d'espérer voter au second tour pour le candidat socialiste. Mais il est aussi l'idiot utile de Nicolas Sarkozy puisqu'il affaiblit Hollande au premier tour permettant au candidat UMP d'espérer créer une dynamique pour le second tour. Il est enfin l'idiot utile de François Hollande et de Nicolas Sarkozy réunis puisqu'il trompe des électeurs qui croient s'attaquer au système en votant pour lui au lieu d'apporter leur suffrage à la seule candidate anti-système, Marine Le Pen. »

Marine Le Pen,
en meeting, 7 avril 2012

« Jean-Luc Mélenchon est un pauvre sénateur SDF des législatives. C'est un SCF, un sans circonscription fixe. Il cherche la circonscription la plus gagnable. Ce n'est pas très glorieux de la part de M. Mélenchon de courir comme ça après les caméras. »

Marine Le Pen,
Europe 1, 12 mai 2012

« Mélenchon au pouvoir, il mettrait tous les Mélenchon en taule. »

Daniel Cohn-Bendit,
Europe 1, 4 mars 2014.
Phrase nominée au Prix Press Club,
Humour et Politique 2014

[Après sa protestation contre l'opération « Stop migrants » dans les Alpes]
« Il y a très longtemps que vous planez. Moi je n'ai pas d'hélicoptère, mais vous alors, qu'est-ce que vous pouvez avoir comme hélice. »

Gilbert Collard,
tweet du 21 avril 2018

« Mélenchon célébrant la fête du Travail, c'est aussi crédible que Bardella inaugurant le Salon du Livre. »

Philippe Briday,
tweet du 1er mai 2021

« Mélenchon était jadis un républicain. Aujourd'hui, il court après les indigènes, il essaye de courir après les électeurs qu'il a encore. Mélenchon a trahi Mélenchon. »

Éric Zemmour,
BFM TV, le 23 septembre 2021

MENDÈS FRANCE (Pierre)

(1907-1982) Député radical de l'Eure de 1932 à 1940 puis de 1946 à 1958, député de l'Isère de 1967 à 1968, sous-secrétaire d'État en 1938, Président du Conseil en 1953 et de 1954 à 1955, ministre d'État en 1956.

« J'ai toujours voté pour les candidats de gauche. Jusqu'ici, c'était facile. Ils s'appelaient Boudeha, Delamare, Ernest Thorel. Dimanche dernier, j'ai voté blanc. La raison est simple. L'Éliacin du Parti radical est juif. »

Lettre d'un commerçant de Louviers
au journal *L'Industriel* du 7 mai 1932,
à l'occasion des élections législatives.
Cité par Éric Roussel dans *Pierre Mendès France*, 2007.

« Français ? Non !! Juif ! »

Exposition « Le Juif et la France »,
le 5 septembre 1941 au palais Berlitz à Paris,
sur l'affiche de Pierre Mendès France.

« Mais, vous, M. le Président du Conseil, je vous plains surtout. Vous êtes parti pour Bruxelles portant dans vos bras les enfants des autres, les enfants de plusieurs lits. *(Sourires.)* »

Édouard Herriot,
à l'Assemblée nationale, le 31 août 1954,
à propos de la Communauté européenne de défense

« Monsieur le Président du Conseil… En vérité, je vous le confesse, je ne sais pas où vous allez. Et je ne puis croire qu'une politique de mouvement ne puisse trouver de terme moyen entre l'immobilisme et l'aventure. »

René Mayer,
député de Constantine,
à l'Assemblée nationale, le 3 février 1955

« Si vous aviez une goutte de sang gaulois dans les veines, vous n'auriez jamais osé, vous représentant de notre France, producteur mondial de vins de champagne, vous faire servir un verre de lait dans une réception internationale ! C'est une gifle, monsieur Mendès, que tout Français a reçue ce jour-là, même s'il n'est pas un ivrogne. »

Pierre Poujade,
J'ai choisi le combat, 1955

« Son visage est celui d'un hibou épuisé ; son sourire a l'air d'avoir servi depuis dix mille ans, tant il est flétri, pâle, mince ; ses yeux sont ternes, flous et usés ; sa voix elle-même tombe en ruines. Quant à son corps, il est rabougri et frileux. Ses mains ont l'air de vieilles serres mises à la réforme. Bref, c'est l'oiseau de nuit vétuste et morose, au vol bas, lourd, hostile. »

André Figueras,
Zoologie du Palais-Bourbon, 1956

« Mendès, c'est un marchand de tapis qui n'a même pas de tapis. »

Charles de Gaulle,
propos cité par André Figueras
dans *Zoologie du Palais-Bourbon*, 1956

« Vous savez bien, monsieur Mendès France, quel est votre réel pouvoir sur le pays. Vous n'ignorez pas que vous cristallisez sur votre personne un certain nombre de répulsions patriotiques et presque physiques. »

Jean-Marie Le Pen,
à l'Assemblée nationale, le 15 février 1958

« Les voyous aux blousons noirs sont, en quelque sorte, des disciples de M. Mendès France : ils pratiquent, eux aussi, le système de l'abandon des principes et du reniement des règles. Comme ils ne peuvent pas aller à Genève ou à Tunis pour gaspiller des territoires, ils se contentent de saccager des automobiles et de molester des passants. Mais, au fond, tout cela procède du même esprit négateur et anarchiste. »

André Figueras,
dans *La Liberté du Morbihan* du 15 août 1958

« Mendès ! Il suffit de donner le nom sans qu'il soit besoin de donner l'adresse ».

Jean-Louis Tixier-Vignancour,
pendant la campagne électorale de 1965

« Mendès ! Il accepte d'être béatifié de son vivant. On lui prête des miracles, s'il revenait au pouvoir ! Mais il cède à la démagogie comme les autres. »

Charles de Gaulle,
propos du 5 décembre 1966, cité par Alain Peyrefitte
dans *C'était de Gaulle*, T. III, 2000

« Je l'ai connu aviateur. D'ailleurs, très courageux. Mais, tout à fait entre nous, sa spécialité, c'est le rase-mottes... »

Charles de Gaulle, propos

MILLERAND (Alexandre)

(1859-1943) Député de la Seine de 1885 à 1920, sénateur de la Seine de 1925 à 1927, sénateur de l'Orne de 1927 à 1940, plusieurs fois ministre, Président du Conseil en 1920, Président de la République de 1920 à 1924. D'abord socialiste, il évolua de plus en plus vers la droite.

« Quoique Millerand n'ait pas dans l'histoire de la France une importance très considérable. Je n'ai jamais rien vu de plus ahurissant que Millerand ministre de la Guerre. On lui disait : “Mais sapristi ! Faites donc des canons !” Il répondait : “Oh ! croyez-vous que ce soit bien nécessaire ?” »

Georges Clemenceau,
propos du 15 mai 1928 cité par Jean Martet
dans *Le silence de M. Clemenceau*, 1929

« Millerand ? Bravo ! C’est un cœur d’acier ! N’oubliez jamais son histoire. Il est président de la Chose publique. Il ouvre son journal, lit dedans qu’il faut partir : il part ! »

Georges Clemenceau,
propos cité par René Benjamin
dans *Clemenceau dans la retraite*, 1930

« Où achète-t-il ces sourcils-là ? »

Léon Daudet,
Député de Paris, 1933

« Le sanglier de carton… »

Léon Daudet,
Député de Paris, 1933

MILLON (Charles)

(Né en 1945) Maire de Belley puis conseiller municipal de Lyon, député UDF de l’Ain de 1978 à 1995, ministre de la Défense de 1995 à 1997, président du conseil régional de Rhône-Alpes de 1988 à 1999, fondateur de La Droite en 1999.

« M. Charles Millon. – Si M. le ministre d’État […] demandait une suspension de séance pour que nous puissions déterminer les attributions de chacune des

collectivités territoriales, vous auriez un tout autre M. Millon en face de vous.
« M. Gaston Defferre, ministre d'État, ministre de l'Intérieur et de la Décentralisation. – Celui-là me suffit ! *(Sourires.)* »

Propos échangés à l'Assemblée nationale,
le 10 septembre 1981

MIRABEAU (Honoré Gabriel Riquetti, comte de)
(1749-1791) Noble établi marchand de drap pour se faire élire député du tiers aux États généraux, député à la Constituante, âme de la Révolution.

« Mirabeau est capable de tout pour de l'argent, même d'une bonne action. »

Rivarol, propos

« L'argent ne lui coûte que des crimes, et les crimes ne lui coûtent rien. »

Rivarol, propos

« M. de Mirabeau est l'homme du monde qui ressemble le plus à sa réputation : il est affreux. »

Rivarol, propos

« La tête de Mirabeau n'est qu'une grosse éponge toujours gonflée des idées d'autrui.
« Du reste, c'est un barbare effroyable en fait de style ; c'est l'Attila de l'éloquence, et s'il y a dans ses gros livres quelques phrases bien faites, elles sont de Chamfort, de Cerutti ou de moi »

Rivarol, propos

« Un tel vicieux déshonorera n'importe quel ministère et il ne faut pas se fier à un homme aussi dépourvu de principes. »

Gouverneur Morris,
ambassadeur des États-Unis en France, propos

« Ne m'embrassez pas, vous allez m'enfermer dans un cercle vicieux ! »

Talleyrand, propos

« Mirabeau ! Moins de talent, plus de vertu, ou demain gare à la lanterne ! »

Fréron, dans son journal

« Ce grand homme a senti de bonne heure que la moindre vertu pouvait l'arrêter sur le chemin de la gloire, et jusqu'à ce jour il ne s'en est permis aucune. Il n'a regardé l'honneur et la probité que comme deux tyrans qui pouvaient mettre un frein à son génie, et il s'est rendu sourd à leur voix. Il a renoncé à toute espèce de courage pour ne pas rendre sa destinée trop incertaine ; enfin il a profité de son manque d'âme pour se faire des principes à l'épreuve des remords. Des milliers de Français se sont dévoués pour la patrie ; lui s'est vendu pour la patrie, et cela est bien plus sûr : le génie est si flottant dans sa marche qu'une grande république ne peut compter sur lui qu'en le payant fort cher. D'ailleurs, quand il s'agit de la liberté, il ne faut rien épargner, et la fidélité du comte de Mirabeau prouve la magnificence du parti qu'il défend. Il n'a parlé quelquefois en, faveur de l'autorité royale que pour prouver que son jargon aurait trouvé partout à se placer, et que son éloquence gagnait cent pour cent à être dirigée contre sa conscience. La nation lui a donc laissé le plaisir de combattre quelquefois contre elle, et la misère du roi l'a toujours rassurée. Le comte de Mirabeau n'en passe pas moins pour un des meilleurs ouvriers de la Révolution, et il ne s'est pas commis un grand crime dont il ne se soit avisé le premier. »

Rivarol,
Petit Dictionnaire des grands hommes de la Révolution,
1790

« Il n'est point de jury qui ne déclare unanimement que Mirabeau s'était vendu à la Cour. »

Marie-Joseph Chénier,
à la Convention, le 25 novembre 1793

MITTERRAND (Danielle)

(1924-2011) Dite « Tatie Danielle », épouse de François Mitterrand.

« Tatie est devenue un mélange de Marie-Antoinette et d'Harlem Désir qui visite, écoute, entend les déshérités, noble mission, pendant que d'un autre côté on traite sérieusement les affaires. Elle peut aller voir le Dalaï-Lama en Mercedes, regarder les fleurs de lotus avec lui, pleurer les yeux rougis sur la tragédie des Tibétains pendant que Roland Dumas va en Chine, avec des hommes d'affaires, passant l'éponge sur tous les Tien An Men. »

Sylvie Caster,
Le Canard enchaîné, 15 mai 1991

MITTERRAND (François)

(1916-1996) Député UDSR de la Nièvre de 1946 à 1958, plusieurs fois membre du gouvernement sous la IVe République, sénateur de 1959 à 1962, député socialiste de la Nièvre de 1962 à 1981, Président de la République de 1981 à 1995.

« C'est scandaleux ! Vous êtes un défaitiste, monsieur Mitterrand. »

André-François Mercier,
député démocrate-chrétien des Deux-Sèvres,
à l'Assemblée nationale, le 4 juin 1953,
à propos de la présence française au Viêt-Nam.

« Il ressemble à une gazelle qui aurait des coutumes ecclésiastiques ; on dirait qu'il y a du prélat chez ce sauteur. »

André Figueras,
Zoologie du Palais-Bourbon, 1956

« Aucun trait de François Mitterrand ne rappelle Alphonse de Lamartine : on ne saurait être moins lamartinien que ce personnage de la *Comédie humaine.* »

François Mauriac,
Bloc-notes, 19 septembre 1963

« La vérité, monsieur Mitterrand, c'est que vous vous opposez, non pas aux usages, au comportement du chef de l'État ou de celui du Gouvernement mais aux fondements mêmes de la Vᵉ République… Mais, il n'est pire sourd que celui qui ne veut pas entendre. Sur les rives paisibles de l'opposition, comme les émigrés de l'Ancien Régime sur les rivages d'Angleterre, vous attendez impatiemment l'heure de rentrer dans l'État, n'ayant rien appris, ni rien oublié. Et bien ! je vous le dis, l'avenir n'est pas à vous. L'avenir n'est pas aux fantômes. »

Georges Pompidou,
à l'Assemblée nationale, le 24 avril 1964

« Il n'a jamais été sérieux. Le "coup de l'Observatoire", c'est tout ce qu'il sait faire. »

Louis Sallé,
député gaulliste du Loiret, à l'Assemblée nationale,
le 2 décembre 1964

« Le Rastignac de la Nièvre ? Léon Noël, qui était mon délégué pour le RPF dans ce département, m'a raconté que Mitterrand, lors de sa première campagne, en 46, se mettait au premier rang de la cathédrale de Nevers, à genoux sur un prie-Dieu, la tête dans les mains. L'évêque disait à Léon Noël, en joignant ses doigts avec extase : "Comme il est bien, ce Mitterrand, c'est tout à fait ce qu'il nous faut." *(Rire.)*
« Alain Peyrefitte. – Vous l'avez rencontré vous-même ?
« Général de Gaulle. – Il est venu me voir à Alger dans l'hiver 43-44. Il a mis du temps à me parvenir. Il avait travaillé pour Vichy avec tant de zèle que ça lui a valu la Francisque. Il était entré dans ce corps d'élite. Voyant que ça allait tourner mal, il a voulu se dédouaner en entrant dans un réseau. Il est arrivé à Londres. Il est allé trouver d'abord les Anglais et les Américains, qui n'ont pas été très chauds pour l'accueillir, puisqu'ils voyaient qu'il mangeait à tous les râteliers. À la fin des fins, Passy l'a vu, l'a cuisiné, l'a expédié sur Alger, me l'a fait recevoir avec une fiche le présentant comme un personnage douteux. Mitterrand m'a demandé de lui confier la direction d'un réseau Charrette, qui marchait très bien sans lui. Je n'avais pas envie de risquer de mettre un agent double dans un mouvement de résistance. Je lui ai donc proposé de se battre, soit dans le corps expéditionnaire en Italie, soit comme parachutiste dans le corps qui serait le premier à prendre pied en France. Il a refusé les deux propositions. Je l'ai congédié : "Nous n'avons plus rien à nous dire."

« Eh bien si, nous avions encore à nous dire ! Il s'était arrangé pour prendre la tête d'un "mouvement national des prisonniers" et pour se faire nommer secrétaire général du ministère des Anciens Combattants et Prisonniers.
« Alain Peyrefitte. – Il dit qu'il a été ministre dans le gouvernement de la Libération.
« Général de Gaulle. – C'est faux ! Un mensonge de plus ! C'est un imposteur ! Il a été nommé secrétaire général à titre intérimaire. Le ministre, c'était Henri Frénay. Mitterrand a essayé de le faire sauter en lançant son mouvement contre lui. Vous imaginez ! Le plus haut gradé du ministère prenant la tête d'une rébellion contre son propre ministre ! Il a organisé des manifestations, qui se massaient devant le ministère en hurlant : "Frénay au poteau !" *(Rire. Le Général avale sa salive avec un petit sifflement.)* Je l'ai convoqué au ministère de la Guerre. Il est arrivé avec deux acolytes. Il m'a prétendu que les prisonniers avaient bien raison d'être en colère. Je lui ai dit : "De deux choses l'une. Ou bien, vous ne pouvez rien pour empêcher ces désordres bien que votre mouvement les ait provoqués, et vous me remettez votre démission. Ou bien, vous êtes le chef et vous me signez l'engagement de faire cesser tout ça aujourd'hui même. Sinon, je vous fais mettre en état d'arrestation à la sortie de ce bureau." Il a demandé à se concerter avec ses deux acolytes dans l'encoignure de la fenêtre. Je lui ai donné trois minutes pour se décider. Je lui ai dicté la formule. Il a obtempéré."
« Alain Peyrefitte. – Si vous avez gardé ce document dans vos archives, vous devriez le publier !
« Général de Gaulle. – J'y avais pensé dans le temps, mais ce n'était pas possible de le publier, il y avait deux fautes d'orthographe. *(Gros rire. Il met quelques secondes avant de se reprendre.)* »

Charles de Gaulle,
propos du 8 septembre 1965, cité par Alain Peyrefitte
dans *C'était de Gaulle*, T. II, 1997

« Mitterrand, c'est le type du *politichien*. Il n'a absolument rien pour lui que de l'ambition, le désir de prendre la place le jour où il le pourrait. »

Charles de Gaulle,
propos du 22 septembre 1965, cité par Alain Peyrefitte
dans *C'était de Gaulle*, T. II, 1997

« Mitterrand et Bousquet, ce sont les fantômes qui reviennent : le fantôme de l'anti-gaullisme issu du plus profond de la collaboration. Que Mitterrand soit un arriviste et un impudent, je ne vous ai pas attendu pour le penser. Mitterrand est une arsouille. »

Charles de Gaulle,
propos du 24 novembre 1965, cité par Alain Peyrefitte
dans *C'était de Gaulle*, T. II, 1997

« Mitterrand est le plus roublard, le plus dangereux, prêt à soutenir toutes les thèses, à renier tout le monde et à se renier lui-même pour s'emparer du pouvoir. »

Charles de Gaulle,
propos du 24 novembre 1965, cité par Alain Peyrefitte
dans *C'était de Gaulle*, T. II, 1997

« Les voix de Mitterrand étaient en majorité d'essence totalitaire, communiste et fasciste. »

Charles de Gaulle,
propos du 22 décembre 1965, cité par Alain Peyrefitte
dans *C'était de Gaulle*, T. II, 1997

« Mitterrand n'est pas socialiste, il a appris à le parler. »

Guy Mollet, propos de 1971

« François Mitterrand sera le plus bel exemple de fascination du lapin socialiste par le cobra communiste que je connaisse. Le leader socialiste frétille comme un poisson, mais il est ferré. Bientôt, il frétillera dans la poêle. »

Alain Peyrefitte,
dans *Le Nouvel Observateur* du 18 novembre 1972

« Vous n'avez pas le monopole du cœur. »

Valéry Giscard d'Estaing à François Mitterrand,
le 10 mai 1974, lors du face-à-face télévisé
avant le second tour de l'élection présidentielle

« Je ne sais pas si les électeurs communistes prendraient encore Mitterrand en auto-stop. »

Georges Marchais,
dans *VSD* du 21 juin 1979

« Je pense à ces temps, pas si lointains, où Mitterrand, ministre, aimait la liberté de la presse comme d'autres aiment le bifteck : saisie. »

Charles Fiterman,
dans *L'Humanité* du 10 novembre 1979

« Les travailleurs qui ont élu François Mitterrand l'ont fait beaucoup plus par dégoût envers l'équipe dirigeante au pouvoir depuis vingt-trois ans que par un excès d'illusions envers Mitterrand. »

Arlette Laguiller,
porte-parole de Lutte ouvrière,
dans *Le Monde* du 12 mai 1981

« Roger Corrèze (député RPR). – Qui parle de la Francisque ?
« Robert Aumont (député socialiste). – Je ne l'ai pas eue.
« Roger Corrèze. – On sait qui la porte.
« Robert Aumont. – Regardez derrière vous.
« Roger Corrèze. – Et vous, regardez au-dessus de vous ! »

Propos échangés à l'Assemblée nationale,
le 15 septembre 1981

« François d'Aubert. – Alors, on comprend mieux que monsieur le Premier ministre a, hier, appelé le pape à la rescousse. Vous me permettrez de faire de même avec ce grand pape du socialisme qu'est monsieur François Mitterrand.
« Philippe Séguin. – C'est un pape converti. »

Propos tenus à l'Assemblée nationale,
le 14 octobre 1981

« M. Mitterrand garde l'État comme d'autres gardent la chambre. »

Charles Pasqua,
dans *Le Figaro Magazine* du 26 mars 1988

« Je m'exprime en tant que médecin. François Mitterrand est Florentin dans ses neurones et dans sa moelle épinière. »

Bernard Pons,
dans *Le Nouvel Observateur* du 3 janvier 1986

« François Mitterrand est le spécialiste du piège à consensus. »

Alain Juppé,
Prix de l'humour politique 1988

« Il faut quand même savoir que, durant toutes ces années, l'unique intérêt de Mitterrand fut de me martyriser. On m'a ainsi demandé de m'occuper des agriculteurs alors que j'ai toujours détesté la campagne. J'ai été ministre du Plan le jour où les socialistes ont décidé d'y renoncer. On m'a mis à la porte de Matignon alors que cela commençait à marcher. J'ai dû subir la honte d'avoir Édith Cresson pour me succéder. On m'a envoyé Tapie dans les pattes pour être sûr de mon échec aux européennes de 1994. Et, pour que la boucle soit bouclée, on m'a mis à la porte de la rue de Solférino. »

Nicolas Sarkozy sous le pseudonyme de Mazarin,
Lettre apocryphe de Michel Rocard à Jacques Chirac,
Les Échos du 23 août 1995

« Jacques Chirac. – Permettez-moi de vous dire que ce soir, je ne suis pas le Premier ministre et vous n'êtes pas le Président de la République, nous sommes deux candidats, à égalité, et qui se soumettent au jugement des Français, le seul qui compte. Vous me permettrez donc de vous appeler "Monsieur Mitterrand".
« François Mitterrand. – Vous avez tout à fait raison Monsieur le Premier ministre. »

Propos échangés le 28 avril 1998,
lors du débat télévisé avant le second tour
de l'élection présidentielle

« Mitterrand était un truand immoral qui a conduit la France au déshonneur et à la faillite. »

Michel Rocard,
propos rapportés dans *Le Canard enchaîné*
du 25 novembre 1998

« François Mitterrand, vous savez, je l'ai toujours servi loyalement mais je n'ai jamais été mitterrandiste. C'était un homme qui venait de l'extrême droite et qui a toujours été à l'extrême droite. »

Georges Frêche, propos tenus en 2009

MOCH (Jules)

(1893-1985), député socialiste de la Drôme de 1928 à 1936, député de l'Hérault de 1937 à 1940, de 1945 à 1958 et de 1962 à 1967, plusieurs fois ministre et tout particulièrement ministre de l'Intérieur pendant les grèves insurrectionnelles de 1947.

« Monsieur le ministre de l'Intérieur, Jules Moch, devait certainement avoir des qualités particulières pour remplir la fonction qui lui a été confiée, car chacun sait bien, selon le proverbe populaire, qu'il n'est pas de meilleur garde-chasse qu'un ancien braconnier. »

Raoul Calas,
député communiste de l'Hérault,
à l'Assemblée nationale, le 1er décembre 1947

« Nous sommes d'une classe qui sait qu'elle a l'avenir devant elle. Vous, vous êtes d'une classe pourrissante et condamnée par l'histoire. *(Applaudissements prolongés à l'extrême gauche.)* »

Fernand Grenier,
député communiste de la Seine,
à l'Assemblée nationale, le 3 décembre 1947

« Provocateur ! vous êtes bien le premier flic de France ! *(Applaudissements à l'extrême gauche. – Applaudissements à gauche, au centre et à droite.)*
« *À l'extrême gauche.* Roi des flics ! »

Maurice Thorez,
à l'Assemblée nationale, le 3 décembre 1947

« Maréchal, nous voilà ! »

André Marty,
à l'Assemblée nationale, le 3 décembre 1947

MOLLET (Guy)

(1906-1975) Dit « Guy mollesté », député socialiste du Pas-de-Calais de 1945 à 1958, plusieurs fois ministre, Président du Conseil de 1956 à 1957.

« Quand on est maire d'Arras, il ne s'agit pas de caler. »

Un manifestant à Alger,
le 6 février 1956

« Hélas ! M. Guy Mollet n'a pas pris la foudre. Il a pris des tomates pourries, mais sur le nez. Et si ce n'était que sur le sien, nous nous serions fait une raison. Mais c'est l'État qui a reçu cet outrage. »

François Mauriac,
Bloc-notes, 11 février 1956

« Il a la consistance froide, la couleur indéfinissablement blême, la pauvreté mentale, la rétractilité politique de la méduse. Toujours entre deux eaux, poussé par les courants, remué par ce qui passe, c'est un invertébré typique. »

André Figueras,
Zoologie du Palais-Bourbon, 1956

« M. le Président du Conseil parle fréquemment des élections. Il y tient. Voilà la preuve qu'il n'est pas Arabe. *(Rires au centre, à droite et à l'extrême droite.)* »

Georges Bidault,
à l'Assemblée nationale, le 20 mars 1957

« On sait qu'il reste le maître du Parti socialiste, ses amis, dans la nouvelle équipe, occupent les premiers postes. Il demeurera ouvertement l'âme toute-puissante de ce corps débile.
« Mais il est vrai que la ruse de M. Guy Mollet a toujours été à ciel ouvert. Il a de gros sabots et on l'entend tout le temps venir. Au fond, est-il aussi malin qu'il en a l'air ? »

François Mauriac,
Bloc-notes, 14 juin 1957

« M. le président de la République doit savoir comme nous, qu'en politique étrangère M. Guy Mollet n'y voit pas plus loin que son nez, qui est court. »

François Mauriac,
Bloc-notes, 10 octobre 1957

« Je vous répondrai tout à l'heure. Je ne suis pas impressionné par les Robespierre en carton-pâte. »

Pierre Montel,
député libéral du Rhône,
à l'Assemblée nationale, le 28 octobre 1957

« M. Guy Mollet battit un record de durée déjà vieux en demeurant à l'hôtel Matignon plus d'une année et demie. Aux Jeux olympiques de sa catégorie notre champion ne serait pas allé loin ! »

François Mitterrand,
Le Coup d'État permanent, 1964

MONNERVILLE (Gaston)

(1897-1991) Député radical de la Guyane de 1932 à 1940 et en 1945, sénateur de 1946 à 1948, sénateur du Lot de 1948 à 1974, Président du Sénat opposé à de Gaulle qu'il accusa de « forfaiture » en 1962.

« … le caïman édenté du Sénat. »

André Figueras,
Zoologie du Palais-Bourbon, 1956

« Monnerville se fait garder avec soin, parce qu'il est convaincu qu'il va être assassiné. Sans doute à la manière de Mitterrand à l'Observatoire. […] Ceux-là, ils sont irrécupérables, ce sont les princes des *politichiens.* »

Charles de Gaulle,
propos du 1er octobre 1963, cité par Alain Peyrefitte dans *C'était de Gaulle*, T. II, 1997

MONNET (Jean)

(1888-1979) Le « Père de l'Europe », président de la CECA de 1952 à 1955.

« Il fait un très bon cognac. Malheureusement, cette occupation ne lui suffit pas. »

Charles de Gaulle,
parlant à Eisenhower, propos du 8 août 1962, cité par Alain Peyrefitte dans *C'était de Gaulle*, T. I, 1994

« Les Américains ne pourront jamais s'empêcher de favoriser au maximum la carrière d'un Jean Monnet, car ils reconnaissent en lui *leur* homme, et de s'opposer à de Gaulle, car ils sentent en lui un homme qui leur résiste. Pourtant, ils devraient comprendre que le meilleur allié des États-Unis, ce n'est pas celui qui s'aplatit devant eux, c'est celui qui sait leur dire non. »

Charles de Gaulle,
propos du 16 janvier 1963, cité par Alain Peyrefitte dans *C'était de Gaulle*, T. I, 1994

« L'Europe intégrée, ça ne pouvait pas convenir à la France, ni aux Français... Sauf à quelques malades comme Jean Monnet, qui sont avant tout soucieux de servir les États-Unis. »

Charles de Gaulle,
propos du 4 décembre 1963, cité par Alain Peyrefitte
dans *C'était de Gaulle*, T. II, 1997

MONOD (dynastie protestante)

« Qu'est-ce que l'État Monod ? Une subdivision, un district de l'État métèque. Qu'est-ce que l'État métèque ? L'organisation spontanée que s'est donnée chez nous et au-dessus de nous la communauté des étrangers domiciliés, ou doubles Français, ou Métèques. Communauté politique vaste et puissante qui, en se fédérant à l'État juif, à l'État protestant-radical, à l'État maçon, en est venue à gouverner le gouvernement de la France. »

Charles Maurras,
dans *L'Action française* du 22 septembre 1908

MONTALEMBERT (Charles Forbes, comte de)

(1810-1870) Chef de file des catholiques libéraux, député de 1848 à 1857.

« À cette tribune, la guillotine a eu son orateur, Marat, et l'inquisition, le sien, Montalembert. Terrorisme au nom du salut public, terrorisme au nom de Rome ; fiel dans les deux bouches, angoisse dans l'auditoire ; quand l'un parlait, on croyait voir glisser le couteau ; quand l'autre parlait, on croyait entendre pétiller le bûcher. »

Victor Hugo,
Napoléon-le-Petit, 1852

MORANO (Nadine)

(Née en 1963) Députée UMP de Meurthe-et-Moselle de 2002 à 2008, plusieurs fois membre du gouvernement, députée européenne.

« J'ai tendance à croire que Nadine Morano c'est la Castafiore. »

Fadela Amara,
phrase nominée au Prix Press Club,
Humour et Politique 2008

« Hou, la menteuse ! »

Une mère de famille, convoquée en juin 2009
au commissariat de Dax pour ce commentaire
d'une vidéo diffusée sur le site *Dailymotion*

« Morano, c'est la poissarde de service. »

Rama Yade,
dans *Le Canard enchaîné* du 4 novembre 2009

MORIN (Hervé)

(Né en 1961) Député UDF puis Modem de l'Eure de 2002 à 2007, abandonne François Bayrou après l'élection présidentielle de 2007 pour rejoindre Sarkozy et l'UMP, ministre de la Défense de 2007 à 2010, de nouveau député puis président de région.

« Il ne vous aura pas échappé que les initiales d'Hervé Morin ça fait "H et M", comme la marque de prêt à porter. Pour un type qui vient de retourner sa veste, c'est parfait. »

Didier Porte,
dans *Le Fou du roi* le 27 mai 2007

« Hervé Morin est promis à la carrière qu'il mérite. […] Il faut saluer ce parcours quasiment sans faute. Un attachement électoral à sa terre normande natale, une première élection au conseil général, une mairie, une députation, une présidence de groupe parlementaire, une proximité réelle avec son chef de parti et, pour finir, une trahison au moment où il le faut. Rien à dire, c'est exemplaire. »

Bruno Roger-Petit,
François Mitterrand 2008 il revient, 2008

« Il a l'influence d'une punaise et le charisme d'une praire. »

Nicolas Sarkozy,
propos rapportés dans *Le Canard enchaîné*
du 24 novembre 2010

MORNY (Charles, duc de)

(1811-1865) Demi-frère de Napoléon III, député du Cantal, un des auteurs du coup d'État du 2 décembre 1851, ministre de l'Intérieur, Président du Corps législatif.

« Morny et Walewsky avaient dans la quasi-famille régnante la position, l'un de bâtard royal, l'autre de bâtard impérial. Qu'était-ce que Morny? Disons-le. Un important gai, un intrigant, mais point austère, ami de Romieu et souteneur de Guizot, ayant les manières du monde et les mœurs de la roulette, content de lui, spirituel, combinant une certaine libéralité d'idées avec l'acceptation des crimes utiles, trouvant moyen de faire un gracieux sourire avec de vilaines dents, menant la vie de plaisir, dissipé mais concentré, laid, de bonne humeur, féroce, bien mis, intrépide, laissant volontiers sous les verrous un frère prisonnier, et prêt à risquer sa tête pour un frère empereur, ayant la même mère que Louis

Bonaparte et, comme Louis Bonaparte, un père quelconque, pouvant s'appeler Beauharnais, pouvant s'appeler Flahaut, et s'appelant Morny, poussant la littérature jusqu'au vaudeville et la politique jusqu'à la tragédie, viveur tueur, ayant toute la frivolité conciliable avec l'assassinat, pouvant être esquissé par Marivaux, à la condition d'être ressaisi par Tacite, aucune conscience, une élégance irréprochable, infâme et aimable, au besoin parfaitement duc; tel était ce malfaiteur. »

Victor Hugo,
Histoire d'un crime, 1883

« M. de Morny était courageux. Brigandage oblige. »

Victor Hugo,
Histoire d'un crime, 1883

MORO-GIAFFERRI (Vincent Giafferri, dit de Moro-Giafferri)

(1878-1956) Avocat de Landru, député radical de la Corse de 1919 à 1928, sous-secrétaire d'État à l'Enseignement technique de 1924 à 1925, député de la Seine de 1945 à 1956.

« L'éléphant de mer a des chairs flasques qui se débordent aisément elles-mêmes; des chairs qui ne savent pas très bien où elles vont. Son mufle est court et gras, ses membres replets et comme repliés. [...]

« Qu'il continue donc, Giafferri, à tremper sa vieille peau gluante dans les eaux mendésistes, qui n'ont pas tardé à croupir. Qu'il continue d'y nageoter, l'épine dorsale pénible et le souffle court. Personne ne prend plus garde à ce gros paquet visqueux de tripes et de graisse, et Shylock lui-même renoncerait à s'y tailler une livre de chair. »

André Figueras,
Zoologie du Palais-Bourbon, 1956

« Dans les dernières années de sa vie, quoique de petite taille, il était devenu énorme. Il arrivait dans l'hémicycle, épanoui, comme une boule qui trottine et il avait toutes les peines du monde à passer son ventre entre les bancs pour gagner son siège.
« [...] On l'aimait bien, malgré ses susceptibilités de femme, ses confidences mystérieuses et intarissables, sa perpétuelle anxiété de ce qu'on pensait de lui. Mais ses collègues ne l'ont pas connu tel qu'il était, comme l'ont connu ses confrères. Pauvre de Moro-Giafferri ! Sa grande ambition qu'il avouait à peine : devenir garde des Sceaux. Ah ! les discours qu'il eût alors prononcés, s'il avait occupé le fauteuil de d'Aguesseau ! Mais toute sa vie politique, il a couru impatiemment après ce grand rêve, que si souvent il croyait saisir, mais qui s'est enfui sans cesse et sans pitié devant lui, et que jamais il n'a pu rattraper. »

Jacques Isorni,
Le silence est d'or ou la parole au Palais-Bourbon, 1957

MUSELIER (Renaud)

(Né en 1959) Député RPR des Bouches-du-Rhône de 1993 à 2002 et depuis 2007, secrétaire d'État aux Affaires étrangères de 2002 à 2005, député européen de 2014 à 2019, président de région.

« Pédé », « enculé », « fils de pute », « balance »...

Alexandre Guérini,
frère du sénateur socialiste de Marseille,
propos rapportés dans *Le Canard enchaîné* du 7 avril 2010

MUN (Albert, comte de)

(1841-1914) Député catholique du Morbihan de 1876 à 1878 et de 1881 à 1893, député du Finistère de 1894 à 1914.

« M. de Mun, le cuirassier épileptiforme, est à Vannes, où il fait des avanies au gouvernement de la République. Pauvre diable ! faut-il qu'il ait du temps à perdre. »

L'Assommoir du 13 mars 1881

[À propos de la souscription Henry] « Avec deux ou trois démolisseurs repentis de la colonne Vendôme, les plus notables catholiques viennent publiquement témoigner en faveur d'un faux, et le donnent en exemple, par raison de patriotisme, à leur patrie. Pourquoi ? C'est qu'il s'agissait de prouver la culpabilité d'un Juif et que M. de Mun par exemple, puisque j'ai cité celui-là, a pour les Juifs la même horreur que pour les trente mille chrétiens dissidents qu'il concourut jadis à passer chrétiennement par les armes [A. de Mun prit part à la répression de la Commune en 1871]. Celui-là est logique, c'est un tueur. Qu'on l'empêche de tuer si l'on peut. Mais il n'y a rien à lui dire. »

Georges Clemenceau,
dans *L'Aurore* du 20 décembre 1898

N

N

NAPOLÉON Ier (Napoléon Bonaparte)

(1769-1821) Général, Consul, Premier Consul puis Empereur des Français.

« Quel dommage qu'un si grand homme soit aussi mal élevé. »

Talleyrand,
propos du 28 janvier 1808, Napoléon venant de le comparer à « de la merde dans un bas de soie »

« La fortune de Bonaparte est extraordinaire vu le personnage ; elle ne l'est pas vu les circonstances : il est ambitieux, il ira loin. »

Rivarol, propos

« Il fallut donc songer à établir un chef suprême qui fût l'enfant de la révolution, un chef en qui la loi corrompue dans sa source, protégeât la corruption, et fît alliance avec elle. Des magistrats intègres, fermes et courageux, des capitaines renommés par leur probité autant que pour leurs talents s'étaient formés au milieu de nos discordes ; mais on ne leur offrit point un pouvoir que leurs principes leur auraient défendu d'accepter. On désespéra de trouver parmi les Français un front qui osât porter la couronne de Louis XVI. Un étranger se présenta : il fut choisi. »

François-René de Chateaubriand,
De Buonaparte et des Bourbons, 1814

[À propos de l'exécution du duc d'Enghien] « On se demanda de quel droit un Corse venait de verser le plus beau comme le plus pur sang de la France. Croyait-il pouvoir remplacer par sa famille demi-africaine la famille française qu'il venait d'éteindre ? »

François-René de Chateaubriand,
De Buonaparte et des Bourbons, 1814.
Les mots « demi-africaine » et « française »
seront supprimés dans la deuxième édition, en 1816

« Enfin, on l'a vu s'emparer de l'administration des funérailles ; il était digne du destructeur des Français de lever un impôt sur leurs cadavres. »

François-René de Chateaubriand,
De Buonaparte et des Bourbons, 1814

« Absurde en administration, criminel en politique, qu'avait-il donc pour séduire les Français, cet étranger ? »

François-René de Chateaubriand,
De Buonaparte et des Bourbons, 1814

« Enfant de notre révolution, il a des ressemblances frappantes avec sa mère ; intempérance de langage, goût de la basse littérature, passion d'écrire dans les journaux. Sous le masque de César et de l'Alexandre, on aperçoit l'homme de peu, et l'enfant de petite famille.

Il méprise souverainement les hommes, parce qu'il les juge d'après lui. »

François-René de Chateaubriand, *De Buonaparte et des Bourbons*, 1814

« Son grand plaisir était de déshonorer la vertu, de souiller les réputations : il ne vous touchait que pour vous flétrir. »

François-René de Chateaubriand, *De Buonaparte et des Bourbons*, 1814

« Enfin Buonaparte n'était que l'homme de la prospérité ; aussitôt que l'adversité qui fait éclater les vertus a touché le faux grand homme, le prodige s'est évanoui : dans le monarque on n'a plus aperçu qu'un aventurier, et dans le héros qu'un parvenu à la gloire. »

François-René de Chateaubriand, *De Buonaparte et des Bourbons*, 1814

« Par quel honteux caprice avons-nous donné au fils d'un huissier d'Ajaccio l'héritage de Robert-le-Fort ? »

François-René de Chateaubriand, *De Buonaparte et des Bourbons*, 1814

NAPOLÉON II (François Charles Joseph Bonaparte, duc de Reichstadt)

(1811-1832) Dit « l'Aiglon », reconnu empereur par les chambres en 1815.

« Je le connais, mais je ne le reconnais plus. »

Talleyrand, propos

« Moi qui vous parle, quand je suis allé au ministère de l'Intérieur m'informer du sort probable de ma demande en autorisation de *La Lanterne*, j'ai été accusé par l'employé supérieur qui m'a reçu, d'être un ennemi déclaré de l'état de choses actuel et un soutien de ces fameux anciens partis.

« Cette insinuation était d'ailleurs d'autant moins fondée, que (je n'ai pas à m'en cacher ici) je suis profondément bonapartiste. On me permettra bien cependant de choisir mon héros dans la dynastie. Parmi les légitimistes, les uns préfèrent Louis XVIII, d'autres Louis XVI, d'autres enfin placent toutes leurs sympathies sur la tête de Charles X. Comme bonapartiste, je préfère Napoléon II ; c'est mon droit.

« J'ajouterai même qu'il représente pour moi l'idéal du souverain. Personne ne niera qu'il ait occupé le trône, puisque son successeur s'appelle Napoléon III. Quel règne ! mes amis, quel règne ! Pas une contribution, pas de guerres inutiles avec les décimes qui s'ensuivent ; pas de ces expéditions lointaines dans lesquelles on dépense six cents millions pour aller réclamer quinze francs, pas de listes civiles dévorantes, pas de ministres cumulant chacun cinq ou six fonctions à cent mille francs pièce ; voilà bien le monarque tel que je le comprends. Oh ! oui, Napoléon II, je t'aime et je t'admire sans réserve… ! Qui donc osera prétendre maintenant que je ne suis pas un sincère bonapartiste ? »

Henri Rochefort,
dans le premier numéro de *La Lanterne*, 1er mai 1868.
Même si Napoléon a abdiqué en juin 1815 en faveur de son fils, le roi de Rome, celui-ci n'a pas été reconnu et n'a jamais régné

NAPOLÉON III (Charles Louis Napoléon Bonaparte)

(1808-1873) Dit « Badinguet », dit « Vélocipède », élu représentant du pleuple dans plusieurs départements en 1848, Président de la République de 1848 à 1852, Empereur de 1852 à 1870.

« C'est un crétin que l'on mènera. »

Phrase attribuée à **Adolphe Thiers**,
expliquant le choix de ce candidat pour
l'élection présidentielle du 10 décembre 1848

« Quoi ! Après Auguste, Augustule ! Quoi ! Parce que nous avons eu Napoléon le Grand, il faut que nous ayons Napoléon le Petit ! »

Victor Hugo,
à l'Assemblée nationale législative, le 17 juillet 1851

« Machiavel a fait des petits. Louis Bonaparte en est un. »

Victor Hugo,
Napoléon-le-Petit, 1852

« Ajoutons que, comme [...] Bonaparte, celui-ci veut être empereur. Mais ce qui calme un peu les comparaisons, c'est qu'il y a peut-être quelque différence entre conquérir l'empire et le filouter. »

Victor Hugo,
Napoléon-le-Petit, 1852

« Depuis le boutiquier jusqu'au banquier, depuis le petit marchand jusqu'à l'agent de change, bon nombre d'hommes de commerce et d'industrie en France [...] ont voté, après le 2 décembre, pour M. Bonaparte. Le

vote consommé, vous auriez accosté un de ces hommes du négoce, le premier venu, au hasard, et voici le dialogue que vous auriez pu échanger avec lui :
– Vous avez nommé Louis Bonaparte président de la République ?
– Oui.
– Le prendriez-vous pour garçon de caisse ?
– Non, certes ! »

Victor Hugo,
Napoléon-le-Petit, 1852

« Te voilà nain immonde accroupi sur ce nom ! [...] Sur le chapeau d'Essling tu plantes ton plumet [...] Tu t'es soudé, chargé d'un vil butin, toi, l'homme du hasard, à l'homme du destin ! »

Victor Hugo,
Les Châtiments, 1853

« La statue équestre où Napoléon III est représenté en César (rions-en, pendant que nous y sommes) et dont j'ai parlé dans mon dernier numéro, est l'œuvre de M. Barye. On sait que M. Barye est le plus célèbre de nos sculpteurs d'animaux. »

Henri Rochefort,
dans *La Lanterne* du 10 octobre 1868

« L'immense succès du dernier volume de la *Vie de César*, le dernier ouvrage de l'Empereur Napoléon III, s'affirme tous les jours. Deux exemplaires de ce bel ouvrage viennent d'être demandés par les élèves de l'école des jeunes aveugles. »

Henri Rochefort,
dans *La Lanterne* du 27 novembre 1868

« Vautour déplumé… »

Henri Rochefort,
dans *La Lanterne* du 14 mai 1869

« En comparant les déclarations écrites du prince Louis Bonaparte avec les actes de celui qui règne aujourd'hui, sous le nom de Napoléon III, je me suis demandé souvent s'il est réellement possible qu'un homme se démente lui-même avec cet aplomb.

« J'ai voulu avoir le cœur net de cette incroyable inconséquence. Je suis allé aux sources, j'ai pris des informations, rassemblé des documents, interrogé des témoins, et de l'enquête approfondie à laquelle je me suis livré, il est résulté pour moi une certitude que l'Europe stupéfaite ne peut cependant tarder à partager.

« Celui qui occupe actuellement le trône de France est un faux Napoléon qui a usurpé le nom et les titres de l'ancien prisonnier de Ham, de l'auteur de la tentative de Boulogne et des Idées napoléoniennes.

« Personne n'ignore que Louis Napoléon s'évada autrefois du Fort de Ham sous les vêtements d'un maçon nommé, dit-on, Badinguet. La légende ajoute que le futur empereur portait sur l'épaule droite une planche destinée à lui cacher la tête que le concierge de la maison aurait peut-être reconnue.

« Eh bien, si mes renseignements sont exacts, ce récit est entièrement controuvé. À peine le prince Louis eut-il franchi le seuil de la forteresse que le maçon, se ravisant, fondit sur lui, lui reprit la blouse et la planche, lui tordit le cou, puis passa en Angleterre, revint en France pour se faire, sous le nom de Louis Bonaparte, nommer Président de la République, trempa, au 2 décembre 1851, ses mains dans le sang français, fit le mariage que vous savez, et, heureux d'avoir ainsi échangé sa truelle contre le sceptre, s'amusa à cabrioler sur la corde raide de la politique sans se douter qu'un jour viendrait où, son identité étant reconnue, il serait condamné aux peines les plus infamantes pour substitution de personne et faux en écritures publiques.

« Telle est l'histoire authentique du héros de Ham. Et, en effet, du moment où c'est le maçon qui règne, tout s'explique : ces bâtisses continuelles, ces expropriations inutiles, ces palais des Tuileries qu'on abat pour le reconstruire et qu'on reconstruit pour l'abattre de nouveau, cette intolérable manie de tout gâcher, ce plâtre dont l'Impératrice se recrépit tous les matins la figure, et par-dessus tout, cet édifice dont ils nous promettent sans cesse le couronnement indiquent assez que les destinées de la France sont dans les mains d'un maçon.

« Celui que je plains le plus, après nous bien entendu, c'est le jeune et intéressant Louis Bonaparte, dont ce faussaire non seulement a pris la vie, mais dont il s'étudie à déshonorer le nom en lui faisant faire tout le contraire de ce qu'il avait promis dans ses différents manifestes. »

Henri Rochefort,
dans *La Lanterne* du 18 novembre 1869

« Si ridicule que je puisse être, je ne me suis jamais promené sur une plage avec un aigle sur l'épaule et un morceau de lard dans mon chapeau ! »

Henri Rochefort,
raillé par un membre du gouvernement
au Corps législatif en janvier 1870, réplique citée
par Anatole Claveau dans ses *Souvenirs politiques et parlementaires d'un témoin (1865-1870)*, 1913

NOIR (Michel)
(Né en 1944) Député RPR du Rhône de 1978 à 1986 et de 1988 à 1995, ministre du Commerce extérieur de 1986 à 1988, maire de Lyon de 1989 à 1995.

« Michel Noir s'est surtout signalé au gouvernement par ses gaffes politiques et la médiocrité de sa prestation ministérielle. À l'école, il serait sur les bancs des redoublants, grand dadais un peu niais tout près du radiateur. »

Hector Rolland,
Souvenirs dérangeants d'un godillot indisciplinés, 1990

« Parce qu'il dépasse tout le monde politique d'une tête, il s'imagine vivre au dessus du lot. »

Pierre Pélissier,
Tous nuls, 1990

O

O

OLLIVIER (Émile)

(1825-1913) Député républicain de la Seine de 1857 à 1869, député du Var rallié au Second Empire et chef du gouvernement de 1869 à 1870.

« Il faut qu'on nous dise comment on a abandonné d'anciennes convictions en proposant aujourd'hui ce qui les contredit absolument. »

Jules Favre,
au Corps législatif le 2 mai 1864,
alors qu'Ollivier, républicain comme lui, rapporte favorablement le projet de loi autorisant les coalitions

« Vous n'êtes qu'un pont entre la République de 1848 et la République à venir et nous passerons le pont. »

Léon Gambetta,
au Corps législatif, le 10 janvier 1870

P

P

PAINLEVÉ (Paul)

(1863-1933) Député républicain de la Seine de 1910 à 1928, député de l'Ain de 1928 à 1933, plusieurs fois ministre, éphémère Président du Conseil en 1917 et deux fois en 1925.

« L'impondérable M. Painlevé se croit chef du gouvernement parce que M. Poincaré le lui a dit. »

Georges Clemenceau,
dans *L'Homme enchaîné* du 26 octobre 1917

« Il était certain que Pain, à peine levé, serait tout aussitôt rassis, et même perdu. »

Léon Daudet,
Termites parlementaires, 1930

PAMS (Jules)

(1835-1930) Député radical des Pyrénées-Orientales de 1893 à 1905, sénateur de 1905 à 1930, deux fois ministre.

« Pams, ce n'est pas un nom : c'est un bruit. »

Georges Clemenceau, propos

PANAFIEU (Françoise de)

(Née en 1948) Dite la « Pintade à roulettes », députée de Paris de 1986 à 1995 et de 1997 à 2012, ministre du Tourisme en 1995, maire du XVIIe arrondissement de Paris de 2001 à 2008, candidate à la mairie de Paris en 2000.

« Villepin l'a surnommée La Pintade énervée. Je vais finir par lui donner raison. »

Jacques Chirac,
dans *Le Canard enchaîné* du 16 janvier 2002

PAPON (Maurice)

(1910-2007) Haut fonctionnaire et homme politique, condamné en 1998 pour complicité de crimes contre l'humanité pour des actes commis alors qu'il était secrétaire général de la préfecture de Gironde entre 1942 et 1944, sous l'Occupation.

« Papon a assuré le transport des juifs “par souci d'humanité”. On finira par se demander si Hitler n'était pas un agent de Londres. »

Guy Konopniki,
dans *Globe* d'avril 1990

PARISOT (Laurence)

(Née en 1959) Présidente du Medef de 2005 à 2013.

« Pas cette conne ! Elle n'a même pas été capable de rassembler les patrons pour moi ! »

Nicolas Sarkozy,
le soir de sa victoire à la présidentielle de 2007,
au Fouquet's, alors que Claude Guéant veut lui passer

au téléphone la présidente du MEDEF :
propos rapportés dans le Dossier du Canard n°106,
décembre 2007

PARLEMENTAIRES (députés et sénateurs)
Dits « parlementeurs », « quinze-mille » et « bouffe-galettes ».

« Je ne me laisserai pas gouverner par des putains.
« Avec cinquante grenadiers, je ferai foutre le Tribunat à la rivière. »

Napoléon,
sur les membres du Tribunat en 1802,
propos cités par J. Charles Bailleul dans *Examen critique des considérations de Mme de Staël*, 1822, T. II

« Expédierait-on à l'Aquarium le meilleur des bougres qu'il n'y foutrait rien de chouette. Cette sacrée usine est agencée de façon que le mal s'y développe seul. »

Émile Pouget,
Le Père Peinard, 6 août 1893.
« L'Aquarium » n'est autre que l'hémicycle du Palais-Bourbon, éclairé par une verrière

« Rien au monde n'égale en irréalité ce livide troupeau des ombres qui compose la minorité d'une Chambre au regard d'un ministre qui sait parler un langage parlementaire. »

Charles Maurras,
dans *L'Action française* du 15 janvier 1909

« Les parlementaires sont des femmelettes impressionnables au courant d'air. »

Charles Maurras,
dans *L'Action française* du 1er août 1913

« La Chambre est-elle atteinte de cette pourriture des assemblées, de cette maladie qui se gagne par les poignées de main ? »

Maurice Barrès,
à la Chambre des députés, le 3 avril 1914

« Quelle lutte atroce ! Les uns et les autres finiront par mourir d'une maladie de cœur. C'est la destinée des hommes politiques. Mais pas tout de suite ! Ils dureront : ils ont de la défense. Leur cœur périssable palpite sous une épaisse cuirasse. Tout de même, dans ce moment, leur mère, la louve parlementaire, doit les regarder avec bien de la tristesse !

« Elle-même, la pauvre bête, elle est bien malade. Il n'y a plus de partis dans cette Chambre, ni peut-être dans le pays. Rien qu'une masse amorphe et désabusée, avide d'être vigoureusement gouvernée, où quelques bêtes de proie se disputent, comme elles peuvent, une précaire royauté. »

Maurice Barrès,
Dans le cloaque, 1914

« Un chien conçoit le monde comme un sensorium d'odeurs. Un politicien démocrate voit la planète Terre comme un amas de boules de vote aux couleurs de ses postulats juridiques et religieux. Le langage des parlementaires trahit cette conception. »

Charles Maurras,
dans *L'Action française* du 3 avril 1921

« Les uns, type Blum, type Malvy, type Caillaux, sont de véritables ennemis publics, traîtres d'esprit ou traîtres de cœur. Gens à qui la défaite paraissait, de 1914 à 1918, une probabilité des plus désirables ; ils en ont gardé la secrète nostalgie. »

Charles Maurras,
dans *L'Action française* du 4 septembre 1932

« Si le pays légal conserve encore, grâce au ciel, des circonscriptions qui ne soient pas aux mains de repris de justice et de gibiers de bagne, ce pays légal, cette patrie des majorités républicaines baigne à peu près partout dans une atmosphère d'enfantillage historico-métaphysico-social qui ne peut que nous attirer la pitié méprisante de l'ennemi. »

Charles Maurras,
dans *L'Action française* du 26 septembre 1932

« Les "représentants du peuple" ne représentent pas eux-mêmes, puisqu'on ne représente pas le néant. »

André Figueras,
Zoologie du Palais-Bourbon, 1956

« Ces tristes joueurs d'une sombre comédie, ces danseurs d'un ballet d'ombres chinoises, ces neurasthéniques à vie, ces trotte-menu de la décadence, ces chevrotants à l'abandon, ces fuyards professionnels, ces aigrefins, ces débrouillards de la déchéance, ce chloroforme de l'euthanasie nationale, ces cloportes de marécage, ces coureurs de maroquins, ces voraces qui se mangent la laine sur le dos les uns des autres… »

Charles de Gaulle,
propos rapporté par Jean-Raymond Tournoux

PASQUA (Charles)

(1927-2015) Cofondateur du SAC, député gaulliste des Hauts-de-Seine de 1968 à 1978, sénateur de 1978 à 1986, de 1988 à 1993, de 1995 à 1999 et ministre de l'Intérieur de 1986 à 1988, ministre d'État, ministre de l'Intérieur de 1993 à 1995, député européen de 1999 à 2004.

« M. Charles Pasqua. – M. Mitterrand avait contracté vis-à-vis des gauchistes, notamment le 29 mai [1968], lorsqu'il s'est cru en position de prendre le pouvoir, des obligations qu'il paie en partie aujourd'hui. *(Applaudissements sur les bancs de l'Union des démocrates pour la République.)*
« M. Mitterrand. – Vous êtes un imbécile ! *(Protestations sur les bancs de l'Union des démocrates pour la République.)*
« M. Robert Ballanger. – Ne protestez pas, messieurs de la majorité, vous en êtes tous persuadés !
« M. Charles Pasqua. – Quoi qu'il en soit, le peuple français sait bien de quel côté sont les fascistes et les totalitaires. *(Exclamations sur les bancs du groupe communiste.)* »

Propos échangés à l'Assemblée nationale,
le 29 avril 1970

« Charcutier ! »

Un député du groupe Communiste,
à l'Assemblée nationale, le 20 mai 1986 :
ministre de l'Intérieur, Charles Pasqua présente
alors le projet de loi visant à rétablir le scrutin
majoritaire, avec un nouveau découpage
des circonscriptions

« C'est honteux ! Salopard ! Vous êtes un sale individu ! »

Roland Dumas,
à l'Assemblée nationale, le 20 mai 1986,
le ministre de l'Intérieur ayant déclaré aux socialistes :
« Je suis de ceux qui ont participé à l'histoire pendant
que vos amis se couchaient devant l'occupant ! »

« Matamore des salles de rédaction, Tartarin des Alpes-Maritimes… qui ne fait que brasser du vent pour impressionner les braves gens dont le réveil sera cruel. »

Jean-Marie Le Pen,
déclaration du 24 mai 1986

« Pasqua-la-Bavure ! »

Jean-Claude Cassaing,
député socialiste de la Corrèze,
à l'Assemblée nationale, le 19 novembre 1986

« Pasqua ? C'est un Fernandel triste ! »

François Mitterrand, propos de 1987

« Certains me disaient – si je te jure – que tu [Pasqua] avais le sens de l'État. Bigre ! je n'irais pas jusque là, mais disons qu'il est exact que tu savais prendre tes responsabilités. […] Tu croyais que Balladur t'aurais nommé Premier ministre ? Naïf que tu es. Jamais il ne l'aurait fait. Tu n'es pas de son monde. Tu lui aurais fait honte avec tes manières de soudard. […] il aurait été capable de t'obliger à porter ses horribles costumes trois boutons qu'il fait fabriquer en Angleterre et qui lui vont si mal. Tu t'imagines cintré dans une veste trois boutons ? Je ris à l'avance de la tête que ferait le tailleur en contemplant ton ventre et tes épaules. »

Nicolas Sarkozy sous le pseudonyme de Mazarin,
Lettre apocryphe de Jacques Chirac à Charles Pasqua,
Les Échos du 31 juillet 1995

« Pasqua, je le connais depuis si longtemps, je me suis habitué à ses trahisons. Avec lui je ne fais même plus la différence entre ses infidélités et ses traitrises. »

Nicolas Sarkosy sous le pseudonyme de Mazarin,
Lettre apocryphe de Jacques Chirac à Nicolas Sarkozy,
Les Échos du 14 août 1995

PEILLON (Vincent)

(Né en 1960) Député socialiste de la Somme de 1997 à 2002, député européen de 2004 à 2012 et de 2014 à 2019, ministre de l'Éducation nationale de 2012 à 2014.

« Salope ! »

Des chasseurs accueillant le député PS
de la Somme, en avril 2000

« Quel idiot ! Quel merdeux celui là ! »

Martine Aubry,
dans *Le Canard enchaîné* du 20 janvier 2010,
le député socialiste ayant refusé au dernier moment
d'affronter Marine Le Pen sur *France 2*

« Vincent Peillon, c'est une espèce de bouffonnerie permanente sur la morale. Vous savez comment Hollande qui parfois peut être encore plus cruel qu'avec moi, le surnomme, et tout le monde le surnomme ? Le serpent. »

Éric Besson,
France 5, le 9 mai 2011.

PELAT (Alexis Pellat dit)

(1902-1962) Député d'extrême droite des Bouches-du-Rhône de 1956 à 1958.

« M. Pelat était tout seul de son groupe pour suivre le débat. Dans ces conditions il a eu beaucoup de mal à suivre et à comprendre. *(Rires au centre.)* »

Pierre-Henri Teitgen,
député démocrate-chrétien d'Ille-et-Vilaine,
à l'Assemblée nationale, le 14 décembre 1957

PÉTAIN (Philippe)

(1856-1951) Maréchal, ministre de la Guerre en 1934, ambassadeur auprès de Franco, chef de l'État français de 1940 à 1944.

« Il faut rassurer le vieux Maréchal… et laisser pisser le mérinos… »

Charles de Gaulle parlant à Daniel Rops,
directeur littéraire aux éditions Plon,
au moment de publier *La France et son armée*

« On vous a fait croire, Monsieur le Maréchal, que cet armistice, demandé à des soldats par le grand soldat que vous êtes, serait honorable pour la France. Je pense maintenant que vous êtes fixé. Cet armistice est déshonorant. Deux tiers du territoire livrés à l'occupation de l'ennemi et de quel ennemi ! Notre armée toute entière démobilisée. Nos officiers et nos soldats prisonniers maintenus en captivité. Notre flotte, nos avions, nos chars, nos armes à livrer intacts, pour que l'adversaire puisse s'en servir contre nos propres alliés. La Patrie, le Gouvernement, vous-même, réduits à la servitude. Ah ! pour obtenir et pour accepter un pareil acte d'asservissement, on n'avait pas besoin de vous, Monsieur le

Maréchal, on n'avait pas besoin du Vainqueur de Verdun. N'importe qui aurait suffit. »

Charles de Gaulle,
Réponse au Maréchal Pétain, Londres, le 26 juin 1940

« Les vieillards qui se soignent à Vichy emploient leur temps et leur passion à faire condamner ceux qui sont coupables de continuer à combattre pour la France. »

Charles de Gaulle, discours du 3 août 1940

« Hitler dans *Mein Kampf* avait écrit qu'il affamerait la France. Pétain a dit qu'il avait tenu les promesses des autres. Je m'en aperçois. »

Paul Lévy, *Journal d'un exilé*, 1949

« La vieillesse est un naufrage. Pour que rien ne nous fût épargné, la vieillesse du maréchal Pétain allait s'identifier avec le naufrage de la France. »

Charles de Gaulle,
Mémoires de guerre, 1954

PEYREFITTE (Alain)

(1925-1999) Ministre de l'Information de 1962 à 1965, de la Recherche de 1966 à 1967, de l'Éducation nationale de 1967 à 1968, des Réformes et du Plan de 1973 à 1974 et des Affaires culturelles en 1974. Après son élection à l'Académie française en 1977, il est nommé garde des Sceaux, ministre de la Justice, poste qu'il occupe jusqu'en mai 1981. Il est aussi l'auteur du best-seller *Quand la chine s'éveillera… le monde tremblera* (1973).

« Le front est large, intelligent… Mais le visage est comme rompu en son milieu. Pénétration et faiblesse. Rapidité, mais non caractère. Et le corps confirme dans sa fausse aisance, trop grand, trop mou, sans liens, flottant… Et cet air de damoiseau vieilli, flétri d'un coup, blessé depuis Mai 68, par la peur, la lâcheté, la honte d'avoir craqué. Quel gâchis! avec cela, l'impression d'avoir agi, alors qu'il n'a que parlé. »

Henri Modiano,
Lettre ouverte aux gaullistes trahis, 1972.

« J'ai vu Peyrefitte en short, j'ai compris ce que c'était que le Tiers-monde. Les mauvaises langues disent que c'est le squelette de Raymond Barre. Il est certain que lorsque la Chine s'éveillera et qu'elle verra la tête de Peyrefitte ça lui fera un choc. »

Jacques Mailhot,
La politique d'en rire, 1986

PFLIMLIN (Pierre)

(1907-2000) Maire de Strasbourg de 1959 à 1983, député démocrate-chrétien du Bas-Rhin de 1945 à 1967, dernier Président du Conseil de la IVe République avant de Gaulle, ministre démissionnaire en 1962, après les déclarations du général de Gaulle contre l'Europe intégrée. Il sera président du Parlement européen de 1984 à 1987.

« Son nom est à peu près aussi imprononçable que celui de l'échidné auquel il ressemble, et qui est, nous disent les manuels, "un animal épineux, fouisseur, dont le museau est prolongé en une sorte de bec arqué". L'œil, ajouterons-nous, n'est pas tout à fait pétillant; les membres sont raides; l'allure générale maladroite et molle. C'est Bourvil au Palais-Bourbon. »

André Figueras,
Zoologie du Palais-Bourbon, 1956

« Vous vouliez être Président du gouvernement, vous l'êtes. Permettez-moi de vous dire : dans quel état ! »

Jean Dides,
député d'extrême droite de la Seine, à l'Assemblée nationale, le 20 mai 1958

« Les élucubrations des prophètes de Strasbourg, des Pflimlin et des Spaak, me laissent froid. Des siècles d'histoire ne s'effacent pas d'un coup. »

Charles de Gaulle,
propos du 24 avril 1963, cité par Alain Peyrefitte dans *C'était de Gaulle*, T. I, 1994

PINAY (Antoine)

(1891-1994) Dit « le Sage de Saint-Chamond », maire de cette localité de 1929 à 1977, député modéré de la Loire de 1936 à 1938, sénateur de 1938 à 1940, député indépendant de 1945 à 1958, Président du Conseil en 1952, ministre des Finances de 1958 à 1960, médiateur de la République de 1973 à 1974.

« Pinay. Patron du cuir, actuel président du Conseil du complot. Vote les pleins pouvoirs à Pétain en 1940. Conseiller national de Vichy et titulaire de la Francisque. À la Libération : déclaré inéligible et condamné pour profits illicites. Relevé de son inéligibilité et "blanchi", fait aujourd'hui dans la nouvelle collaboration. [...]
« À l'Assemblée, le vichyste Pinay ne s'associe pas à l'hommage rendu au résistant déporté Heuillard. »

L'Humanité, 22 octobre 1952,
à propos de la demande de levée de l'immunité parlementaire de Jacques Duclos

« La politique financière d'Antoine Pinay était réellement la sienne. C'est ce qui fit sa faiblesse. »

Edgar Faure, propos

« Colas au Quai d'Orsay. D'autres se chargent de penser à sa place. [...] Il y a un mot de Chateaubriand sur Polignac (je cite de mémoire) : "Ces muets qui étranglent les empires..."
« À partir du moment où la suffisance et l'insuffisance de Colas risquent de devenir mortelles pour la France, il n'y a plus de charité qui tienne et je sens que la mienne va céder.
« L'effroyable disproportion entre l'histoire et les petits hommes qui se bousculent pour la faire... »

François Mauriac,
Bloc-notes, 20 août 1955

« Lorsque Pinay "stabilisa" la monnaie en arrêtant la production, on cria au sublime, et cette ânerie époustoufla tous les illettrés en matière économique que compte notre pays. (Il faut avouer que cela fait du monde.)
« Les naïvetés d'Antoine Pinay sont pourtant proverbiales. Et s'il a été un Président du Conseil d'une médiocrité écrasante, il fut un ministre des Affaires étrangères qui atteignit vraiment aux sommets du ridicule. [...]
« L'horizon de son intelligence se borne exactement aux frontières de l'hémicycle.
« Le bourricot qui tourne indéfiniment la noria ne sait même pas qu'il existe de grands paysages libres. »

André Figueras,
Zoologie du Palais-Bourbon, 1956

PLEVEN (René)

(1901-1993) Député UDSR des Côtes-du-Nord (actuelles Côtes-d'Armor) de 1945 à 1973, plusieurs fois ministre, Président du Conseil de 1950 à 1951 et de 1951 à 1952.

« M. Pleven est un salarié de l'Amérique ! »

Jacques Duclos,
à l'Assemblée nationale, le 30 août 1954

« Le vampire-spectre, qui a quatre incisives à chaque mâchoire, suce le sang des hommes pour se nourrir. Incapable en effet de prospérer par lui-même, il a besoin de la mort des autres pour en tirer sa vie.

« C'est ainsi que René Pleven imagina de faire de la guerre d'Indochine une ressource gouvernementale. [...] C'est ainsi que l'on se mit à vendre du cadavre aux États-Unis d'Amérique. La guerre d'Indochine ne fit pas seulement la prospérité des trafiquants de toute sorte, elle sauva, aux dépens de la France, et en immolant de nombreuses vies françaises, la IVe République. »

André Figueras,
Zoologie du Palais-Bourbon, 1956

POINCARÉ (Raymond)

(1860-1934) Député républicain de la Meuse de 1887 à 1903, sénateur de 1903 à 1913 et de 1920 à 1934, plusieurs fois ministre, Président du Conseil de 1912 à 1913, Président de la République de 1913 à 1920 et de nouveau Président du Conseil de 1926 à 1928.

« Briand ne sait rien mais comprend tout ; Poincaré sait tout mais ne comprend rien. »

Georges Clemenceau, propos

« M. Poincaré est un homme ordinairement faible et un esprit flottant. Mais il peut trouver, comme tout le monde, un instant de fermeté, un éclair de résolution. S'il avait seulement dix années de moins, je tiendrais un compte sérieux de cette possibilité. »

Charles Maurras,
dans *L'Action française* du 18 février 1913

« Notre président de vaudeville harangue les poissons de la Baltique. »

Gustave Hervé,
dans *La Guerre sociale* du 28 juillet 1914,
à l'occasion de la visite du Président Poincaré
à Saint-Pétersbourg

« M. Poincaré invente des costumes, des couvre-chefs, et dit des choses convenues à un signe donné. Il imite à la perfection le vivant. »

Georges Clemenceau,
dans *L'Homme enchaîné* du 6 août 1917

« Raymond Poincaré est en effet de gauche, mais d'une gauche qui n'a plus cours qu'au Sénat. »

Léon Daudet,
La Chambre nationale du 16-Novembre, 1923

« Cet homme-là était fait pour fabriquer des dictionnaires. Il a le lyrisme du Larousse. Promettez-moi qu'il n'y aura pas sur ma tombe un discours de Poincaré ; ce serait vraiment mourir deux fois. »

Georges Clemenceau,
propos du 5 avril 1929 cité par Jean Martet
dans *Le Tigre*, 1930

« Les Herriot, les Briand, toute une tourbe siège ou a siégé à côté de M. Raymond Poincaré. Elle le tient donc par la main, elle le tient donc par les pieds, par les yeux qu'elle bouche, par l'esprit qu'elle paralyse, par la conscience du devoir républicain qui annule et éteint le sens du devoir national. Entre les menaces d'un Panama, dont étaient menacés tous ces précieux collaborateurs, et soixante-trois ans de servitude à la France, M. Raymond Poincaré ne peut hésiter. Il veut ratifier ; et plus la cuisine ratificatrice du *Temps* répandra d'odeurs méphitiques, plus il dilatera tristement les narines en criant à la rose, à l'œillet et même au lys ! »

Charles Maurras,
dans *L'Action française* du 4 juillet 1929

« Poincaré, qui peut lire, pendant cinq heures d'horloge, un papier composé de chiffres et de paragraphes numérotés, dégage, lui aussi, une fatigue extrême. Il est encore plus gauche que “de gauche”, le pauvre type !. »

Léon Daudet,
Termites parlementaires, 1930

« Les Mémoires de Poincaré sont écrits, dans une prose livide, avec le pied, sur un papier grisâtre de tabellion. »

Léon Daudet,
Député de Paris, 1933

POMPIDOU (Georges)

(1911-1974) Dit « Bougnatparte », « Pompi-Duce », « Œil touffu », directeur de cabinet du général de Gaulle, Premier ministre de 1962 à 1968, député du Cantal de 1968 à 1969, Président de la République de 1969 à 1974.

« Un Debré au-dessous de zéro. »

Mot qui circula dans la classe politique lorsque Georges Pompidou, alors un parfait inconnu, fut nommé Premier ministre le 14 avril 1962, succédant à Michel Debré

« … notre Raminagrobis de Premier ministre, tout fourré, tout bénin, toutes griffes rentrées… »

François Mauriac,
Bloc-notes, 12 septembre 1963

« Il y a en France des ministres. On murmure même qu'il y a encore un Premier ministre. Mais il n'y a plus de gouvernement. »

François Mitterrand,
Le Coup d'État permanent, 1964

« Depuis que le général de Gaulle est Président de la République, nous avons connu deux Premiers ministres. Le premier avait, ne vous en déplaise, la confiance de la majorité de l'Assemblée. On l'a renvoyé. Le second a perdu la confiance de l'Assemblée. On l'a gardé. »

François Mitterrand,
à l'Assemblée nationale, le 14 avril 1966.

« Qu'avez-vous fait de l'État au cours de ces dernières heures ? Vous étiez absent […]. Vous voici de retour, monsieur le Premier ministre, vous ne serez pas le miraculé de Kaboul ».

François Mitterrand,
à l'Assemblée nationale, le 14 mai 1968.
Georges Pompidou était en voyage officiel
en Afghanistan quand les événements de mai 1968
avaient débuté à Paris

« Dans la bouche du Président de la République le mot propriété prend un coup de vieux d'un bon siècle. Devant mon poste de télévision je vois le chef de l'État détacher ces quatre syllabes comme un banquier ses coupons. »

François Mitterrand,
La Paille et le Grain, 1975

« Ceux qui l'ont aimé se souviennent qu'il savait rire, sentir, donner, imaginer. Mais on ne rachète pas par des vertus privées le passif d'une vie publique. »

François Mitterrand,
La Paille et le Grain, 1975

« Je ne puis me défaire d'une certaine pitié pour ce mort oublié avant d'être enseveli. »

François Mitterrand,
La Paille et le Grain, 1975

POUJADE (Pierre)

(1920-2003) Dit « Pierrot », « la tarasque de Saint-Céré », « Poujadolf », papetier, fondateur de l'Union de Défense des Commerçants et Artisans (UDCA), qui obtint plus de cinquante députés « poujadistes » aux élections législatives de 1956.

« C'est la grande gueule des lycées du Midi. »

Valéry Giscard d'Estaing,
cité par Edgar Faure, *Mémoires*, T. II, 1984

« Un certain nombre de Français qui se sentaient éloignés du "courant" mendésien (soit par hostilité à la gauche, soit parce que son imprégnation intellectuelle les désorientait) étaient cependant impressionnés par l'aspect chaleureux de ce phénomène, ils se sentaient en disponibilité d'enthousiasme, en quête d'un héros de substitution. Poujade répondit à cette attente et répondit à cette frustration. Il s'imposait, non point par la vertu du contraste mais par un effet de contrepoint. Ce n'était pas un anti-Mendès : c'était leur Mendès à eux. Non pas le rénovateur des comptes de la nation mais le redresseur des comptes de la boutique. Non pas le grave continuateur de Keynes, mais l'émule irrévérencieux du La Brige de Courteline. Non pas le prophète inspiré des structures de l'avenir, mais l'espiègle farfadet de la rouspétance quotidienne. »

Edgar Faure,
Mémoires, T. II, 1984

PROUDHON (Pierre-Joseph)

(1809-1865) Théoricien de l'anarchisme, député de la Seine à l'Assemblée nationale constituante de 1848.

« Envoyez l'orateur à Bicêtre ! »

À l'Assemblée nationale constituante,
à la fin de son discours contre la propriété,
le 31 juillet 1848

PUGLIESI-CONTI (Paul)

(1861-1933) Député nationaliste de la Seine de 1902 à 1919.

« Il n'appartient pas à M. Pugliesi-Conti et à sa fureur impuissante de m'outrager, de me mépriser. Ne méprise pas qui veut, monsieur ! »

Jean Jaurès,
à la Chambre des députés, le 4 novembre 1904

Q

Q

QUEUILLE (Henri)

(1884-1970) Député radical de la Corrèze de 1914 à 1935, sénateur de 1935 à 1940, de nouveau député de 1946 à 1958, plusieurs fois ministre, Président du Conseil de 1948 à 1949, en 1950 et en 1951.

« Ce cloporte béquillard, plat et blasé, était l'éternel ministre de l'Agriculture de la IIIe République. Dans le ministère, comme dans tout village, il est bon qu'il y ait un “idiot” pour faire la joie des autres, qui se croient plus malins que lui. Henri Queuille joua ce rôle dix-sept fois.
« La IVe République, dont on n'observera jamais trop qu'elle a été faite principalement avec les déchets de la IIIe, transforma Queuille en Président du Conseil.
« Il inventa alors une trente-troisième position, celle qui seyait le mieux à son tempérament, l'immobilité. Tout le temps qu'il resta au pouvoir, il s'amusa tout seul, mais il n'engendra pas le plus petit projet, la plus petite innovation. Il fut aussi stérile qu'Onan. »

André Figueras,
Zoologie du Palais-Bourbon, 1956

[À sa nomination à la présidence du Conseil]
« L'immobilisme est en marche, rien ne pourra l'arrêter. »
Edgar Faure, propos

[Pendant la guerre de Corée]
« Taisez-vous, Corrézien du nord ! »

Jacques Duclos,
à l'Assemblée nationale, interruption rapportée
dans *Le Crapouillot* de mai-juin 1970

R

R

RADICAUX (valoisiens comme de gauche)

Dits « rad-socs », dits « radicaille », dits « radigaleux ».

« Grattez un radical et vous découvrirez un coquin. »

La Semaine religieuse du diocèse de Périgueux, 1873

« Les radicaux, c'est comme les radis : rouges à l'extérieur, blancs à l'intérieur, et toujours proches de l'assiette au beurre. »

Adage ancien

« Les radicaux ? Les radicaux sont les conservateurs… Pas les conservateurs des traditions : les conservateurs des abus… »

Charles de Gaulle, propos

« Radicaux : places ! Places ! »

Charles de Gaulle, propos de 1960

« Tous des cons, des notables. D'ailleurs, la politique n'est pas une profession pour moi. C'est un métier assez sot ! »

Bernard Koucher,
le 8 mars 1997, au déjeuner des Assises du Parti radical de gauche, propos rapportés dans *Le Canard enchaîné* du 12 mars 1997

RAFFARIN (Jean-Pierre)

(Né en 1948) Député européen de 1979 à 1995, président de région, ministre des PME, du Commerce et de l'Artisanat de 1995 à 1997, sénateur de la Vienne de 1997 à 2002 et de 2005 à 2017, Premier ministre de 2002 à 2005.

« Tu es un sale petit trou du cul ! »

Jean-Louis Borloo,
téléphonant à l'intéressé, alors Premier ministre,
propos rapportés dans *Le Canard enchaîné*
du 1er décembre 2004

RAMADIER (Paul)

(1888-1961) Député socialiste de l'Aveyron de 1928 à 1940 et de 1945 à 1951, plusieurs fois membre du gouvernement, l'un des 80 parlementaires à refuser les pleins pouvoirs à Pétain le 10 juillet 1940, Président du Conseil en 1947.

« Cette chenue bique, un moment flanquée au rancart dans son étable crasseuse, s'est remise à crotter sur nos grands-routes. On ramasse ses incongruités à la pelle, et c'est si sec, si puant, si pauvre, qu'il n'y a même pas moyen de se servir de ce fumier pour faire pousser des éclats de rire. Car jamais Ramadier ne lève la queue pour lâcher autre chose que des pauvretés, des euphémismes dérisoires, des cacas tout niais qui roulent comme des billes, et que personne ne ramasse.
« La carrière de Paul Ramadier est toute jonchée de ces crottes de bique. »

André Figueras,
Zoologie du Palais-Bourbon, 1956

REILLE (René, baron)

(1835-1898) Dit « le roi de la Montagne », député conservateur du Tarn de 1869 à 1870, de 1876 à 1878 et de 1879 à 1898, président du conseil d'administration des mines de Carmaux.

« Pendant que le baron Reille papillonne de conseil d'administration en conseil d'administration, et va, infatigable et souriant, de jeton de présence en jeton de présence, il y a, par son fait, des consciences généreuses et intrépides sous les verrous. »

Jean Jaurès,
dans *La Dépêche* du 29 août 1892

REINACH (Joseph)

(1856-1921) Dit « Boule de juif », député radical des Basses-Alpes de 1889 à 1898 et de 1906 à 1914, dreyfusard convaincu.

« M. Brisson, on ne l'a pas oublié, avait été le président de la commission d'enquête de Panama. S'il avait montré dans cette affaire le même désir de lumière dont il a fait preuve dans l'affaire Dreyfus, il est probable que les escrocs de Panama auraient subi leur châtiment. *(Applaudissements à droite.)*
« N'y avait-il pas eu à côté de M. Brisson un homme… Il paraît que le règlement m'empêche de le nommer; je vais cependant essayer de le désigner. *(On rit.)* Cet homme néfaste, devant lequel tant de personnes tremblent, paraît-il, qui a ouvert toutes grandes les écluses de ce Pactole dont la source est dans les marais d'Israël *(Mouvements divers)* et qui roule dans ses flots les boues accumulées des hontes et des concussions

passées et des trahisons présentes, cet homme est allé réveiller les oubliés des scandales passés, et quand ces oubliés, plus malheureux que coupables, je veux bien le croire, lui ont demandé : Est-ce pour le châtiment ? Il a répondu : “Non, ce n’est pas pour le châtiment, c’est pour de nouvelles infamies ! Vous m’avez aidé jadis à escroquer l’argent des travailleurs français, aidez-moi aujourd’hui à mettre à l’encan le drapeau ; marchez, ou je vous arrache les lambeaux d’honneur qu’il m’a plu de vous laisser.” *(Applaudissements à droite.)* Et cet homme, trouvant qu’il ne suffisait pas de faire trembler tant de monde, ne reculant devant rien pour assurer le triomphe de la plus abominable des causes, s’est servi de l’insulte, lui qui ne peut plus être insulté, de l’insulte la plus basse, la plus vile, la plus lâche, de celle qui s’adresse à une femme malheureuse et sans défense. Je crois l’avoir suffisamment désigné, et si le règlement l’avait permis j’aurais nommé M. Reinach. *(Mouvements divers.)* »

Joseph Lasies,
député nationaliste du Gers,
à la Chambre des députés, le 19 décembre 1898

« Je ne veux pas, à minuit et demi, entrer dans des explications. Je me borne à dire que je ne puis pas voter un ordre du jour présenté par M. Reinach *(Mouvements divers),* parce que M. Reinach est l’un des auteurs de l’anarchie dont la crise actuelle n’est qu’un des signes. *(Très bien ! très bien ! à droite.)* »

Maurice Barrès,
à la Chambre des députés, le 19 mars 1909

Républicains (de toutes tendances)
Dits « bleus », « marianneux » et « républicoquins ».

« Les républicains ne sont pas tous voleurs, mais tous les voleurs sont républicains. »

Adage en vogue dans les milieux conservateurs, cité par **Flaubert** dans le *Dictionnaire des idées reçues*

« Paul Bert. – On vous l'a dit à cette tribune, avec une éloquence incomparable. [...] "Le cléricalisme, voilà l'ennemi."
« M. de Baudry d'Asson. – Alors moi, je dis que la majorité républicaine est la lèpre dévorante de la société. »

Propos échangés à la Chambre des députés, le 21 juin 1879, pendant la discussion de la loi sur la liberté de l'enseignement supérieur

RÉPUBLIQUE

Dite « Marianne », dite « la Gueuse »

« Mon âme à Dieu, mon cœur au Roi et mon cul à la République ! »

Comte de Bologne, dernières paroles avant d'être guillotiné

« Que la République était belle sous l'empire ! »

D'après une phrase de Louise Michel, exclamation en vogue dans les milieux d'extrême gauche sous la IIIe République

« M. de Baudry d'Asson. – Messieurs, pendant la courte session où nous allons assister, je l'espère, à l'agonie de la

République... *(Bruyantes exclamations et rires à gauche et au centre, et cris : À l'ordre!)*, je demande que la Chambre...
« M. Léon Gambetta, président de la Chambre des députés. – Monsieur de M. de Baudry d'Asson, je vous préviens qu'il ne saurait convenir...
« M. de Baudry d'Asson. – C'est une espérance que j'exprime, et j'en ai bien le droit.
« M. le président. – ... ni à la Chambre, ni au Gouvernement, qui est toujours présent ici, de tolérer un langage comme celui que vous vous permettez d'employer, sans que rien vous y provoque.
« En conséquence, je vous avertis que si le reste de votre discours écrit *(Rires à gauche)* était dans ce style, je vous ferais l'application du règlement. *(Très bien! à gauche.)* »

Propos échangés à la Chambre des députés, le 10 novembre 1880. Député royaliste de la Vendée, Baudry d'Asson traitera ensuite les ministres de « crocheteurs » et se verra appliquer la censure

« ... Quand l'empire croula, ce fut une sacré jubilation : on allait vivre enfin, la Belle était en route!
« Je t'en fous! Elle s'est bien amenée – mais quelle garce. Au lieu de la Marianne de ses rêves, le populo a vu une affreuse pétasse réservant ses caresses à tous les charognards de la haute.
« Banquiers, frocards, chats-fourrés et porte-rapière sont devenus ses clients les plus gobés et c'est avec bougrement de plaisir que cette goton les reçoit dans son plumard. »

Émile Pouget,
Le Père Peinard, 18 septembre 1898

« En finira-t-on avec les relents de pourriture parfumée qu'exhale encore la vieille putain agonisante, la garce vérolée fleurant le patchouli et la perte blanche, la République toujours debout sur son trottoir. Elle est toujours là, la mal blanchie, la craquelée, la lézardée, sur le pas de sa porte, entourée de ses michés et de ses petits jeunots aussi acharnés que les vieux. Elle les a tant servis, elle leur a tant rapporté de billets dans ses jarretelles : comment auraient-ils le cœur de l'abandonner, malgré les blennorragies et les chancres ? Ils en sont pourris jusqu'à l'os. »

Robert Brasillach,
dans *Je suis partout* du 7 février 1942

REYNAUD (Paul)

(1878-1966) Député modéré des Basses-Alpes (actuelles Alpes-de-Haute-Provence) de 1919 à 1924, député de la Seine de 1928 à 1940, plusieurs fois ministre, Président du Conseil en 1940, député indépendant du Nord de 1945 à 1967.

« M. Paul Reynaud. – Nous sommes encore en régime parlementaire !
« M. Étienne Fajon. – Ce n'est pas votre faute ! »
Assemblée nationale, le 29 août 1954

« On laisse parler ce fossoyeur ! »

André Pierrard,
à l'Assemblée nationale, le 30 août 1954

« Postillon trop léger pour l'attelage national en furie, il eut le bonheur – et le coup d'œil – de sauter juste à temps au moment où la voiture allait verser. »

André Frossard,
Histoire paradoxale de la IVe République, 1954

« Il a été un peu dans les prisons boches. Il faut croire qu'il n'y était pas très mal, puisqu'il est revenu de là "européen". »

André Figueras,
Zoologie du Palais-Bourbon, 1956

RIBIÈRE (René)

(1922-1998) Député gaulliste du Val-d'Oise de 1958 à 1973, petit-fils d'un député radical qui s'était battu en duel sous la IIIe République.

« Taisez-vous, abruti ! »

Gaston Defferre,
lors de la rentrée parlementaire de 1967.
Cette injure, qui ne figure pas au compte rendu,
a provoqué le dernier duel parlementaire à l'épée

RICHARD (Alain)

(Né en 1945) Maire de Saint-Ouen-L'Aumône, député socialiste du Val-d'Oise de 1978 à 1993, sénateur de 1995 à 1997 et depuis 2011, ministre de la Défense de 1997 à 2002.

« La tête d'Alain Richard est comme une montgolfière ! »

Hubert Védrine,
dans *Le Canard enchaîné* du 14 avril 1999

ROBESPIERRE (Maximilien de)
(1758-1794) Dit « la Chandelle d'Arras », dit « l'Incorruptible », député de l'Artois aux États généraux et à la Constituante, député du Pas-de-Calais à la Convention, âme de la Terreur au Comité de salut public.

« Ce chat qui a bu du vinaigre… »

Mirabeau, propos

« Le grand homme le plus petit et le plus fougueux du Sénat français. La fragilité de son individu n'a fait qu'irriter son éloquence et qu'augmenter sa gloire. »

Rivarol,
Petit Dictionnaire des grands hommes de la Révolution, 1790

« Je t'accuse de t'être continuellement produit comme un objet d'idolâtrie, d'avoir souffert que devant toi, on te désignât comme le seul homme vertueux en France qui pût sauver le peuple et de l'avoir fait entendre toi-même, je t'accuse d'avoir tyrannisé par tous les moyens d'intrigue et d'effroi l'assemblée électorale du département de Paris, je t'accuse enfin d'avoir évidemment marché au suprême pouvoir, ce qui est démontré et par les faits que j'ai indiqués et par toute ta conduite qui, pour t'accuser parlera plus haut que toi. »

Jean-Baptiste Louvet,
à la Convention, le 29 octobre 1792.

« Nous, modérés ! Je ne l'étais pas le 10 août […] Robespierre, lorsque tu étais caché dans ta cave ! »

Pierre-Victurnien Vergniaud à la Convention,
le 10 avril 1793. Allusion à l'absence de Robespierre

lors de la journée du 10 août 1792,
lorsque le peuple de Paris a pris les Tuileries.

« Robespierre ! Tu me suis ! Ta maison sera rasée ! On y sèmera du sel ! »

Georges Danton,
quand la charrette qui le mène à la guillotine
passe devant le logis de l'Incorruptible, le 5 avril 1794.
Robespierre sera guillotiné à son tour le 28 juillet

ROCARD (Michel)

(1930-2016) Maire de Conflans-Sainte-Honorine de 1977 à 1994, député PSU des Yvelines de 1969 à 1973, député socialiste du même département de 1978 à 1981 et de 1986 à 1988, sénateur de 1995 à 1997, ministre d'État, ministre du Plan et de l'Aménagement du territoire de 1981 à 1983, ministre de l'Agriculture de 1983 à 1985, Premier ministre de 1988 à 1991.

« J'imagine que le succès de Michel Rocard à la télévision est du même ordre que celui d'un chanteur de charme, qu'il est politiquement nul. Parce qu'il n'a aucune chance d'espérer atteindre au pouvoir par les moyens légaux, il a une raison très personnelle d'être révolutionnaire : lui qui ne peut rien espérer que de la violence… »

François Mauriac,
dans *Le Figaro littéraire* du 6 juillet 1970,
après le débat télévisé entre Edgar Faure
et Michel Rocard dans l'émission *À Armes égale*

« Il a du talent, mais a-t-il des qualités ? »

François Mitterrand,
Mitterrand par Mitterrand, 1978

« Rocard est un giscardien qui s'ignore. Giscard est un rocardien qui a réussi. »

Lionel Jospin,
dans *VSD* du 28 juin 1979

« Vous imaginez un électeur d'Auvergne regardant Rocard à la télévision ? Il dira : celui-là, il cause trop vite. »

Raymond Barre,
dans *Le Figaro Magazine* du 2 février 1980

« Michel Rocard, c'est une savonnette au fond d'une baignoire. »

Alexandre Sanguinetti,
déclaration radiophonique, citée par Pierre Douglas
dans *Les Pensées de Marianne*, 1980

« Rocard vous brode et vous saoûle d'interminables discours, incompréhensibles et bousculés, que vous vous jugerez incapable d'interrompre pour en demander le sens. Bizarre qu'un homme qui prétend parler vrai, et en tire gloire, le fasse en des termes si obscurs.

Philippe Alexandre,
Paysages de campagne, 1988

« Il parle comme Mendès France, il gouverne comme Henri Queuille et veut faire croire qu'il est le successeur de Pinay. »

Le Point du 19 juin 1989

« Il pourrait être Premier ministre de Giscard après 1982. Et encore ! Je ne suis pas sûr qu'il ait le cran d'accepter ! »

François Mitterrand,
propos de septembre 1979 cité par Michèle Cotta,
Cahiers secrets de la Ve République, T. II, 2008

« Rocard est comme du chatterton qui se colle au veston quand on l'a décollé du doigt. »

François Mitterrand,
propos cité par Jacques Attali, *Verbatim*, 1995

« Rocard n'a ni la capacité ni le caractère pour cette fonction. Mais, puisque les Français le veulent, ils l'auront. En revanche, c'est moi qui ferai le gouvernement. »

François Mitterrand,
propos cité par Jacques Attali, *Verbatim*, 1995

ROUHER (Eugène)

(1814-1884) Député indépendant, plusieurs fois ministre et notamment ministre de la Justice puis des Fiances sous le Second Empire.

« M. Rouher a un tort énorme, sans préjudice des autres : depuis quelques jours, il ne peut plus aborder la tribune sans parler de son honnêteté.

« Le public et moi, nous avons fait une remarque, c'est que les honnêtes gens se gardent généralement de mettre ainsi leur honorabilité sur le tapis. Ils attendent que cette idée vienne aux autres. Il n'y a plus guère que les gens pris de vin qui rabâchent presque toujours en battant les murs : "Moi, je suis un honnête homme… un honnête homme… un honnête homme!" »

Henri Rochefort,
dans *La Lanterne* du 18 juillet 1868

ROUSSEAU (Sandrine)
(Née en 1972) Conseillère régionale et vice-présidente du conseil régional du Nord-Pas-de-Calais de 2010 à 2015, candidate écologiste à l'élection présidentielle de 2022.

« Sandrine Rousseau, à elle seule, a enfin trouvé le moyen de lutter contre le terrorisme : faire venir le terrorisme chez nous pour le surveiller. Ding, dingue, dong… »

Gilbert Collard,
tweet du 25 août 2021

ROUSSET (David)
(1912-1997) Militant trotskiste.

« À la manière du sinistre bandit hitlérien Goebbels, le trotskiste Rousset dans son rôle ignoble de calomniateur du pays des héros de Stalingrad. »

Florimond Bonte,
titre de la double page centrale de *France nouvelle* du 17 novembre 1949. À cette date, Rousset avait quitté le PCI trotskiste depuis deux ans

ROYAL (Ségolène)
(Née en 1953) Députée des Deux-Sèvres de 1988 à 1997 et de 2002 à 2007, plusieurs fois membre du gouvernement, présidente de région, candidate à l'élection présidentielle de 2007, ambassadrice des Pôles de 2017 à 2020.

« J'ai une mention particulière pour Ségolène Royal, la plus hystérique, absolument hors concours. C'est Édith Cresson en plus jeune. Je te laisse imaginer ! »

Nicolas Sarkozy sous le pseudonyme de Mazarin,
Lettre apocryphe de Michel Rocard à Jacques Chirac,
Les Échos du 23 août 1995

« Elle a un nom subliminal pour la droite poitevine, un physique à déguster des langues-de-chat dans les salons de thé de Charente. »

Philippe de Villiers,
dans *Le Canard enchaîné* du 26 mai 2004

« Si elle s'appelait République, Ségolène ne séduirait pas nos électeurs. »

Philippe de Villiers,
phrase nominée au Prix Press Club,
Humour et Politique 2004

« Ségolène, elle séduit au loin et irrite au près. »

Jean-Pierre Raffarin,
phrase nominée au Prix Press Club,
Humour et Politique 2006

« Je préfère dire : "Voici mon projet" que "Mon projet c'est *Voici*". »

Laurent Fabius,
phrase nominée au Prix Press Club,
Humour et Politique 2006

« Les seules idées, dans le vide sidéral du discours de Madame Royal, ce sont celles qu'elle emprunte et qui prennent son électorat à rebrousse-poil. »

Nicolas Sarkozy,
dans *Le Figaro* du 1er septembre 2006

« Le problème n'est pas de plaire ou de savoir si on a les bonnes mensurations mais de proposer un autre modèle aux Français. »

Martine Aubry,
propos rapportés sur *www.segolenades.com*,
2 septembre 2006

« Il y a du mérovingien dans cette femme-là : Ségolène Royal, c'est une Frédégonde qui serait passée par la Star Ac. »

Jean-Louis Bourlanges,
propos rapporté par Alexandra Da Rocha
dans *« Salope ! » Insultes et autres perfidies sur les femmes politiques*, 2007

« Ségolène a un point commun avec Brigitte Bardot, elle veut castrer son âne. »

Blague de campagne électorale,
rapportée par Alexandra Da Rocha dans *« Salope ! » Insultes et autres perfidies sur les femmes politiques*, 2007

« Qui va garder les enfants ? »

Blague de campagne attribuée à Laurent Fabius
et plusieurs fois démentie par l'intéressé

« Le pacte présidentiel de Ségolène Royal ressemble de plus en plus à *Jurassic pacte.* »

Luc Chatel,
conférence de presse du 27 février 2007,
La Dépêche du Midi du 28 février 2007

« Mais je pense, en conscience, que Ségolène Royal ne doit pas devenir Présidente de la République. Je ne le souhaite pas pour mon pays. Je le redoute pour mes enfants. [...]

« Je le dis sans passion aucune, calmement mais fermement : ce que construit Ségolène Royal dans cette campagne présidentielle est mensonger et dangereux, pour la gauche et pour la France. Elle prétend porter une rénovation démocratique ? En réalité, elle construit un pouvoir personnel. Elle attise la méfiance envers les élus et la démocratie représentative. Elle joue de sa victimisation, elle instrumentalise le féminisme, les souffrances des femmes, et celles des exclus, pour asseoir son pouvoir. Elle promeut une démocratie participative qui n'est que mascarade. Elle fait croire aux citoyens qu'ils seront les inventeurs de son programme, les vrais héros de son aventure ? Tout le monde sait que c'est faux. Elle use et abuse de démagogie. Elle prétend briser des tabous, mais elle ne fait qu'accompagner l'opinion dans ses pulsions majoritaires. Et quand elle rencontre une résistance, elle édulcore, se réfugie dans le flou, ne précise rien. Alors, tout est possible, tout peut arriver. Rien ne peut être débattu, discuté, argumenté, puisque rien n'est clair. À l'arrivée, c'est l'arbitraire, des décisions incompréhensibles, l'opinion flattée, distraite, amusée, et des catastrophes économiques programmées... »

Éric Besson,
Qui connaît Mme Royal ? 2007

« Cela se passe toujours – toujours ! – comme cela avec elle. Une fuite vers le n'importe quoi. »

Éric Besson,
Qui connaît Mme Royal ? 2007

« Devenir candidat à la Présidence de la République sans jamais avoir présenté sa vision du monde, de la France, de la politique économique, simplement en caressant les foules, et en alignant des platitudes morales, on ne l'avait jamais fait ! »

Éric Besson,
Qui connaît Mme Royal ? 2007

« Je revendique le droit, ce n'est pas facile à faire, de distinguer les femmes de Ségolène Royal. Je ne vois pas pourquoi elle serait, par hypothèse, l'incarnation de la féminitude ! »

Éric Besson,
Qui connaît Mme Royal ? 2007

« Ségolène Royal a l'humanité d'un bigorneau ».

Christian Estrosi,
dans *Le Canard enchaîné* du 9 juillet 2008

« Je trouve triste de la voir en photo dans les magazines, elle fait mémère maintenant. »

Daniel Cohn-Bendit,
dans *Le Canard enchaîné* du 2 septembre 2009

« Qu'on commette des erreurs en politique c'est possible ; qu'on les commette toutes, c'est fou ! »

Guillaume Bachelay,
secrétaire national à l'Industrie du PS, phrase nominée au Prix Press Club Humour et Politique 2011

« Elle et François Bayrou sont des gens très inquiétants, complètement illuminés, qui s'estiment investis d'une mission. Ségolène Royal a un comportement délirant. »

Dominique Paillé,
député UMP des Deux-Sèvres,
dans *Causette* de février 2011

« Je souhaite à Valérie Trierweiler sa juste place ; et à Ségolène Royal juste une place. »

Jean-Pierre Raffarin,
à l'occasion de ses vœux pour 2014.
Phrase nominée au Prix Press Club,
Humour et Politique 2013

« Je me suis demandé, notamment lors du débat présidentiel de l'entre-deux tours, si elle faisait preuve d'incompétence par volonté politique, ou si plus vraisemblablement elle ne possédait ni la connaissance ni la compréhension des dossiers qu'elle abordait. »

Nicolas Sarkozy,
Passions, 2019

« On peut certainement conserver Ségolène Royal comme ambassadrice des pôles. À condition de la congeler sur place. »

Hubert Védrine,
Challenges, 16 janvier 2020

S

S

SAINT-ARNAUD (Arnaud Jacques, dit Jacques Leroy de)

(1798-1854) Maréchal, ministre de la Guerre, l'un des organisateurs du coup d'État du 2 décembre 1851.

« Saint-Arnaud était un général qui avait été figurant à l'Ambigu. Il avait débuté par être comique à la banlieue. Tragique, plus tard. Signalement : haute taille, sec, mince, anguleux, moustaches grises, cheveux plats, mine basse. C'était un coupe-jarret, mais mal élevé. Il prononçait *peuple souvérain*. Morny en riait. Il ne prononce pas mieux le mot qu'il ne comprend la chose, disait-il. »

Victor Hugo,
Histoire d'un crime, 1883

SALENGRO (Roger)

(1890-1936) Maire de Lille, député socialiste du Nord de 1928 à 1936, ministre de l'Intérieur du gouvernement de Front populaire. Injustement accusé d'avoir déserté pendant la Grande Guerre, il se suicide le 18 novembre 1936.

« Roger-la-Honte »

Le Prolétaire du 17 septembre 1921,
journal communiste du Nord

« Sale en haut, sale en bas, sale en gros et en détail… »

Le Prolétaire du 28 octobre 1922

« M. Salengro, agent de liaison, s'est retrouvé malencontreusement, au cours d'une mission, dans les lignes ennemies. Les circonstances de cet "accident" étaient assez troubles pour qu'un conseil de guerre le qualifiât de désertion, assez imprécises pour qu'un autre conseil de guerre passât l'éponge. Quoi qu'il en soit, M. Salengro peut maintenant […] s'écrier dans les réunions publiques, lorsqu'il parle devant des purs : – Parfaitement, je suis un déserteur ! Et je m'en vante ! Ça m'a évité de tuer mes frères allemands. »

Pierre-Antoine Cousteau,
dans *Je suis partout* du 24 novembre 1934

« … appétissant, rond et pointu comme une poire… »

Henri Béraud, dans *Gringoire* du 5 juin 1936

« De la classe 10, il arrive à son corps le 1er août 1914 entre deux gendarmes. Roger Salengro est inscrit au carnet B comme révolutionnaire dangereux et il est enfermé dans les locaux disciplinaires du régiment jusqu'au moment où Malvy, ministre de l'Intérieur, décide de supprimer les dispositions du carnet B. Le soldat Salengro est alors affecté au 233e RI […]. Le capitaine Bedel […] prit Salengro comme cycliste, ce qui, en une certaine mesure, était un "filon". Mais, le 6 octobre 1915, en Champagne, après une journée dure […] Salengro demanda […] l'autorisation d'aller chercher le corps d'un copain à lui. Il l'obtint et le 7 octobre 1915, un peu avant 9 heures, on le vit partir dans les boyaux.

« Il ne revint plus.

« On n'avait entendu aucune détonation, aucun cri, aucun bruit de combat. Salengro avait été fait prisonnier par les Allemands sans avoir reçu aucune blessure, ce qui était surprenant dans ce secteur.
« Un conseil de guerre jugea par contumace le soldat Salengro. Il fut condamné à mort pour désertion à l'ennemi.
« À la fin de la guerre, sur l'intervention de quelques membres de la Fédération socialiste, un pourvoi en révision fut introduit et l'affaire portée devant le 2e conseil de guerre de Paris. [...] Grâce au zèle de son ami le capitaine M..., Salengro fut acquitté – à la minorité de faveur, dit-on.
« Acquitté même dans ces conditions, M. Salengro ne doit pas être regardé comme coupable. Il faut tout de même reconnaître que cette fâcheuse aventure doit mettre une certaine gêne entre le Soldat inconnu et lui. Il y a des choses qui n'arrivent pas à tout le monde ! »

L'Action française du 14 juillet 1936

« ... nul, boursouflé de suffisance et de graisse... »

Lucien Rebatet,
Je suis partout, 18 juillet 1936

« Voilà dans quelles conditions a déserté ce misérable à un âge (vingt-cinq ans) où généralement les jeunes Français ne connaissent que bravoure et abnégation ! »

Lettre du **colonel Arnould**,
publiée dans *Gringoire* du 28 août 1936

« Le 7 octobre 1915, le cyclo-déserteur Roger Salengro sautait le parapet ; le 7 octobre 1936, le rétro-pédaleur était ministre de l'intérieur. Vive la République ! »

L'Action française, 8 octobre 1936

« De deux choses l'une : ou M. Roger Salengro n'a jamais été condamné par un conseil de guerre, ou il l'a été. [...] Si M. Salengro a été condamné, il ne doit pas moins comprendre que sa place n'est plus au ministère de l'Intérieur ni au Palais-Bourbon ni à la mairie de Lille car il n'est pas un seul Français, quelle que soit son opinion, qui accepte d'être gouverné, voire représenté par un déserteur. »

Gringoire du 9 octobre 1936

« ... d'abord et avant tout un crétin, un pâle crétin, un circoncis de l'entendement... »

L'Action française du 12 octobre 1936

« Maurras, le grand Maurras, qui a tant fait pour faire briller la pensée française dans le monde, est sous les verrous. Salengro, accusé de désertion à l'ennemi, Salengro le mal blanchi, trône au ministère de l'Intérieur et rêve de faire, comme en Espagne, ouvrir les portes de nos geôles aux apaches, soldats de l'émeute à laquelle il a fait publiquement appel ! Justice "républicaine" ! »

L'Action française du 1er novembre 1936

« On a blanchi Salengro. Le voilà Proprengro ! De cette aventure, il sort purifié, savonné, décrotté, épongé et rincé – en un mot : aussi flamboyant qu'un vélo neuf ! »

Henri Béraud,
dans *Gringoire* du 6 novembre 1936

« ... une sorte de frère adultérin des trois petits cochons [avec] les mêmes joues rebondies, les mêmes petits yeux trop rapprochés, les mêmes petites menottes à fossettes au bout des petits bras trop courts. »

Odette Pannetier,
dans *Candide* du 12 novembre 1936

« Léon Blum porte une atroce responsabilité, on ne va pas chercher ses ministres sur les bancs du conseil de guerre. »

Henri de Kerillis,
dans *L'Écho de Paris* du 19 novembre 1936,
au lendemain du suicide de Salengro

SANGUINETTI (Alexandre)

(1913-1980) Député gaulliste de la Seine de 1962 à 1966, ministre des Anciens combattant de 1966 à 1967, député de la Haute-Garonne de 1968 à 1973, secrétaire général de l'UDR de 1973 à 1974, grande gueule du gaullisme intransigeant.

« Sanguinetti est formidable, mais il ne sert à rien. »

Claude Estier,
dans *Le Journal du dimanche* du 17 juin 1979

SARKOZY (Nicolas)

(Né en 1955) Maire de Neuilly, député RPR des Hauts-de-Seine, secrétaire d'État au Budget de 1993 à 1995, ministre de l'Intérieur, ministre des Finances et de nouveau ministre de l'Intérieur, Président de la République de 2007 à 2012.

[Sarkozy ayant choisi de soutenir Édouard Balladur à l'élection présidentielle]

« Sarkozy, il faut lui marcher dessus. Pour deux raisons. Un, c'est la seule chose qu'il comprenne. Deux, ça porte chance ! »

Jacques Chirac en 1995,
cité par Ghislaine Ottenheimer, *Le Fiasco*, 1996

« Si Bush et Thatcher avaient eu un enfant ensemble, ils l'auraient appelé Sarkozy. »

Robert Hue,
phrase nominée au Prix Press Club,
Humour et Politique 2005

« Docteur Sarko et Doc Gynéco, c'est la com'et la came ! »

Philippe de Villiers,
après le soutien du rappeur au candidat Sarkozy.
Phrase nominée au Prix Press Club,
Humour et Politique 2006

« … un néo-conservateur américain à passeport français… »

Éric Besson,
au début de la campagne présidentielle de 2007.
Récusant toute arrière-pensée xénophobe,
l'auteur de ce propos a adressé une lettre d'explication
à l'intéressé, avant de rejoindre son camp

« Sarkozy, c'est le seul qui a été obligé de passer par l'Élysée pour devenir Premier ministre. »

Jean-Louis Borloo,
Prix Press Club Humour et Politique 2008

« Sarkozy est passé de la présidence bling-bling à la présidence couac-couac. »

François Hollande,
phrase nominée au Prix Press Club,
Humour et Politique 2008

« Si Sarkozy existe en tant que phénomène social et historique, malgré sa vacuité, sa violence et sa vulgarité, nous devons admettre que l'homme n'est pas parvenu à atteindre le sommet de l'État *malgré* ses déficiences intellectuelles et morales, mais *grâce à elles*. C'est sa négativité qui a séduit. Respect des forts, mépris des faibles, amour de l'argent, désir d'inégalité, besoin d'agression, désignation de boucs émissaires dans les banlieues, dans les pays musulmans ou en Afrique noire, vertige narcissique, mise en scène publique de la vie affective et, implicitement, sexuelle : toutes ces dérives travaillent l'ensemble de la société française ; elles ne représentent pas la totalité de la vie sociale mais sa face noire, elles manifestent son état de crise et d'angoisse. [...] Au fond, nous devrions être reconnaissant à Nicolas Sarkozy de son honnêteté et de son naturel, si bien adaptés à la vie politique de notre époque. Parce qu'il a réussi à se faire élire en incarnant et en flattant ce qu'il y a de pire autour de nous, en nous, il oblige à regarder la réalité en face. Notre société est en crise, menacée de tourner mal, dans le sens de l'appauvrissement, de l'inégalité, de la violence, d'une véritable régression culturelle. »

Emmanuel Todd,
Après la démocratie, Gallimard, 2008

« Sous de Gaulle? Il aurait fait un bon conseiller municipal de banlieue parisienne, assureur de profession.

Sous Pompidou ? Maire d'une petite ville de province, élu parce que tenant le plus grand garage de la bourgade. Sous Giscard ? Conseiller général des Hauts-de-Seine, stipendié par le lobby de l'immobilier… Tout cela pour vous dire que si on y réfléchi bien [Sarkozy] est un Schuller qui a réussi, et, au train où vont les choses dans ce pays, M. Balkany se fera bientôt élire à l'Académie française. »

Bruno Roger-Petit,
François Mitterrand 2008 il revient, 2008

« Quand il m'a reçue à l'Élysée, peu après la défaite, pour parler de l'Europe, je l'ai trouvé assez médiocre dans le comportement. Il n'y avait pas de hauteur, d'allure, d'élan, de fair-play. Il aurait pu dire : "Félicitations, nous avons bien combattu, vous portez dix-sept millions de voix." Non, rien, il était là, les bras ballants, à m'offrir des chocolats, à essayer de me faire parler de ma séparation d'avec François Hollande, à dauber sur des journalistes, à exhiber sa montre et à me dire qu'il était là mais qu'il aurait pu être ailleurs "à faire du fric". Pas méchant mais pas l'allure. En fait, il est bien plus fade qu'on ne le croit. Sa force vitale est impressionnante mais c'est vraiment un m'as-tu-vu. Fade, c'est le mot que j'emploierais. Un petit gamin heureux d'être au milieu de ses nouveaux jouets, vous savez, le môme qui a gagné le pompon sur le manège. Avec sa petite étoile de shérif et son pistolet en plastique, son déguisement de cowboy. Il est monté sur le plus grand cheval et il a décroché le pompon. Bingo ! »

Ségolène Royal,
Femme debout, entretiens avec Françoise Degois, 2009

« Si j'avais un livre à écrire sur cet homme, je l'intitulerais *L'Enfant barbare*. Il est enfant en ce qu'il se croit tout-puissant, qu'il imagine que le monde commence avec lui et qu'il est à sa main. Il est barbare en ce qu'il sous-estime, méprise ou, plus gravement encore, ignore ce que sont les piliers, les piliers culturels et moraux, de la maison. »

François Bayrou,
Abus de pouvoir, 2009

« Mitterrand arrivait au genou de de Gaulle ; Sarkozy n'arrive qu'à la cheville de Mitterrand. »

Georges Frêche,
Trêve de balivernes, 2010

« Aujourd'hui, tout devient division, comme si la politique était une sorte d'accordéon. On appuie sur des touches, burqa, sécurité, et hop ! on voit les sondages monter [...]. La République, ce n'est pas cela. Assez des jeux, assez des combinaisons, assez des calculs. »

Déclaration de **Dominique de Villepin**,
25 mars 2010, *Publicsenat.fr*

« Parler de social à Nicolas Sarkozy, c'est comme parler de cinéma à une caméra de surveillance. »

Laurent Fabius,
dans *L'Express.fr* du 2 décembre 2010

« – Pourquoi ne pas régler votre problème avec Nicolas Sarkozy de *mano a mano* ?
– Ma maman m'a toujours dit : On ne frappe pas des plus petits que soi. »

Dominique de Villepin,
répondant à la question d'un journaliste de *Canal +*,
Le meilleur du pire des petites phrases,
rappelé par *Europe 1.fr* du 17 décembre 2010.

« Ce type n'est qu'un petit cynique… Méfiez-vous. »
François Mitterrand, en 1995
cité par Georges-Marc Benhamou
dans *Dites-leur que je ne suis pas le diable* (2016)

« Toutes les mesures qu'il a égrenées, nous les connaissions déjà. C'est son bilan en pire. »
François Hollande,
en réunion publique à Nîmes, le 5 avril 2012

« L'heure d'été aura surtout un avantage : c'est une heure de moins de Nicolas Sarkozy. »
Bernard Cazenave,
porte-parole de François Hollande dans la campagne présidentielle. Phrase nominée au Prix Press Club, Humour et Politique 2012

« Je crois au retour de Nicolas Sarkozy ; mais menotté. »
Arnaud Montebourg,
Phrase nominée au Prix Press Club,
Humour et Politique 2014. 2e Prix Spécial du Jury

SARRIEN (Ferdinand)

(1840-1915) Député de Saône-et-Loire de 1876 à 1908, sénateur de 1908 à 1915, plusieurs fois ministre, garde des Sceaux en 1898, Président du Conseil en 1906.

« Et, pendant ce temps-là, M. Sarrien, ministre de la Justice – car si nous n'avons pas la justice, nous possédons un ministre de la chose – avait devant lui, sur sa table, la demande de révision formée par Mme Dreyfus. Consacre-t-il ses nuits à pâlir sur ce dossier qui ne contient pas vingt lignes d'écriture ? Je ne sais. Recherche-t-il la vérité, après s'être donné tant de mal pour l'ensevelir au fond de l'abîme, comme ce roi qui jetait une perle à la mer et promettait des trésors à qui l'irait chercher ? Tout est possible. Comme homme d'État, il organise l'illégalité, l'injustice, le mensonge : c'est sa manière de comprendre le devoir envers la patrie. »

Georges Clemenceau,
dans *L'Aurore* du 24 août 1898

« Ça ? Rien ! »

Georges Clemenceau, propos

SCHEURER-KESTNER (Auguste)

(1833-1899) Représentant du peuple à l'Assemblée nationale en 1871, sénateur inamovible en décembre 1875, vice-président du Sénat.

« En Lorraine, il y a trois classes de personnes dont M. Scheurer-Kestner a traduit à peu près les sentiments : 1° les francs-maçons ; 2° les viveurs, francs faiseurs et libres penseurs ; 3° les ivrognes. Tout cela est républicain. »

Injure de 1882,
retranscrite dans ses *Souvenirs inédits*, BnF,
département des manuscrits, NAF12708,
citée par Jacqueline Lalouette dans
La République anticléricale, 2002

SCHRAMECK (Abraham)

(1867-1948) Sénateur des Bouches-du-Rhône de 1920 à 1940, ministre de l'Intérieur en 1925.

« Il est vrai que, par votre personne [Abraham Schrameck] vous n'êtes rien. Personne ne sait, nul ne saurait dire d'où vous sortez. Pas un Français sur 500 000 ne serait capable de renseigner là-dessus ceux qui sont de chez nous et dont on connaît les pères et les mères. On sait, on sait fort bien que votre collègue Steeg, qu'une bouffonnerie du sort a mis à la Justice, est le fils d'un pasteur allemand qui n'a jamais pu produire ses pièces de naturalisation. De vous, rien n'est connu. Mais vous êtes le Juif. Vous êtes l'Étranger. Vous êtes le produit du régime et de ses mystères. Vous venez des bas fonds de police, des loges, et votre nom semble l'indiquer, des ghettos rhénans. [...] Vos premiers actes connus établissent votre fidélité à la consigne ethnique donnée par votre congénère Alfred Dreyfus le jour de sa dégradation *: Ma race se vengera sur la vôtre.* Votre race, une race juive dégénérée, car il y a des Juifs bien nés qui en éprouvent de la honte, la race des Trotski et des Krassine, des Kurt Eisner et des Bela Kun, vous a chargé maintenant d'organiser la révolution dans notre pays. [...] vous êtes ainsi devenu, Monsieur Abraham Schrameck, l'image exacte et pure du Tyran [...] en d'autres termes, par position et définition, vous êtes extrêmement bon pour le châtiment. [...] Et comme voici vos menaces, Monsieur Abraham Schrameck, comme vous vous préparez à livrer un grand peuple au couteau et aux balles de vos complices, voici les réponses promises. Nous répondons que nous vous tuerons comme un chien. [...] Les armes perfectionnées abondent partout aux mains de l'émeute et du carnage organisé [...]. Mais il restera une arme pour vous abattre, vous ! [...] C'est sans haine comme sans crainte que je donnerai l'ordre de verser votre sang de chien s'il vous arrive d'abuser de la force publique pour ouvrir les écluses du sang français sous les balles et les poignards de vos chers bandits de Moscou. »

Charles Maurras,
dans *L'Action française* du 9 juin 1925.
Repris in *La Lettre à Schrameck*,
Éditions du Capitole, 1929

SCHUMAN (Robert)

(1886-1963) Né Allemand à Luxembourg, député démocrate-chrétien de la Moselle de 1919 à 1940, vote les pleins pouvoirs à Pétain le 10 juillet 1940 : sous-secrétaire d'État aux Réfugiés dans le gouvernement de Paul Reynaud, il le demeure sous l'État français et ne change de camp qu'après l'intégration de la Moselle au Reich. De nouveau député de ce département de 1946 à 1962, Président du Conseil de 1947 à 1948 et de nouveau en 1948, plusieurs fois ministre, il est en particulier l'inamovible ministre des Affaires étrangères de 1947 à 1953 et l'un des promoteurs de l'Europe.

« Ainsi donc, M. Robert Schuman, nous le savons, a donné son adhésion à cette politique de collaboration avec les impérialistes américains, qui devient, par la force des choses, une politique de soumission de la France. *(Applaudissements à l'extrême gauche. – Interruptions au centre, à gauche et à droite.)* »

Jacques Duclos,
à l'Assemblée nationale, le 22 novembre 1947

« L'avocassier sec et sans âme ne s'est animé qu'en deux passages. »

Georges Cogniot,
dans *L'Humanité* du 28 novembre 1947,
commentant un discours de Robert Schuman
à l'Assemblée nationale

« Vous êtes le gouvernement de la misère et de la matraque ! »

Paul Billat,
député communiste de l'Isère,
à l'Assemblée nationale, le 29 novembre 1947

« Vous tenez le langage de Pétain ! »

Florimond Bonte,
député communiste de la Seine,
à l'Assemblée nationale, le 29 novembre 1947

« Nous avons de la terre de France à nos souliers, nous ! *(Exclamations au centre et à droite.)* »

Arthur Ramette,
député communiste du Nord,
à l'Assemblée nationale, le 29 novembre 1947

« Où étiez-vous soldat en 1914, monsieur le Président du Conseil ? »

Charles Tillon,
député communiste de la Seine,
à l'Assemblée nationale, le 29 novembre 1947

« Je dis que le gouvernement ment. Le Président du conseil est un ancien officier allemand. C'est un boche, ce Président du Conseil. *(Vives protestations au centre, à gauche et à droite.)*

« À bas les boches ! Vive la République ! »

Jacques Duclos,
à l'Assemblée nationale, le 29 novembre 1947

« Prussien ! Allemand !
« *Plusieurs membres à l'extrême gauche.* Schuman au poteau ! »

Alain Signor,
député communiste du Finistère,
à l'Assemblée nationale, le 29 novembre 1947

« Nous n'avons d'ordre à recevoir de personne, surtout pas de M. Schuman. Je n'ai jamais été habillé par la Wehrmacht ! [...]
« Fusilleur ! À bas la Wehrmacht ! Vive la République ! »

Yves Péron,
député communiste de la Dordogne,
à l'Assemblée nationale, le 29 novembre 1947

« Il a été ministre de Pétain ; il a été valet des "boches" ! »

Auguste Lecœur,
député communiste du Pas-de-Calais,
à l'Assemblée nationale, le 29 novembre 1947

« Le plan Marshall a rapporté à chacun des Français 600 francs par mois, en moyenne. Ainsi, pour vous, modernes Shylock, la peau d'un Français ne vaut pas plus d'un dollar et demi. Eh bien, sachez que nous sommes de millions à penser autrement. Et c'est pourquoi, en ce jour où M. Schuman trafique de notre sang, nous nous refusons à considérer que le Pacte atlantique lie la parole de la France. »

André Carrel,
dans *L'Humanité* du 4 avril 1949,
jour de la signature du Pacte atlantique à Washington

« Et M. Schuman, où est-il ? Il téléphone à Konrad ! »
André Pierrard,
député communiste du Nord,
à l'Assemblée nationale,
pendant le débat sur la Communauté européenne
de Défense, le 30 août 1954

« Ce n'est sûrement pas à ce vieux singe que l'on apprendra à faire des grimaces, car il les fait supérieurement. Sa bouche lippue, ses joues ridées, ses yeux bigles, son nez saucissonneur, son front oblique, ses lunettes d'officier allemand, font de lui un parfait macaque blanchi sous le harnois. On l'imagine fort bien à quatre pattes, et se faisant, par le ouistiti par exemple, épouiller les fesses.
« On n'a jamais très bien su s'il avait une patrie. Lui-même ne semble pas le penser, à voir la passion qu'il met à servir "l'Europe", c'est-à-dire l'anarchie sous hégémonie allemande.
« Il paraît qu'un jour Adenauer lui a lâché : "Je suis moins Allemand que vous, car, moi, ma mère était Française." Ce qui n'était peut-être que propos de table, et boutade d'un hôte qui aime à rire. Robert Schuman, dit-on, comprit d'ailleurs la plaisanterie, et ne se fâcha point.
« Dans tous les ministères où il a passé, et à la présidence du gouvernement, il a donné l'impression d'un macaque demeuré, hydrocéphale, et qui aurait bien aimé que, pour le distraire pendant les conseils, on lui jetât une banane. »
André Figueras,
Zoologie du Palais-Bourbon, 1956

« Heil, Herr Hauptmann! »

Titre dans la presse allemande quand l'ancien capitaine de l'armée impériale est venu à Bonn en 1950 pour présenter le plan qui allait prendre son nom. Anecdote rapportée par Alain Peyrefitte dans *C'était de Gaulle*, T. I, 1994

SÉGUIN (Philippe)

(1943-2010) Député gaulliste des Vosges de 1978 à 1986 et de 1988 à 2002, ministre des Affaires sociales de 1986 à 1988, Président de l'Assemblée nationale de 1993 à 1997, candidat à la Mairie de Paris en 2001, Premier Président de la Cour des comptes de 2004 à 2010.

« Là où le bât blesse ne m'en veux pas de te le dire –, c'est le caractère. Ton caractère, c'est bien là le problème. […] Si seulement tu pouvais t'assagir, ou au moins prendre des engagements. Et puis, autant te le dire, ta propension à avoir des idées sur tout m'effraie. Tu es aux antipodes de mon propre caractère. J'en ai si peu moi-même ! J'en ai même de moins en moins. Tout est tellement compliqué ! Mais toi, tu es convaincu d'avoir raison sur tout et en plus tu es sincère. Tu es bien capable de déclencher la troisième guerre mondiale avant même que j'aie pu dire ouf. »

Nicolas Sarkozy sous le pseudonyme de Mazarin, *Lettre apocryphe de Jacques Chirac à Philippe Séguin*, *Les Échos* du 2 août 1995

SENGHOR (Léopold Sédar)

(1906-2001) Député du Sénégal de 1945 à 1960, deux fois secrétaire d'État, Président de la République du Sénégal de 1960 à 1980.

« Quoiqu'il y ait du balai dans son nom, ce serait plutôt un ramasse-miettes. »

André Figueras,
Zoologie du Palais-Bourbon, 1956

SERVAN-SCHREIBER (Jean-Jacques)

(1924-2006) Fondateur de *L'Express*, député radical de la Moselle de 1970 à 1978 et candidat malheureux à la mairie de Bordeaux, éphémère secrétaire d'État aux Réformes en 1974.

« Pourquoi notre Kennedillon resterait-il sur sa faim ? Il y restera, je l'en assure. Si loin qu'il ait toujours vécu du peuple, il l'a pourtant approché d'assez près durant la dernière campagne électorale pour mesurer les abîmes qui l'en séparent. »

François Mauriac,
Bloc-notes, 22 février 1963

« Voyez Georges Marchais. Il gagne au fond à être connu. Alain Peyrefitte devrait le prendre en auto-stop pour faire la causette. D'apparence, il est un peu rude, c'est vrai, mais quand on le connaît, il surprend agréablement. C'est exactement le contraire de Jean-Jacques Servan-Schreiber. »

Robert Fabre,
dans *Le Nouvel Observateur* du 29 janvier 1973

« Je me suis fait une règle absolue d'ignorer les foucades de tel ou tel et de ne pas engager de polémiques qui ne pourraient être que stériles avec les turlupins de la politique. »

Jacques Chirac,
sur *France-Inter*, le 9 septembre 1977

SIEYÈS (Emmanuel-Joseph)

(1748-1836) Auteur de la brochure Qu'est-ce que le tiers-état ? en 1789, député aux États généraux et à la Constituante, député à la Convention puis au Conseil des Cinq-Cents, consul provisoire de la République.

« Il est profond, dites-vous ? Vous voulez dire creux, très creux… »

Talleyrand, propos

« La nature, qui partage ses dons, a refusé celui de la parole à l'abbé Sieyès ; l'organe est faible, le geste est nul, l'expression tendue, la conception difficile, l'exposé confus. »

Brissot,
cité dans Paul Bastid, *Sieyès et sa pensée*, 1939

« Une parole sèche, didactique, obscure, qui ne portait pas, qui ennuyait comme un sermon de pédagogue. Avec cela un air hautain et méprisant. »

Aulard sur Sieyès,
cité dans *Sieyès et sa pensée*, 1939

SOCIALISTES (indépendants, SFIO et autres)

Dits « socs », « socialos » et « sociaux-traîtres ».

« Leur passion de haine s'exerce sur vous, républicains, pour vous convaincre, par l'intimidation, à livrer aux rancunes de l'anarchie vaincue un gouvernement exécré. »

Aristide Briand,
président du Conseil, stigmatisant les élus
de l'extrême gauche, à la Chambre des députés,
le 19 octobre 1910.

« La majorité ne doit pas se laisser traiter comme une Assemblée de renards, ne doit pas laisser assassiner sous ses yeux la liberté de la tribune. Aujourd'hui, c'est le président du Conseil injurié, mis dans l'impossibilité de parler à propos d'un incident sur lequel on ne veut même pas lui permettre de s'expliquer. Vous ne pourrez plus tenir séance ; demain, ces hommes de désordre seront les maîtres de vos délibérations. (…) Quant à moi, je ne me laisserai pas traiter comme un renard. Je ferai tête aux chasseurs, je parlerai dans le tumulte, dussé-je en perdre la voix. (…) J'ai cru faire mon devoir en homme de liberté, en ami de la loi, en défenseur de la République et de la nation. (…) Ce n'est pas moi qu'on verra jamais se dresser contre un gouvernement pour l'égorger lorsqu'il est aux prises avec l'émeute et les pires ennemis de la liberté. »

Aristide Briand,
à la Chambre des députés, le 29 octobre 1910

« … le même tas d'imbéciles, d'incompétents, de banqueroutiers, d'hypocrites, d'incorrigibles, une insulte au bon sens, une insulte à la nation… »

Candide du 15 mars 1938,
à propos du cabinet Blum du 14 mars 1938

« Une goutte de politique socialiste fait fondre la monnaie comme l'eau dissout le sucre. »

Henri Trémolet de Villers,
député indépendant de la Lozère,
à l'Assemblée nationale, le 28 octobre 1957

« Socialistes : parti du lâche soulagement. »

Charles de Gaulle,
propos de 1960, faisant allusion
à l'expression de Léon Blum après Munich

« Les socialistes et les communistes voudraient gouverner la France comme on joue à colin-maillard, les yeux bandés et dans le noir. »

Raymond Barre,
dans *Paris Match* du 14 décembre 1979

« Vous êtes les "tontons macoutes" de la liberté. »

Robert-André Vivien,
à l'Assemblée nationale, le 24 mai 1984

« Messieurs vous pensez sans doute que je ne suis pas un aigle. Eh bien vous, les socialistes, vous n'êtes pas des faucons! »

Hector Rolland,
apostrophe dans l'hémicycle,
reprise dans *Souvenirs dérangeants d'un godillot indisciplinés*, 1990

« Je crois que ces gens sont devenus complètement cinglés. Ce parti-là ne ressemble plus à la famille que je connais. Ils font de la politique avec de l'argent et des ordinateurs. »

Édith Cresson,
dans *Le Canard enchaîné* du 14 mars 1990

« Le PS est en dessous de tout : il ne réagit sur rien, ne fait pas montre d'une idée. Il regarde le gouvernement gouverner et compte les points. Il perd son crédit et nous fait parfois perdre notre temps. »

François Mitterrand,
au dîner offert pour ses dix ans à l'Élysée,
propos rapportés dans *Le Canard enchaîné*
du 15 mai 1991

« Les socialistes aiment tellement les pauvres qu'ils en fabriquent. »

Jacques Godfrain,
député RPR de l'Aveyron,
premier prix de l'Humour politique 1993

« Les assises, c'est un peu dur pour le PS, la correctionnelle aurait suffi. »

Jean-Pierre Chevènement,
à propos des Assises de la transformation sociale du PS,
premier prix de l'Humour politique 1994

« Qu'ils se démerdent sans moi. Ce sont des guignols. »

Lionel Jospin,
à propos de la fédération PS des Bouches-du-Rhône,
propos rapportés dans *Le Canard enchaîné*
du 4 mars 1998

« Le PS est une outre usée, si elle veut revenir au pouvoir, la gauche a besoin à la fois d'un nouveau contenant et d'un nouveau contenu. »

Georges Frêche,
Trêve de balivernes, 2010

« Les socialistes de demain ? Je vois beaucoup de petits avocats de province… »

François Mitterrand,
en 1995 cité par Georges-Marc Benhamou
dans *Dites-leur que je ne suis pas le diable*, 2016

« Est-ce du courage de mentir, de basculer dans la démagogie, de taire la vérité, de vous accrocher à ces vieilles lunes socialistes qui vous ont certes conduit par effraction au pouvoir en 1997 ? »

François Baroin,
Assemblée nationale, 8 novembre 2011

[À propos du lobby nucléaire]
« Il pèse désormais sur les socialistes le soupçon d'être du bois dont on fait les marionnettes… »

Eva Joly,
Le Monde, 23 novembre 2011

« Le socialisme, c'est vraiment une île au milieu des terres. »

Christian Jacob,
Phrase nominée au Prix Press Club,
Humour et Politique 2013

« J'étais aux Baumettes ; j'en suis sorti, à la différence des socialistes marseillais. »

Jean-Jacques Urvoas,
Phrase nominée au Prix Press Club,
Humour et Politique 2013

« En cent ans, le monde sera passé du ballon dirigeable au supersonique ; et le PS de Jean Jaurès à Harlem Désir. »

Gaëtan Gorce,
Phrase nominée au Prix Press Club,
Humour et Politique 2013

« Le PS ne travaille jamais pour rien ; quand il travaille. »

Jean-Marie Le Guen,
BFM TV, le 30 juillet 2015

« Maintenant que tous les dégoûtés sont partis, il ne reste que les dégoûtants. »

Jean-Luc Mélenchon,
Le Journal du dimanche, 31 janvier 2016

« Le PS est le seul zoo de France où les animaux se gardent entre eux. »

Jean-Luc Mélenchon,
La Provence, 14 septembre 2017

STRAUSS-KAHN (Dominique)

Député socialiste, ministre des Finances de 1997 à 2002, président du FMI, candidat putatif à l'élection présidentielle de 2012.

« Il veut tout et tout de suite. À tel point qu'il va ressembler à un Sarkozy de gauche ! »

Michel Rocard,
dans *Le Canard enchaîné* du 7 janvier 1998

« Il y en a une qui se prend pour la madone des prolétaires et l'autre pour le messie de la City. »

Claude Allègre,
à propos de Martine Aubry et de Dominique
Strauss-Kahn, propos rapportés dans
Le Canard enchaîné du 21 janvier 1998

« Menteur », « Capitaliste », « Voleur », « Enculé ! »
Apostrophes d'anonymes à la Fête de l'Huma,
rapportées dans *Le Canard enchaîné*
du 16 septembre 1998

« La modestie est à Dominique Strauss-Kahn ce que la chasteté est à Madonna. »

Josselin de Rohan,
président du groupe RPR du Sénat, propos rapportés
dans *Le Canard enchaîné* du 29 septembre 1999

« Calzone. »

Surnom donné par **Nicolas Sarkozy** :
« Comme la pizza du même nom, il est gros
et bouffi d'orgueil », explication donnée dans
Le Canard enchaîné du 25 juillet 2007

« Dominique Strauss-Kahn, je le connais bien, je l'ai mis en examen. »

Eva Joly,
Prix Press Club, Humour et Politique 2010

« Qu'il reste au FMI, à nuire à tout le monde et pas seulement à nous. »

Jean-Luc Mélenchon,
sur *France 2*, le 7 novembre 2010

« Dominique Strauss-Kahn, ce n'est pas l'image de la France, l'image de la France rurale, l'image de la France des terroirs et des territoires, celle qu'on aime bien, celle à laquelle je suis attaché. »

Christian Jacob,
député UMP de Seine-et-Marne

« – La France est-elle assez grande pour Dominique Strauss-Kahn ?
– Oui, s'il fait un régime. »

Jean Glavany,
interrogé par un journaliste de *Canal* +,
Le meilleur du pire des petites phrases, rappelé par
Europe 1.fr du 17 décembre 2010.

« Certes, DSK ternit un peu ma réputation. »

Dodo-la-Saumure, lors du procès du Carlton.
Phrase nominée au Prix Press Club,
Humour et Politique 2015
Prix Spécial « Para-Politique »

T

T

T

TALLEYRAND (Charles-Maurice de Talleyrand-Périgord)

(1754-1838) Dit « La Gambille » et « le Diable boiteux » à cause de l'accident qui l'avait estropié dans son enfance, évêque d'Autun, député aux États généraux et à l'Assemblée constituante, ministre des Relations extérieures du Directoire, du Consulat et de l'Empire jusqu'en 1807, grand chambellan, prince de Bénévent, chef du Gouvernement provisoire en 1814, ministre des Affaires étrangères sous la Première restauration, chef du gouvernement en 1815, ambassadeur à Londres de 1830 à 1835.

« Pour de l'argent, Talleyrand vendrait son âme, et il aurait raison, car il troquerait son fumier contre de l'or. »

Mirabeau, propos

« Il parfumerait même du fumier. »

Barras, propos

« Ses vues en finance et en administration sont bornées, mais personne n'a jamais mieux calculé que lui les circonstances, les devoirs et les vertus. Décidé de bonne heure à sacrifier le clergé à la nation, il a senti qu'il était plus sûr de la trahir que de l'attaquer, et il s'est fait évêque. Le roi l'a un peu aidé dans cette opération ; mais comme il méprisait le bienfait, il devait oublier le bienfaiteur. Enfin cet illustre prélat a prouvé, avec les Lameth et les Noailles, que dans une révolution, c'est l'ingratitude qui fournit les plus grands hommes, qui tient les petits esprits en haleine, et qui sert de courage aux ambitieux. »

Rivarol,
Petit Dictionnaire des grands hommes de la Révolution,
1790

« Vous êtes un voleur, un lâche, un homme sans foi. Vous avez toute votre vie manqué à tous vos devoirs. Vous avez trahi, trompé tout le monde. Il n'y a rien pour vous de sacré ; vous vendriez votre père. Je vous ai comblé de biens, et il n'y a rien dont vous ne soyez capable contre moi. Ainsi, depuis dix mois, vous avez l'impudeur, parce que vous supposez à tort et à travers que mes affaires d'Espagne vont mal, de dire à qui veut l'entendre que vous avez toujours blâmé mon entreprise sur ce royaume, tandis que c'est vous qui m'en avez donné la première idée, qui m'y avez persévéramment poussé. Et cet homme, ce malheureux [le duc d'Enghien] par qui ai-je été averti du lieu de sa résidence ? Qui m'a excité à sévir contre lui ? Étranger à la mort du duc d'Enghien ! Mais oubliez-vous que vous me l'avez conseillée par écrit ? [...]. Quels sont donc vos projets ? Que voulez-vous ? Qu'espérez-vous ? Osez le dire ! Vous mériteriez que je vous brisasse comme un verre ! J'en ai le pouvoir, mais je vous méprise trop pour en prendre la peine ! Apprenez que s'il survient une révolution nouvelle, quelque part que vous y eussiez prise, elle vous écraserait les premiers. Pourquoi ne vous ai-je pas fait pendre aux grilles du Carrousel ? Mais il est bien temps encore. Tenez, vous êtes de la merde dans un bas de soie ! »

Napoléon à Talleyrand,
le 28 janvier 1808, selon Pasquier

(*Mémoires du chancelier Pasquier*, 1898, T. I),
Montesquiou (*Souvenirs sur la Révolution, l'Empire, la Restauration et le règne de Louis-Philippe*, 1961)
et Mollien (*Mémoires d'un ministre du Trésor public*, 1898, T. II).

« Comment voulez vous que cet homme ne soit pas riche, ayant vendu tous ceux qui l'ont acheté ? »

Amiral Decres, propos

« Cet homme n'avait pas de défaut, quoiqu'il eût tous les vices. »

Marquise de La Tour du Pin,
reprenant Montesquieu dissertant sur Jules César

« Pour cet ancien évêque, les vases les plus sacrés étaient les pots-de-vin. »

Dalberg, propos

« Quand Monsieur de Talleyrand ne conspire pas, il trafique. »

Chateaubriand, propos

« Tout chargé des ignominies des neuf gouvernements qui ont passé sur la France depuis un demi-siècle… »

Armand Marrast,
dans *La Tribune* du 8 février 1843

« Talleyrand : ni âme, ni conscience, ni regard, face livide et morte, spectre cité pour ses bons mots, quelque chose comme un cadavre faisant de l'esprit. »

Victor Hugo,
Le Tas de pierres, 1942

TAPIE (Bernard)

(1943-2021) Homme d'affaires, député des Bouches-du-Rhône de 1989 à 1992 et de 1993 à 1996, ministre de la Ville de 1992 à 1993, tête de liste aux élections européennes de 1994.

« Bernard Tapie est un habile chiffonnier, servi par un physique de tombeur de dames, un culot hors du commun, un bagou de vendeur de bretelles, un exhibitionnisme communicatif, un sens inné des relations publiques. »

Jacques Julliard, **François Furet** et **Pierre Rosanvallon**,
La République du centre, 1988

« Tapie, c'est l'anti-Robin des Bois : l'un prenait aux riches pour distribuer aux pauvres, l'autre pique aux pauvres pour s'enrichir lui-même. »

Jean-Édern Hallier, propos

« Quand on évoque Mendès France devant lui, il croit qu'il s'agit d'une filiale de société. Quand on lui parle de SFIO, il pense à une variété de SICAV. Jaurès ? Il connaît très bien la station de métro. »

La Grosse Bertha, avril 1991

« Tapie, c'est le sens de l'intérêt général avec les plus démunis, le désintéressement, la probité, bref, c'est une caution morale inestimable pour un candidat… J'attends avec impatience le ralliement à Nicolas de Francis Haulme, de Pablo Escobar et du général Mladic ! »

Didier Porte,
dans *Le Fou du roi* le 8 février 2007,
à propos du ralliement de Bernard Tapie
à la candidature de Nicolas Sarkozy
à la présidence de la République.

« Le seul Tapie qui a de l'avenir ici, c'est le tapis de prière. »

Stéphane Ravier,
candidat FN aux municipales de Marseille.
Phrase nominée au Prix Press Club,
Humour et Politique 2013

TARDIEU (André)

(1876-1945) Dit « le Mirobolant », député indépendant de Seine-et-Oise de 1914 à 1924, député du Haut-Rhin de 1926 à 1936, Président du Conseil de 1929 à 1930 et en 1932.

« Vous êtes un aventurier et un provocateur. »

Maurice Thorez,
à la Chambre des députés, le 6 février 1934

TAUBIRA (Christiane)

(Née en 1952) Députée de la Guyane de 1993 à 2012, députée européenne en 1994, candidate à l'élection présidentielle de 2002, garde des Sceaux de 2012 à 2017.

« Maligne comme un singe Taubira retrouve la banane. »
« Une » de *Minute*, 13 novembre 2013

« Qu'est-ce qui fait monter le Front national ? Je réponds Mme Taubira. Si vous pensez que Mme Taubira n'est pas un tract ambulant pour le Front national, mis en avant par François Hollande, c'est que, je pense, vous n'avez pas compris le cynisme des socialistes. »

Gérald Darmanin,
LCI, 3 mars 2015

« Mme Taubira aura été le pire ministre de la Justice de la Ve République. »

Guillaume Larrivé,
tweet du 27 janvier 2016

« *Exit* Taubira. Ne pouvait plus rester. Suis pas sûr que Valls pleure. Le vrai pb est de savoir si, enfin, la ligne sécuritaire est celle du Gvt ? »

Roger Karoutchi,
tweet du 27 janvier 2016

« Je me réjouis de la démission de Christiane Taubira qui doit marquer la fin de la dérive laxiste que connaît notre justice depuis 2012. »

Éric Ciotti,
tweet du 27 janvier 2016

« Pour une fois où je n'avais pas demandé sa démission… »

Jean-François Copé,
tweet du 27 janvier 2016

« Ce qui m'a surpris, c'est qu'elle reste aussi longtemps à la chancellerie. »

Alain Juppé,
BFM TV, 27 janvier 2016

« Cela fait au moins deux ans qu'il n'y avait plus de garde des Sceaux. »

Christian Jacob,
27 janvier 2016

« L'héritage de Taubira : société divisée, enfants privés de filiation par Taubira, essor d'un nouvel esclavage. »

La Manif Pour Tous,
AFP, 27 janvier 2016

« La seule justice chez Taubira : sa démission. »

Marion Maréchal-Le Pen,
AFP, 27 janvier 2016

« Christiane Taubira, grande figure du déclin français : quel autre naufrageur fera pire qu'elle ? »

Jean-Marie Le Pen,
AFP, 27 janvier 2016

« Au ministère de la Justice, il sera impossible de faire pire. »

Philippe Bilger,
Le Figaro, 28 janvier 2016

« Le livre de Christiane Taubira prouve que nous n'avions pas de ministre de la Justice en France. »

Rachida Dati,
BFM TV, 1er février 2016

« Je salue Christiane Taubira… Sa voix peut porter, même quand elle ne dit rien. »

François Hollande, 2017

THIERS (Adolphe)

(1797-1877) Dit « Foutriquet », dit « le Nain sanglant », député libéral puis conservateur, plusieurs fois ministre et Président du Conseil, Président de la République de 1871 à 1873.

« M. Thiers n'est pas parvenu, il est arrivé. »

Talleyrand, propos,
quand le petit avocat de province est devenu
Président du conseil en 1836

« Thiers dont toute la conscience se réduit à cette phrase : Ayez beaucoup d'argent et ne soyez pas pendu. »

Armand Marrast,
dans *La Tribune* du 8 février 1843

« … Thiers, un impudent
« Qui sur nos libertés a mis toute sa dent,
« Des anciens libéraux infâme parasite
« Qui refit la Bastille et le droit de visite,
« Dont le cœur est plus bas encore qu'il n'est petit… »

Almire Gandonnière,
À toi, Barthélémy! satyres, par Archiloque…, 1844

« Le petit homme se croit assez revenu sur l'eau pour songer à devenir… président de la République! … lui! le ministre servile de Louis-Philippe, le renégat de la Révolution française! l'auteur des lois de septembre!… sommes-nous déjà tellement tombés, tellement abandonnés de Dieu, que nous ne puissions trouver un sauveur qu'en élevant au-dessus de nous cet homme d'État sans dignité ni sans grandeur… »

Georges-Marie Dairnvaell,
Histoire édifiante et curieuse de M. Thiers, par Satan,
1848

« Vous êtes la trompette antipatriotique du désastre. »

Marquis de Piré,
au Corps législatif, le 10 juillet 1870

« Foutriquet. L'infâme vieillard. Le nain grotesque. Tamerlan à lunettes. Cœur saignant. Croquemort de la nation. Petit jeanfoutre. Crapaud venimeux. Magot de l'exécutif. Adolphe le Petit. Vieux pandour. Rural Ier. Bandit sinistre. Général boum. Général Tom-Pouce. Roi des Versailleux. Satrape de Seine-et-Oise. Myrmidon Ier. Vieux drôle. L'effronté menteur. L'incestueux. Le vieux scélérat. Père Transnonain. Vieux polisson. Le nabot. Serpent à lunettes. Vieille canaille. »

La Commune du 11 mai 1871

« J'ai pour M. Thiers une exécration profonde et qu'il me rendait bien, d'ailleurs. »

Georges Clemenceau,
propos du 2 octobre 1927 cité par Jean Martet
dans *Le silence de M. Clemenceau*, 1929

« Thiers était le type de bourgeois borné et féroce, qui s'enfonce dans le sang, sans broncher. »

Georges Clemenceau,
propos cité par Jean Martet dans
M. Clemenceau peint par lui-même, 1929

« Thiers était un homme qui, résolument, n'avait aucune idée, qui n'avait littéralement d'ouverture sur rien… […]
« Il était de ces idiots bornés qui se figurent qu'avec un ordre sur un bout de papier on vient à bout de tout. »

Georges Clemenceau,
propos cité par Jean Martet dans
M. Clemenceau peint par lui-même, 1929

THOMSON (Gaston)

(1848-1932) Député radical de Constantine (Algérie) de 1877 à 1932, plusieurs fois ministre.

« Thomson ! le requin fait homme, dont les mâchoires largement détendues ont englouti d'innombrables proies, fruits de l'épargne et du trésor national. Thomson ! l'agent des sociétés financières, des groupes métallurgiques, l'homme d'argent, l'homme d'affaires, le politicien sans scrupules, le type accompli du bandit moderne. »

Flax, nom de plume de **Victor Méric**,
dans *Les Hommes du jour* du 8 mai 1909

THOREZ (Maurice)

(1900-1964) Député communiste de la Seine de 1932 à 1940 et de 1945 à 1964, réfugié en URSS en 1939, amnistié en 1944, ministre d'État de 1945 à 1946.

« Dans une interview accordée au *Temps* Thorez déclare : "Il y a un gouvernement, il doit y avoir une seule armée, il doit y avoir une seule police une seule." [...] "Un Reich, un peuple, un Führer" comme disait l'autre. La politique de Thorez engage la classe ouvrière dans un voyage sans secousses qui... nous ramène à Vichy. Il n'y a plus de maréchal, mais on a, à sa place, un général. »

Parti communiste internationaliste
(Section française de la IVe Internationale),
Avec Maurice Thorez sur le chemin qui mène à Vichy :
brochure répondant au discours de Maurice Thorez
qui ouvre le Xe Congrès national du PCF.

« Thorez est venu apporter, dans son rapport d'Ivry, une adhésion complète et publique à la politique de guerre de la bourgeoisie française, comme le firent en 1914, les social-patriotes traîtres à la classe ouvrière. [...] Thorez invite le peuple de France à mettre le cou sous le joug du régime capitaliste. Thorez est devenu le meilleur suppôt de de Gaulle, nouveau patron de l'appareil vichyssois. »

Parti communiste internationaliste,
brochure imprimée en 1945

« Thorez premier *parti* de France... »

Jean Galtier-Boissière,
le 6 mai 1946, *Mon Journal dans la drôle de Paix*, 1947

« Oui ou non êtes-vous le chef d'un parti aux ordres d'un gouvernement étranger ? »

Marc Schérer,
député démocrate-chrétien de la Haute-Marne,
à l'Assemblée nationale, le 24 février 1949

« Nous ne sommes pas des déserteurs comme Thorez ! »

Raymond Mondon,
député gaulliste de la Moselle,
à l'Assemblée nationale, le 31 octobre 1956

TIBERI (Xavière et Jean)

« L'Histoire est finalement injuste avec les Tiberi. Les voilà prêts d'en sortir alors que dans leur genre, ils ont été des précurseurs. Le vocabulaire, la tenue, le clientélisme, le mauvais goût, ils ont tout inventé dans leur petit laboratoire du Ve arrondissement. »

Bruno Roger-Petit,
François Mitterrand 2008 il revient, 2008

TIXIER-VIGNANCOUR (Jean-Louis)

(1907-1989) Avocat, député d'extrême droite des Basses-Pyrénées (actuelles Pyrénées-Atlantiques) de 1936 à 1940 et de 1956 à 1958, candidat à l'élection présidentielle de 1965.

« C'est en permanence le sanglier qui débouche, la défense hargneuse, le trot lourd et rude, soufflant par ses naseaux épais une sorte de feu obscur, griffant le sol dans son impatience féroce, prêt à renverser et à piétiner tout ce qu'il rencontrera, de temps en temps levant son dur mufle pour humer ce que le vent lui livre de raison, de prudence ou d'audace, et puis, repartant d'un train d'enfer, brute bénévole, magnifique et dangereuse, fauve qui n'est pas sans cousinage avec le porc, mastodonte hérissé, orgueilleux, vindicatif, à la fois horrible et épatant. »

André Figueras,
Zoologie du Palais-Bourbon, 1956

« Vous non plus vous n'avez pas changé : vous êtes toujours le même fasciste qu'en 1936, quand vous défendiez Franco et Hitler. »

Fernand Grenier,
député communiste du Nord,
à l'Assemblée nationale, le 23 février 1956

« Combien avez-vous de condamnations de patriotes sur la conscience ? »

Roger Roucaute,
député communiste du Gard,
à l'Assemblée nationale, le 23 février 1956

« Collaborateur ! »

Raoul Calas,
député communiste de l'Hérault,
à l'Assemblée nationale, le 7 novembre 1956

« Vous protégez un agent de Hitler, monsieur le Président. »

Yves Péron,
député communiste de la Dordogne,
à l'Assemblée nationale, le 7 novembre 1956

« Dénonciateur ! Assassin de Gabriel Péri, de Michels et de Danielle Casanova. C'était le bras droit de Philippe Henriot ! »

Jean Bartolini,
député communiste du Var,
à l'Assemblée nationale, le 7 novembre 1956

« Collaborateur des nazis ! »

Eugénie Duvernois,
députée communiste de Seine-et-Oise,
à l'Assemblée nationale, le 26 septembre 1957

« … l'avocat des tueurs… »

François Mauriac,
dans *Le Figaro littéraire* du 8 septembre 1962,
après l'émotion suscitée le 22 août par l'attentat
du Petit-Clamart contre le général de Gaulle

« Tixier-Vignancour, c'est Vichy, la collaboration fière d'elle-même, la Milice, l'OAS. »

Charles de Gaulle,
propos du 24 novembre 1965,
cité par Alain Peyrefitte dans
C'était de Gaulle, T. II, 1997

TRAUTMANN (Catherine)

(Née en 1951) Maire de Strasbourg de 1989 à 1995, députée du Bas-Rhin de 1986 à 1988 et en 1997, députée européenne ministre de la Culture de 1997 à 2000 porte-parole du gouvernement de 1997 à 1998.

« Eh oui ! Je le sais et Lionel aussi : Trautmann, c'est la seule erreur de casting du gouvernement. »

Claude Allègre,
dans *Le Canard enchaîné* du 8 octobre 1997

TRON (Georges)

(Né en 1957) Secrétaire d'État à la fonction publique du 22 mars 2010 au 29 mai 2011. Adepte de réflexologie plantaire, il est accusé de viol et agression sexuelle par deux anciennes employées de la commune de Draveil dont il est le maire.

« Je savais qu'il cirait les pompes, mais j'ignorais qu'il massait les pieds. »

Une femme ministre du gouvernement,
Citée par *Libération* du 31 mai 2011

TROTSKISTES (pablistes, lambertistes et autres)
Dits « trotsks », « têtes de pioche » ou « gauchistes ».

« Les trotskistes justifient pleinement notre affirmation qu'ils sont "l'avant-garde de la bourgeoisie contre-révolutionnaire". Ils accomplissent, au fond, la même besogne de désorganisation du mouvement ouvrier qui est dévolue aux scissionnistes et renégats de Doriot à Frossard. »

Maurice Thorez,
dans *L'Humanité* du 16 juin 1935

« Trotski : agent de la bourgeoisie internationale dans le mouvement ouvrier russe. [...] Devint un chef de bandes terroristes, de groupes de sabotage sur le territoire et de groupes de diviseurs dans le mouvement ouvrier international, à la solde des puissances fascistes et des milieux financiers cosmopolites. »

Maurice Thorez, *Œuvres* (tome 9, 1952),
note à son article paru dans *L'Humanité*
du 16 juin 1935

« Les trotskistes sont des ennemis de l'unité du mouvement ouvrier, les ennemis du rassemblement des masses populaires dans un front antifasciste. Leur tactique est d'éparpiller le mouvement ouvrier en groupuscules pour affaiblir la lutte de la classe ouvrière et ainsi favoriser le fascisme. »

Maurice Tréand,
Listes noires, décembre 1936

« Il faut en finir avec les traîtres et les agents trotskistes du fascisme poursuivant dans l'ombre leur criminelle besogne. »

L'Humanité du 12 juin 1937

« Les trotskistes s'allient avec les terroristes, dont l'organisation de guerre civile des "cagoulards" vient de nous dévoiler les ramifications avec l'étranger. [...] Par tous les moyens les trotskystes tentent de s'infiltrer dans notre Parti et dans les organisations ouvrières dans le but de les désagréger, de saboter la reprise économique et de faire continuer la provocation. »

Maurice Tréand,
Listes noires, septembre 1937

« Trotski + Doriot = Hitler. »

Titre d'une brochure publiée par le PCF en 1937.
Sur le catalogue du Bureau d'éditions,
la maison d'édition du PCF avant la guerre,
on lit le commentaire suivant : « Trois têtes de l'hydre fasciste. Des thèses qui se rapprochent. Des moyens d'action qui se confondent. »

« Certains voudraient entraîner les métallos dans la grande aventure en particulier chez Renault, ils préconisent la grève générale. [...] Il faut faire face à la bête trotskyste ! »

Section locale des Métaux CGT
de Boulogne-Billancourt, 28 mars 1938

« Les aventuriers trotskistes cherchent à spéculer sur la volonté de lutte des ouvriers socialistes. [...] Combien de fois n'avons-nous pas mis en garde contre les menées scissionnistes des désagrégateurs trotskistes, trop souvent recueillis par le parti socialiste lorsqu'ils étaient chassés de nos rangs ! Que peut-on attendre de bon de ceux qui proposaient dimanche dans leur assemblée, non de soutenir l'effort héroïque des combattants espagnols, mais de demander la libération des trotskistes du POUM, espions de Franco et traîtres à la cause de l'Espagne ouvrière et républicaine ? »

Maurice Thorez,
dans *L'Humanité* du 19 mai 1938

« [...] pour tromper les travailleurs, les trotskistes essaient de cacher leur véritable visage d'agents de la Gestapo et de l'OVRA en usant de la surenchère démagogique, de la ruse, de la duplicité les plus répugnantes. »

Henri Janin,
dans les *Cahiers du bolchevisme* de novembre 1938

« Les agents trotskystes ont mérité la première place parmi les provocateurs à la solde du fascisme international. [...] Partout les trotskystes se sont révélés comme des diviseurs, des provocateurs et des agents du patronat. Le fascisme a poussé au raffinement l'art de la provocation et de la diversion et a trouvé pour accomplir cette vile besogne la vermine trotskyste. »

Henri Janin,
dans les *Cahiers du bolchevisme* de février 1939

« En ce qui concerne l'activité des provocateurs, les communistes doivent savoir qu'on songe dans certains milieux à utiliser les trotskystes comme éléments de provocation contre notre parti.

« Pendant l'occupation, la Gestapo a fait publier, par ses agents trotskystes, un journal de provocation dénommé *La Vérité.* Dans ce journal les agents trotskystes au service de la Gestapo attaquaient les patriotes qui se livraient à la guérilla contre les Boches. Ils complétaient sur le plan de la provocation, la politique d'assassinats d'otages instaurée par Hitler pour essayer d'effrayer les patriotes. « Les agents de l'ennemi qui publient ce torchon pour le compte de la Gestapo auraient dû être arrêtés depuis longtemps. »

La Vie du Parti, septembre 1944

« Nous aurons à faire preuve de vigilance pour dépister et chasser de nos rangs les éléments troubles, les provocateurs, les agents de l'ennemi, hitléro-trotskistes, qui se couvriront le plus souvent par des phrases "gauchistes". »

Maurice Thorez,
Une Politique française, 1945

« On croit savoir qu'un accord satanique serait intervenu entre le trotskisme, cette espèce d'anarchie de la IVe Internationale fasciste et le nazisme pur et simple qui espérait encore s'en tirer par des travaux souterrains variés en divers pays. Les Allemands se proposent de s'agglomérer aux trotskistes du monde entier, c'est-à-dire les anarchistes ennemis du communisme en, tous pays et qui sont certainement responsables de la mort de l'ambassadeur russe à Mexico Oumansky [...] Mais ce "nazi-trotzkisme" sera exterminé à la victoire. »

Geneviève Tabouis,
dans *Nuit et Jour* du 26 avril 1945 :
elle n'était pas membre du PCF mais relayait en l'amplifiant une rumeur répandue par ce dernier à l'étranger

« Rappelons l'arrestation par la gendarmerie de l'Air, au début de 1945, chez Gnome et Rhône, d'un distributeur de tracts trotskistes, pris en flagrant délit de sabotage (il mettait du sable dans les embrayages de moteurs d'avions) ; au vestiaire du saboteur, on devait trouver des armes et un manuel de combats de rues. »

Étienne Fajon,
dans *Les Cahiers du communisme* de mai-juin 1945

« Les trotskystes jouent consciemment leur rôle de traîtres à la nation, traîtres à la classe ouvrière. [...] Les agents hitlériens de la IVe Internationale n'ont pas dû connaître la misère de l'occupation, la déportation et les crimes commis par les nazis. Ils volent comme le Pape au secours des débris hitlériens. »

Le Travailleur, PCF, 31 octobre 1945

« La IVe Internationale trotskyste est une filiale de la section étrangère du parti national-socialiste allemand créée en 1934. »

Parti communiste français,
Fédération du Tarn et Garonne, 27 juillet 1946

« Agents de la Gestapo ! Miliciens ! Doriotistes ! Hitléro-trotskystes ! »

Injures relevées dans *L'Avant-garde* et *L'Humanité*
par *La Jeune Garde* de février 1947

« Les provocateurs hitléro-trotskystes à la solde de de Gaulle [...] veulent faire couler le sang. »

Eugène Hénaff,
déclaration du 29 avril 1947
citée dans *Le Populaire* du lendemain

« Pierre Hervé et les siens ont souvent des conceptions semblables à celles de Pétain qui déclarait “supprimer la lutte des classes en assassinant les révolutionnaires”. »

La Vérité du 17 mai 1947

« André Marty développe une plate-forme antiparti, il calomnie et ment, s'apparentant aux procédés des policiers trotskystes. »

L'Humanité, 18 et 25 décembre 1952

« À la veille de la deuxième guerre mondiale le trotskisme avait dégénéré en un complot dont la règle était la duplicité et dont les fils étaient tenus par les services d'espionnage des pays capitalistes. Historiquement c'est à partir de cette situation que se développent les trahisons de Tito, Rajk, Clementis, etc. »

Pierre Hervé,
dans *La Nouvelle Critique* de mars 1953

« Les trotskystes sont depuis toujours dans le mouvement ouvrier des provocateurs ayant pour objectif de diviser les travailleurs et d'essayer de les entraîner dans des actions inconsidérées, dans des provocations où les meilleurs d'entre eux subiraient la répression policière. [...] Après l'invasion allemande [...] le but des trotskystes était de saboter la Résistance et de permettre aux nazis de continuer l'occupation de notre pays. C'était là donner un coup de poignard dans le dos de tous les Résistants qui luttaient pour la libération de la France. C'était aider Pétain, Laval, Hitler. À la libération ils échappèrent à l'épuration mais furent baptisés par les travailleurs hitléro-trotskystes. La guerre finie ils sabotèrent la renaissance de notre pays et sa reconstruction. [...] Nous pensons faire œuvre utile en avertissant les travailleurs pour qu'ils puissent se méfier de leurs diviseurs qui furent tour à tour, hitlériens, saboteurs, provocateurs, complices de la police. »

Tract des cellules PCF de Lavalette
à Saint-Ouen, 24 avril 1959

« *La Voix ouvrière* est une feuille anonyme, sale et répugnante. »

L'Étincelle,
organe de la cellule Joseph-Staline de la SERV,
à Issy-les-Moulineaux, mars 1961

« Ils jouent leur rôle de flics.

Comité du PCF de la Saviem,
1er décembre 1961

« *La Voix ouvrière* c'est l'organe de la police. »

L'Écho des métallos Renault,
organe de la section Renault du PCF, 31 octobre 1961

« Ce journal anonyme est un journal provocateur. [...] Essayons de connaître le visage de ces téméraires [...] vous les trouverez tout naturellement dans les "Jaunes" éternels et les quelques "Moutons" que chacun d'entre nous connaît. »

La Voix des communistes,
Issy-les-Moulineaux, décembre 1961

« Toute cette littérature de *La Voix ouvrière* ne peut qu'aider le Patronat et, disons-le, favoriser les entreprises fascistes, en jouant le rôle de diviser la lutte de la classe ouvrière. »

Le comité du PCF Saviem,
29 janvier 1962

« *La Voix ouvrière*, cette feuille infâme [...] déverse comme chacun le sait les mêmes calomnies que l'on trouve dans *L'Aurore* ou *Le Figaro.* »

Les Ondes nouvelles,
organe de la cellule du PCF de Thomson-Gennevilliers,
14 décembre 1961

« Pendant la guerre [...] les trotskystes appelaient les peuples à ouvrir les frontières aux nazis. Ils travaillaient ainsi à aider les fascistes, ennemis suprêmes des travailleurs à s'installer dans le monde. Ils poursuivent aujourd'hui le même but. »

Tract du syndicat des métaux CGT
du groupe Chausson, à Chenard-Secan, 20 juillet 1961

« Qui sont ces trotskystes? Actuellement un ramassis d'individus douteux constitué de groupuscules qui ne manquent pas d'argent. On y trouve à côté de quelques jeunes qui se laissent influencer, des fascistes authentiques, tel Jourdan, ancien membre du PPF de Doriot et un certain Lambert, personnage aussi douteux et qui dirigeait le groupe devant l'usine. La collusion entre trotskystes et fascistes a toujours existé. La preuve en est que le fasciste Guinot, bien connu à Saint-Ouen, se trouvait (comme par hasard) à proximité de l'usine de matin-là. »

Tract diffusé par les cellules du PCF
à la Saviem, à Saint-Ouen, le 19 février 1962

« Les adeptes du trotskisme ne sont pas tous des provocateurs des services spéciaux gaullistes ou de la CIA, pas plus qu'ils n'étaient indistinctement des agents hitlériens voici trente ans. Ce qui ne veut pas dire toutefois que dans ces groupes multiples déchirés entre eux il n'y ait pas de nombreux provocateurs de la police ou des agents des services spéciaux. »

Léo Figuères,
Le trotskisme cet antiléninisme, 1969

« Nous déjouerons les pièges de l'adversaire et de ses alliés traditionnels : les groupes gauchistes et aventuriers qui n'ont d'autre but que de stopper le mouvement en tentant de le dévoyer. »

L'Humanité du 20 février 1975 :
à partir de 1968, le PCF tend à remplacer le terme
« trotskyste » par celui de « gauchiste » qui englobe
aussi les maoïstes et les divers courants
dits spontanéistes ou anarchistes.

UV

UV

VALLS (Manuel)

(Né en 1962) Maire d'Évry de 2001 à 2012, député de l'Essonne de 2002 à 2012, ministre de l'Intérieur de 2012 à 2014, Premier ministre de 2014 à 2017.

« On apprend que Manuel Valls est allé soutenir le Barça aux frais du contribuable, heureusement qu'il n'est pas fan des *All Black* ! »

Nathalie Kosciusko-Morizet,
tweet du 7 juin 2015

« Ses alliés le détestent. Il pense fédérer la gauche en insultant la droite. Mais mon gars fais le boulot, c'est toi qui es au pouvoir. C'est honteux ! [...]
« Lui il court derrière les frondeurs, derrière l'extrême gauche, il court derrière les alliés qui lui font des bras d'honneur. Nous c'est vrai on est des nuls, des gros fachos, mais alors fais le boulot ! C'est exaspérant. Un peu de hauteur. »

Rachida Dati,
LCI, 1er septembre 2015

« On dirait un acteur de film porno », « il manque cruellement de charisme, cet homme, du fait, à mon avis, d'une absence totale de convictions profondes », « cet homme ne sert que ses propres intérêts », il est « convoqué régulièrement devant la LICRA », « il est détesté par la police », « il n'a aucune consistance et [...] ne risque pas de faire de l'ombre à sa hiérarchie, les fabricants de billets de banque », « il va certainement dégager avec l'eau du bain, pour ne pas dire l'eau des chiottes », « ce petit soldat israélien (a un) air de Mussolini, moitié trisomique moitié on ne sait pas », « en plus d'être méchant, (il) n'aime pas les nègres ».

Dieudonné,
dans une vidéo diffusée en 2013.
Propos condamnés en appel le 10 décembre 2015

« Quand Valls dit que la gauche peut mourir, il sait de quoi il parle, car c'est lui qui est en train de la tuer. »

Jean-Luc Mélenchon,
France Inter, 22 juin 2014

« Avec 5 % on finit Premier Ministre ; avec 17 % on finit chez Habitat. »

Fleur Pellerin,
à propos des primaires PS, *Le Canard Enchainé*,
20 mai 2015.Phrase nominée au Prix Press Club,
Humour et Politique 2015. Prix d'encouragement

[En salle de la commission des Lois de l'Assemblée nationale]
« Moi, je ne m'assieds pas à côté de ce nazi ! Tu n'es qu'une ordure ! un pauvre type ! une merde ! »

Jean-Luc Mélenchon,
3 octobre 2017, propos rapportés par
Le Canard enchaîné, confirmés par Manuel Valls
mais contestés par Jean-Luc Mélenchon

VARENNE (Alexandre)

(1870-1947) Député socialiste du Puy-de-Dôme de 1906 à 1910 et de 1914 à 1936, réélu sous l'étiquette radicale en 1945 et UDSR en 1946, ministre d'État en 1946, fondateur du journal La Montagne.

« T'as pas fait la guerre, fous le camp, salaud ! »

Joachim, prince Murat,
député conservateur du Lot, interruption lancée à la rentrée parlementaire de 1919 et citée par Léon Daudet dans *Termites parlementaires*, 1930

« Varenne, physiquement, appartient à la série des gnomes barbus des contes de Grimm. On l'imagine remontant la pendule, balayant le marbre du landgrave de Hesse, et couchant dans un coffre à bois, à partir du douzième coup de minuit. Quand il est en colère, ou quand il boude, il a une façon de souffler dans son nez qui l'apparente à un petit bison, de l'espèce *furibundus*. Ce n'est pas un méchant homme, mais c'est un ignorant crétin, nourri des ana de tous les manuels laïques et qui a voué à Briand une admiration et une vénération aussi chaudes que celles du nonce. J'ai toujours pensé qu'il recueillait les pellicules d'Aristide pour les encadrer, reliques socialistes, et les transmettre aux générations futures des électeurs du Puy-de-Dôme. [...]
« Varenne est tout à fait le *putzemann* que, dans les contes allemands, la servante chasse à coups de balai jusque dans la tinette des W-C, sa vraie place. »

Léon Daudet,
Termites parlementaires, 1930

VEIL (Simone)

(1927-2017) Rescapée de la Shoah, ministre de la Santé de 1974 à 1979, présidente du Parlement européen de 1979 à 1982, ministre des Affaires sociales de 1993 à 1995, membre du Conseil constitutionnel de 1998 à 2007.

« On connaît, mes chers collègues, des manifestations publiques au cours desquelles des femmes, ou plutôt des viragos, car elles ne méritent pas le nom de femme, étaient prêtes à donner le triste spectacle de leur propre avortement, pour mieux narguer la loi et démontrer l'impuissance de l'État. Ces hommes et ces femmes, pour qui, sous le prétexte de la liberté, la pornographie tient lieu de devoir et d'honneur. »

Albert Liogier à Simone Veil,
à l'Assemblée nationale, le 28 novembre 1974,
passerelle de l'université de Bourgogne,
L'insulte en politique

« L'Europe de demain ne sera jamais l'Europe de la veille. »

Jeu de mot lancé par le RPR
quand Simone Veil fit campagne comme tête de liste
UDF aux élections européennes de 1979.
Hector Rolland en revendique la paternité dans ses
Souvenirs dérangeants d'un godillot indisciplinés, 1990

« Quand on fait appel à elle, elle râle. Et quand on ne fait pas appel à elle, elle râle aussi. C'est son caractère, et il faut faire avec. »

Nicolas Sarkozy,
dans *Le Canard enchaîné* du 20 février 2008

VEUILLOT (Louis)

(1813-1883) Journaliste et homme de lettres, catholique passionné et partisan de l'enseignement privé.

« Ô Veuillot! plus immonde encore que sinistre,
« Laid à faire avorter une ogresse, vraiment
« Quand on te qualifie et te nomme cuistre,
« *Istre* est un agrément. »

Victor Hugo,
in *Le Parnasse satyrique du XIXe siècle*, 1881

VILLEPIN (Dominique Galouzeau de)

(Né en 1953) Premier ministre de 2005 à 2007.

« Il porte un nom de cheval de course, mais il n'a jamais couru. »

François Loncle,
député socialiste de l'Eure.
Phrase nominée au Prix Press Club,
Humour et Politique 2005

« Enculé. »

Frédéric de Saint-Sernin,
apprenant, début juin 2005, qu'il est écarté du gouvernement, propos rapporté dans *Le Canard enchaîné* du 31 janvier 2007

« Il y a une victime : moi. Et un salaud : Villepin. »

Nicolas Sarkozy,
à propos de l'affaire Clearstream, propos rapportés dans *Le Canard enchaîné* du 25 octobre 2006

« Une dissolution calamiteuse, une législative ratée et un référendum perdu. Tu parles d'un CV ! C'est grande gueule et petites couilles. »

Nicolas Sarkozy,
dans *Le Canard enchaîné* octobre 2010

« Quand j'entends Villepin m'expliquer ce qu'il faut faire, je me marre. C'est le cancre qui fait la leçon au professeur. »

Nicolas Sarkozy,
dans *Le Canard enchaîné* octobre 2010

« Villepin, c'est le gorille du Rwanda. Il fait Houba ! Houba ! en se frappant le torse. Il est impressionnant ! Mais c'est un herbivore, il n'a jamais mangé personne… »

Un proche de Nicolas Sarkozy,
au sujet de velléités de candidature à la présidentielle de 2012 sous-entendues lors d'une réunion publique organisée par Dominique de Villepin à la maison de l'Amérique latine, à Paris, le 20 octobre 2009.
Propos rapportés par *Le Parisien*

« On ne peut pas dire que nous nous entendions mal. […] J'écoutais sans tout comprendre. Mais y avait-il toujours quelque chose à comprendre ? Rien n'est moins sûr, car emporté par son propre élan mon interlocuteur avait souvent du mal à atterrir. »

Nicolas Sarkozy,
Passions, 2019

VILLIERS (Philippe de)

(Né en 1949) Dit « l'Agité du bocage », député et président du conseil général de Vendée, ancien ministre, président du Mouvement pour la France.

« … don Quichotte maurrassien et pauwelsien louvoyant entre une extrême-droite que l'honneur lui interdit de rejoindre et un libéralisme dont la dignité lui impose de railler la prudence consensuelle. »

Jérôme Garcin,
L'Événement du jeudi, 29 novembre 1990.

« C'est bien connu : rien ne favorise mieux le lyrisme littéraire que les croisades inutiles lancées contre des moulins à vent au nom d'une morale d'escalier. Ça ne mange pas de pain et ça peu rapporter gros. »

Idem

« Je déplore cette vision de charognard de ceux qui attendent une disparition espérée pour dépecer le FN. »

Marine Le Pen,
à propos de la surenchère anti-immigrés,
propos rapportés dans *Le Canard enchaîné*
du 21 septembre 2005

VOYNET (Dominique)

(Née en 1958) Élue députée européenne en 1991 et députée écologiste du Jura en 1997, ministre de l'Aménagement du territoire et de l'Environnement de 1997 à 2001, maire de Montreuil, sénatrice de Seine-Saint-Denis de 2004 à 2011.

« Ordure », « Pute », « Tire ton slip, salope ! »

Au Salon de l'Agriculture de 1999,
invectives rapportées par Alexandra Da Rocha
dans *« Salope ! » Insultes et autres perfidies sur les femmes politiques*, 2007

« J'ai mon petit cimetière personnel : Voynet y sera bientôt couchée… »

Jean-Pierre Brard,
déclaration devant plusieurs élus en octobre 2008,
pendant la bataille pour la mairie de Montreuil.
Lui est à la tête de liste PCF-PS-PRG,
elle conduit celle des Verts.

W

W

WALDECK-ROCHET (Waldeck Rochet dit)
(1905-1983) Député communiste de la Seine de 1936 à 1940, député de Saône-et-Loire de 1945 à 1958, député de la Seine de 1958 à 1967, député de la Seine-Saint-Denis de 1967 à 1973, secrétaire général du PCF de 1964 à 1972.

« Je demande une suspension de séance pour permettre à M. Waldeck-Rochet de téléphoner à l'ambassadeur de l'URSS. »

Jean-Louis Tixier-Vignancour,
député d'extrême droite des Basses-Pyrénées,
à l'Assemblée nationale, le 21 mai 1957

« Jamais sur visage humain le nettoyage par le vide du marxisme-léninisme n'aura fait à ce point place nette. On se demande si un citoyen de ce modèle est capable de ressentir un goût particulier, une préférence pour l'ail ou pour l'échalote, en dehors de ce qui est prévu par la ligne générale.
« De tous les sentiments qu'il pourrait nous inspirer, ce révolutionnaire, celui qu'il nous inspire le moins, c'est la peur. Qu'est-ce que c'est que ces communistes qui ne font plus peur à personne ? C'était leur raison d'être, après tout ! Comme épouvantail, il faut convenir qu'ils auront

beaucoup servi, mais que maintenant ils ne servent plus, du moins de cette manière-là...
« [...] Ces propos légers ont plus de signification qu'il n'y paraît d'abord ; ils signifient qu'il n'y a plus de parti révolutionnaire chez nous, que cela crève les yeux, et donc que la révolution est à réinventer et que ce n'est pas du cerveau de M. Waldeck-Rochet qu'elle risque de surgir, avec son marteau et sa faucille. »

François Mauriac,
Bloc-notes, 26 février 1967

« Il n'existe pas de programme commun entre Gaston Defferre et Waldeck-Rochet, entre une chauve-souris et un poisson rouge. »

François Mauriac,
Bloc-notes, 13 mars 1967

WALDECK-ROUSSEAU (René)

(1846-1904) Député d'Ille-et-Villaine de 1879 à 1889, sénateur de la Loire de 1894 à 1904, ministre de l'Intérieur de 1881 à 1882 et de 1883 à 1885, Président du Conseil du gouvernement de Défense républicaine de 1899 à 1902, principal initiateur de la loi de 1901 sur les associations, qui vise principalement à combattre les congrégations religieuses.

« Gros malin ! *(Rires à droite.)* »

Joseph Lasies,
député nationaliste du Gers,
à la Chambre des députés, le 26 juin 1899

« En attendant le mur des Fédérés ! *(Bruit.)* »

Jean-Baptiste Boutard,
député radical de la Haute-Vienne,
à la Chambre des députés, le 26 juin 1899 :
dans son gouvernement de Défense républicaine,
Waldeck-Rousseau a nommé ministre de la Guerre
le général de Galliffet, « le fusilleur de la Commune ».

« Vous tremblez ! »

Pierre Richard,
député nationaliste de la Seine,
à la Chambre des députés, le 26 juin 1899

« Le bavard professionnel qui a dépouillé la redondance n'est pas affranchi pour cela des servitudes du régime de verbiage. Il n'y avait pas un adjectif dans les oraisons de Waldeck-Rousseau. [...] Ce cerveau prétendument réaliste n'était pourtant habité que du vent des mots. »

Charles Maurras,
dans *L'Action française* du 9 septembre 1925

« À quiconque soutient qu'il n'y a rien de plus affreux que le "Combisme", sinon M. Combes en personne, je réponds qu'il fait erreur. Il y a pis que le Combisme, pis que M. Combes. L'un et l'autre ne doivent recevoir que le numéro deux dans cette hiérarchie du mal et du pire : au-dessous de M. Combes, plus bas que son Combisme, il y a le Waldeckisme, il y a M. Waldeck-Rousseau. »

Charles Maurras,
dans *L'Action française* du 27 octobre 1928

WAUQUIEZ (Laurent)

(Né en 1975) Député UMP puis LR de 2004 à 2007 et de 2012 à 2017, plusieurs fois membre du gouvernement, maire du Puy-en-Velay de 2008 à 2016, président de région.

« Wauquiez, c'est le Fou du Puy. »

François Baroin,
Phrase nominée au prix Press Club,
Humour et politique 2014

« Wauquiez a fait allemand en première langue. Il est peut-être normalien mais il n'a rien de normal. »

Gérald Darmanin,
BFM TV, 20 février 2018

XYZ

XYZ

YAMGNANE (Kofi),
(Né en 1945) Maire de Saint-Coulitz, secrétaire d'État de 1990 à 1992.

« … M. Miam-miam… »

Jean-Marie Le Pen,
Le Monde, 28 mai 1991

ZAY (Jean)
(1904-1944) Député radical du Loiret de 1932 à 1944, sous-secrétaire d'État, ministre de l'Éducation nationale du Front populaire, assassiné par la Milice.

« Jean Zay, c'est évidemment peu de chose, mais c'est, si l'on peut dire, un néant plein d'agitation, plein d'ambitions. […] Il n'est pas de ces gens qui trahissent bêtement, gratuitement. Lui, quand il trahira, ce sera pour quelque chose qui en vaille la peine. Un portefeuille par exemple. »

Odette Pannetier,
dans *Candide* du 7 novembre 1935

« Mais ce polisson de Jean Zay ! Son avancement signifie que l'on a tenu à la qualité dans le pire. […] Le Juif Jean Zay se prépare donc à "éduquer" la nation en lui

inculquant que le drapeau tricolore est de la "race vile des torche-culs".
« Nous ne brodons pas. [...] Voilà à qui est confiée l'Éducation nationale.
« Quelle outrance! Quelle folie! Quel défi à la patrie, à la mémoire de nos morts protecteurs et sauveurs! En grimpant au sommet, la névrose juive s'étant déclarée, les imprudents ascensionnistes ont perdu la tête. »

Charles Maurras,
dans *L'Action française* du 5 juin 1936

« ... Je considère comme une provocation, d'avoir confié à M. Jean Zay le soin de veiller à l'éducation de la jeunesse française. *(Applaudissements à droite.)* Je trouve insuffisant comme titre aux fonctions de grand maître de l'université de s'être exercé à des pastiches littéraires du genre de celui qui a occupé la Chambre, il y a quelques mois. *(Mouvements divers.)* »

Xavier Vallat
à la Chambre des députés, le 6 juin 1936, faisant allusion au texte de Zay sur le drapeau tricolore

« Jean Zay le décivilisateur... »
L'Éclair du 13 mars 1937 [journal de Montpellier]

« Négrite juif... »

Louis-Ferdinand Céline,
Bagatelles pour un massacre, 1937

« La réforme juive de l'enseignement secondaire se caractérise par introduction de l'orientation scolaire [...]. Autre grande idée du règne : l'alignement. Émules d'Hitler, nos juifs de gouvernement veulent guider les âmes et fabriquer en série des barbares mus par quelques idées fausses et quelques sales passions. »

L'Action française du 19 novembre 1938

« En balayant de l'œil les honteuses inepties que le Juif Torche Zay a proférées au Concours général, je songeais que la décomposition du parlementarisme se mesure à l'avilissement de ses ministres et notamment de celui qu'on appelait naguère de l'Instruction publique. [...] Maintenant pour le cent cinquantième anniversaire de cette sanglante ordure qu'on appelle la Terreur, la démocratie est allée chercher Jean Zay dans la tinette du Sinaï. *Right man in right place.* C'est ce qu'on appelle le redressement. »

Léon Daudet,
dans *L'Action française* du 16 juillet 1939

ZEMMOUR (Éric)

(Né en 1958) Journaliste et essayiste, possible candidat à l'élection présidentielle de 2022.

« Ancien combattant pied-noir de la guerre d'Algérie, il ignore que cette guerre est terminée et poursuit la lutte contre l'ennemi arabe, à la manière de ce soldat japonais, Hiro Onoda, retrouvé dans les îlots du Pacifique ; trente ans après la cessation des hostilités, il refusait de croire en la défaite de son empereur. »

Guy Sorman
Mon dictionnaire du bullshit, 2020

« C'est un faux dur. Et sous les faux durs, se cachent les vrais soumis. »

Jean-Baptiste Djebbari,
France Info, le 14 septembre 2021

« Vous êtes un danger, vous avez une vision rabougrie de la France, vous êtes un raciste. »

Jean-Luc Mélenchon,
BFM TV, le 23 septembre 2021

« Le Zemmouristan, ça existe, c'est un pays où les femmes sont rabaissées, où il y a la peine de mort, où les homosexuels sont punis [...]. Ça s'appelle l'Arabie saoudite. Allez-y, vous serez heureux là-bas. »

Jean-Luc Mélenchon,
BFM TV, le 23 septembre 2021

« En l'écoutant sur le positionnement des femmes en politique, j'ai l'impression d'entendre Radio Kaboul... »

Gérard Larcher,
Europe 1, le 29 septembre 2021

ZOLA (Émile)

(1840-1902) Dit « le Grand Fécal », dit « le Porc épique », écrivain, auteur de « J'accuse!... », entré au Panthéon en 1908.

« *Voix nombreuses.* Non ! non !
M. Henri Lavertujon. – Ne lisez pas cela à la tribune !
M. Émile Riotteau. – Ne faites pas à M. Zola l'honneur de la tribune !
M. François de Mahy. – Ne portez pas ces horreurs à la tribune ! notre mépris suffit.

À la Chambre des députés,
le 13 janvier 1898, le comte Albert de Mun
ayant demandé la permission de lire
un extrait de J'*accuse !...*

« Il n'avait pas l'âme française. »

Georges Berry,
député royaliste de la Seine,
à la Chambre des députés, le 14 novembre 1898

« Qu'il laisse Zola dans son égout ! »

Jean-Baptiste Boutard,
député radical de la Haute-Vienne,
à la Chambre des députés, le 14 novembre 1898

« Messieurs, on nous demande 35 000 francs pour porter Zola au Panthéon. Je crois que nous n'aurons jamais une meilleure occasion de faire des économies. *(Exclamations à l'extrême gauche et à gauche. – Applaudissements et rires à droite.)*

Maurice Barrès,
à la Chambre des députés, le 19 mars 1908

Bibliographie

Les travaux transversaux sur les injures politiques en France sont peu nombreux :

[Collectif] « Dictionnaire des injures politiques » in *Le Crapouillot* n° 45, hiver 1977.

Angenot (Marc), *La Parole pamphlétaire. Typologie des discours modernes*, Payot, Paris, 1982.

Bernard (Mathias), « Le Pen, un provocateur en politique », *Vingtième Siècle*, n° 93, Paris, janvier-mars 2007.

Bouchet (Thomas), *Noms d'oiseaux. L'Insulte en politique de la Restauration à nos jours*, Stock, Paris, 2010.

Bouchet (Thomas, dir.), *L'Insulte (en) politique, Europe et Amérique latine du* XIX*e siècle à nos jours*, EUD, Dijon, 2005.

Édouard (Robert), *Dictionnaire des injures, précédé d'un petit traité d'injurologie*, Tchou, Paris, 1967.

Fayat (Hervé), « Bien se tenir à la Chambre : l'invention de la discipline parlementaire » *in Jean Jaurès Cahiers trimestriels*, n° 153, 2000.

Tanguy (Jean-François), « Quand un député passe les bornes. La censure en séance à la Chambre des députés (1876-1914) » *in Assemblées et Parlements dans le monde du Moyen Âge à nos jours*, actes de la 57e

Conférence de la Commission internationale pour l'histoire des assemblées d'État, en 2007, s. d. [2010].

On trouvera en outre des informations intéressantes dans les études juridiques consacrées à la liberté de la presse :

[Collectif] « Diffamation, Injure, Outrage… Comment se défendre ? », numéro spécial du *Courrier juridique des Finances et de l'Industrie*, La Documentation française, septembre 2009.

Beignier (Bernard), Lamy (Bertrand de), Dreyer (Emmanuel), *Traité de droit de la presse et des médias*, Litec, Paris, 2009.

Bigot (Christophe), *Connaître la loi de 1881 sur la presse*, PUF, Paris, 2004.

Mouffle (Bernard), *Le Droit à l'humour*, Larcier, Bruxelles, 2011.

Les citations présentées dans ce dictionnaire proviennent en majorité du dépouillement des journaux d'opinion et des comptes rendus de séances parlementaires. On trouve par ailleurs de nombreuses phrases injurieuses dans les recueils thématiques de citations, comme *Révolutionnaires en verve* de David Alliot (Horay, 2009) ou *« Salope! » Insultes et autres perfidies sur les femmes politiques* d'Alexandra Da Rocha (Le Cherche Midi, 2007), ainsi que dans les recueils de biographies :

[Collectif]. *Dictionnaire des parlementaires français 1940-1958* (6 vol. parus), La Documentation Française, Paris, 1988-2005.

Jolly (Jean) dir. *Dictionnaire des parlementaires français de 1880 à 1940* (8 vol.), PUF, Paris, 1961-1973.

Joly (Bertrand). *Dictionnaire biographique et géographique du nationalisme français (1880-1940)*, Librairie Honoré Champion, Paris, 1998.

Maitron (Jean) dir. *Dictionnaire biographique du mouvement ouvrier français (1789-1864), (1864-1914), (1914-1939)* (44 vol.), Les Éditions Ouvrières, Paris, 1964-1997.

Robert (Adolphe), Bourloton (Edgar) et Cougny (Gaston). *Dictionnaire des parlementaires français (1789-1889)* (5 vol.), Bourloton Éditeur, Paris, 1889-1891.

Yvert (Benoît) dir. *Dictionnaire des ministres (1789-1989)*, Perrin, Paris, 1990.

Ouvrages de Bruno Fuligni

Les Constituants de l'Eldorado ou la république de Counani, Plein Chant (1997)

L'État c'est moi. Histoire des monarchies privées, principautés de fantaisie et autres républiques pirates, Les Éditions de Paris-Max Chaleil (1997)

Le Feu follet de la République. Philibert Besson, député, visionnaire et martyr, Éditions Guénégaud (1999)

La Chambre ardente. Aventuriers, utopistes, excentriques du Palais-Bourbon, Les Éditions de Paris-Max Chaleil (2001)

Victor Hugo président! Les Éditions de Paris-Max Chaleil (2002)

L'Île à éclipses. Histoire des apparitions et disparitions d'une terre française en Méditerranée, Les Éditions de Paris-Max Chaleil (2003)

Jules Verne en verve, Éditions Horay (2004)

Les Quinze mille. Députés d'hier et d'aujourd'hui, Éditions Horay (2005)

La Police des écrivains, Éditions Horay (2006)

Votez fou ! Candidats bizarres, utopistes, chimériques, mystiques, marginaux, farceurs et farfelus : de 1848 à nos jours, les élus auxquels vous avez échappé, Éditions Horay (2007)

Dans les secrets de la police. Quatre siècles d'Histoire, de crimes et de faits divers, L'Iconoclaste (2008)

La Parlotte de Marianne. 1 000 mots d'argot politique, Éditions Horay (2009)

Présentation du *Dictionnaire de la racaille*, manuscrit inédit du commissaire Adolphe Gronfier, Éditions Horay (2010)

Dans les archives inédites des services secrets. Un siècle d'Histoire et d'espionnage français (1870-1989), L'Iconoclaste (2010)

La France rouge. Un siècle d'histoire dans les archives du PCF, Les Arènes (2011)

Petit Dictionnaire des injures politiques, L'Éditeur (2011)

Le Livre des espions, L'Iconoclaste (2012)

Les Frasques de la Belle Époque, Albin Michel (2012)

La Tortue d'Eschyle et autres morts stupides de l'Histoire, Les Arènes (2012)

Le Monde selon Jaurès, Tallandier (2014)

Tour du monde des terres françaises oubliées, Éditions du Trésor (2014)

Secrets d'État. Les Grands Dossiers du ministère de l'Intérieur, L'Iconoclaste (2014)

Les Gastronomes de l'extrême. Du potage de hannetons au rôti de baleineau, les repas des grands voyageurs racontés par eux-mêmes, Éditions du Trésor (2015)

Raccourcis. Dernières paroles stupéfiantes et véridiques devant la guillotine, Éditions Prisma (2015)

Dieu au Parlement. Quand Victor Hugo, Gambetta, Clemenceau, Malraux… parlaient de laïcité, Omnibus (2015)

Le Musée secret de la police, Gründ (2015)

Justiciers, Perrin/Sonatine (2015)

Royaumes d'aventure. Ils ont fondé leur propre État, Les Arènes (2016)

Paris 1880-1910, Les Arènes (2016)

L'Art de retourner sa veste. De l'inconstance en politique, La Librairie Vuibert (2016)

Souvenirs de police. La France des faits divers et du crime racontée par des policiers, collection « Bouquins », Éditions Robert Laffont (2016)

Histoire amusée des promesses électorales, Tallandier (2017)

L'Évêque Cauchon et autres noms ridicules de l'Histoire, Les Arènes (2017)

Mata Hari. Les vies insolentes de l'agent H 21, Gallimard (2017)

Atlas des zones extraterrestres, Arthaud (2017)

L'Affreux du Panthéon, La Table ronde (2018)

Tour du monde à travers la France inconnue, Éditions du Trésor (2018)

Mai 68. L'Envers du décor, Gründ (2018)

Républiquissime. Petites et Grandes Histoires de la vie politique, Armand Colin (2018)

Le Bureau des légendes décrypté, L'Iconoclaste (2018)

Les Guerres stupides de l'Histoire (avec Bruno Léandri), Les Arènes (2019)

L'Incendie du Bazar de la Charité, L'Archipel (2019)

Mes Dossiers secrets. Crimes, faits-divers, espionnage, Flammarion (2019)

Landru. L'élégance assassine, Le Rocher (2020)

La France du temps des républiques, Armand Colin (2020)

La Fille de Napoléon, Les Arènes (2021)

Les Lois folles de la République, Éditions Jean-Claude Lattès (2021)

Index des insulteurs

C

E

F

Achevé d'imprimer par CPI Bussière,
en janvier 2022
N° d'imprimeur : 2062918
Dépôt légal : novembre 2021

Imprimé en France